中国服务外包发展战略及政策选择

——基于内生比较优势视角的分析

Development Strategy and
Policy Selection for China's Service Outsourcing
—Analysis based on the Perspective of Endogenous Comparative Advantages

霍景东 著

经济管理出版社
ECONOMY & MANAGEMENT PUBLISHING HOUSE

图书在版编目（CIP）数据

中国服务外包发展战略及政策选择：基于内生比较优势视角的分析 / 霍景东著. —北京：
经济管理出版社，2015.12
ISBN 978-7-5096-3996-2

Ⅰ.①中… Ⅱ.①霍… Ⅲ.①服务业—对外承包—研究—中国 Ⅳ.①F719

中国版本图书馆 CIP 数据核字（2015）第 239249 号

组稿编辑：宋　娜
责任编辑：杨国强　张瑞军
责任印制：黄章平
责任校对：超　凡

出版发行：经济管理出版社
　　　　　（北京市海淀区北蜂窝 8 号中雅大厦 A 座 11 层　100038）
网　　　址：www.E-mp.com.cn
电　　　话：（010）51915602
印　　　刷：三河市延风印装有限公司
经　　　销：新华书店
开　　　本：720mm×1000mm/16
印　　　张：18.5
字　　　数：300 千字
版　　　次：2015 年 12 月第 1 版　2015 年 12 月第 1 次印刷
书　　　号：ISBN 978-7-5096-3996-2
定　　　价：98.00 元

本书获博士后第51批面上资助项目"中国服务经济悖论与服务外包发展战略"（项目号：2012M510663）、国家社科基金重大项目"中国现代服务业发展战略研究"（项目号08&ZD041）和第6批博士后特别资助项目"制造业服务化与生产性服务业研究：基于价值网络视角的分析"（项目号：2013T60234）资助。

序 言

2015年是我国实施博士后制度30周年，也是我国哲学社会科学领域实施博士后制度的第23个年头。

30年来，在党中央国务院的正确领导下，我国博士后事业在探索中不断开拓前进，取得了非常显著的工作成绩。博士后制度的实施，培养出了一大批精力充沛、思维活跃、问题意识敏锐、学术功底扎实的高层次人才。目前，博士后群体已成为国家创新型人才中的一支骨干力量，为经济社会发展和科学技术进步作出了独特贡献。在哲学社会科学领域实施博士后制度，已成为培养各学科领域高端后备人才的重要途径，对于加强哲学社会科学人才队伍建设、繁荣发展哲学社会科学事业发挥了重要作用。20多年来，一批又一批博士后成为我国哲学社会科学研究和教学单位的骨干人才和领军人物。

中国社会科学院作为党中央直接领导的国家哲学社会科学研究机构，在社会科学博士后工作方面承担着特殊责任，理应走在全国前列。为充分展示我国哲学社会科学领域博士后工作成果，推动中国博士后事业进一步繁荣发展，中国社会科学院和全国博士后管理委员会在2012年推出了《中国社会科学博士后文库》（以下简称《文库》），迄今已出版四批共151部博士后优秀著作。为支持《文库》的出版，中国社会科学院已累计投入资金820余万元，人力资源和社会保障部与中国博士后科学基金会累计投入160万元。实践证明，《文库》已成为集中、系统、全面反映我国哲学社会科学博士后优秀成果的高端学术平台，为调动哲学社会科学博士后的积极性和创造力、扩大哲学社会科学博士后的学术影响力和社会影响力发挥了重要作用。中国社会科学院和全国博士后管理委员会将共同努力，继续编辑出版好《文库》，进一步提高《文库》的学术水准和社会效益，使之成为学术出版界的知名品牌。

哲学社会科学是人类知识体系中不可或缺的重要组成部分，是人们认识世界、改造世界的重要工具，是推动历史发展和社会进步的重要力量。建设中国特色社会主义的伟大事业，离不开以马克思主义为指导的哲学社会科学的繁荣发展。而哲学社会科学的繁荣发展关键在人，在人才，在一批又一批具有深厚知识基础和较强创新能力的高层次人才。广大哲学社会科学博士后要充分认识到自身所肩负的责任和使命，通过自己扎扎实实的创造性工作，努力成为国家创新型人才中名副其实的一支骨干力量。为此，必须做到：

第一，始终坚持正确的政治方向和学术导向。马克思主义是科学的世界观和方法论，是当代中国的主流意识形态，是我们立党立国的根本指导思想，也是我国哲学社会科学的灵魂所在。哲学社会科学博士后要自觉担负起巩固和发展马克思主义指导地位的神圣使命，把马克思主义的立场、观点、方法贯穿到具体的研究工作中，用发展着的马克思主义指导哲学社会科学。要认真学习马克思主义基本原理、中国特色社会主义理论体系和习近平总书记系列重要讲话精神，在思想上、政治上、行动上与党中央保持高度一致。在涉及党的基本理论、基本路线和重大原则、重要方针政策问题上，要立场坚定、观点鲜明、态度坚决，积极传播正面声音，正确引领社会思潮。

第二，始终坚持站在党和人民立场上做学问。为什么人的问题，是马克思主义唯物史观的核心问题，是哲学社会科学研究的根本性、方向性、原则性问题。解决哲学社会科学为什么人的问题，说到底就是要解决哲学社会科学工作者为什么人从事学术研究的问题。哲学社会科学博士后要牢固树立人民至上的价值观、人民是真正英雄的历史观，始终把人民的根本利益放在首位，把拿出让党和人民满意的科研成果放在首位，坚持为人民做学问，做实学问、做好学问、做真学问，为人民拿笔杆子，为人民鼓与呼，为人民谋利益，切实发挥好党和人民事业的思想库作用。这是我国哲学社会科学工作者，包括广大哲学社会科学博士后的神圣职责，也是实现哲学社会科学价值的必然途径。

第三，始终坚持以党和国家关注的重大理论和现实问题为科研主攻方向。哲学社会科学只有在对时代问题、重大理论和现实问题的深入分析和探索中才能不断向前发展。哲学社会科学博士后要根据时代和实践发展要求，运用马克思主义这个望远镜和显微镜，增强辩证思维、创新思维能力，善于发现问题、分析问题，积极推动解决问题。要深入研究党和国家面临的一系列亟待回答和解决的重大理论和现实问题，经济社会发展中的全局性、前瞻性、战略性问题，干部群众普遍关注的热点、焦点、难点问题，以高质量的科学研究成果，更好地为党和国家的决策服务，为全面建成小康社会服务，为实现"两个一百年"奋斗目标和中华民族伟大复兴中国梦服务。

第四，始终坚持弘扬理论联系实际的优良学风。实践是理论研究的不竭源泉，是检验真理和价值的唯一标准。离开了实践，理论研究就成为无源之水、无本之木。哲学社会科学研究只有同经济社会发展的要求、丰富多彩的生活和人民群众的实践紧密结合起来，才能具有强大的生命力，才能实现自身的社会价值。哲学社会科学博士后要大力弘扬理论联系实际的优良学风，立足当代、立足国情，深入基层、深入群众，坚持从人民群众的生产和生活中，从人民群众建设中国特色社会主义的伟大实践中，汲取智慧和营养，把是否符合、是否有利于人民群众根本利益作为衡量和检验哲学社会科学研究工作的第一标准。要经常用人民群众这面镜子照照自己，匡正自己的人生追求和价值选择，校验自己的责任态度，衡量自己的职业精神。

第五，始终坚持推动理论体系和话语体系创新。党的十八届五中全会明确提出不断推进理论创新、制度创新、科技创新、文化创新等各方面创新的艰巨任务。必须充分认识到，推进理论创新、文化创新，哲学社会科学责无旁贷；推进制度创新、科技创新等各方面的创新，同样需要哲学社会科学提供有效的智力支撑。哲学社会科学博士后要努力推动学科体系、学术观点、科研方法创新，为构建中国特色、中国风格、中国气派的哲学社会科学创新体系作出贡献。要积极投身到党和国家创新洪流中去，深入开展探索性创新研究，不断向未知领域进军，勇攀学术高峰。要大力推进学术话语体系创新，力求厚积薄发、深入浅出、语言朴实、文风清新，力戒言之无物、故作高深、食洋不化、食古不化，不断增强我国学术话语体系的说服力、感染力、影响力。

"长风破浪会有时，直挂云帆济沧海。"当前，世界正处于前所未有的激烈变动之中，我国即将进入全面建成小康社会的决胜阶段。这既为哲学社会科学的繁荣发展提供了广阔空间，也为哲学社会科学界提供了大有作为的重要舞台。衷心希望广大哲学社会科学博士后能够自觉把自己的研究工作与党和人民的事业紧密联系在一起，把个人的前途命运与党和国家的前途命运紧密联系在一起，与时代共奋进、与国家共荣辱、与人民共呼吸，努力成为忠诚服务于党和人民事业、值得党和人民信赖的学问家。

是为序。

张江

中国社会科学院副院长

中国社会科学院博士后管理委员会主任

2015 年 12 月 1 日

摘　要

改革开放以来，中国确立了以制造业代工为主的国际贸易模式，并由此带来了中国经济30多年的高速增长，中国变成全球的制造基地，初步完成了工业化，实现了由一个人口大国向经济大国的转变。中国是经济大国，却不是经济强国，特别是在高端价值链和话语权方面的控制力较弱；而且资源、能源过度消耗，环境破坏、污染严重。显然这种模式是不可持续的。中国需要的是一个比较健全的、具有国际竞争力的现代产业体系，现代制造业、现代农业、现代服务业必须协调发展。然而，在中国的现代产业体系中，现代服务业是比较薄弱的一环，而现代服务业发展滞后已经阻碍了现代制造业竞争力的提升。中国必须大力发展现代服务业，实现制造业和服务业融合发展、双轮驱动。中国经济在经历了长期的"服务经济悖论"后，迎来了产业结构拐点，服务业超过工业，成为国民经济的第一大产业；同时，中国经济经过几十年的高速增长后，正在向中高速增长的新常态迈进，产业结构升级、发展动力转换，需要进一步扩大服务业规模、提升服务业质量、完善服务业制度，引领新常态、迈向新常态，提升国际影响力、控制力。

本书从当前的热点离岸服务外包切入，深入分析服务外包与中国经济结构战略性调整、转向服务经济之间的深刻联系，深入分析中国"服务经济悖论"的表象及深层次原因。通过对比借鉴发达国家转向服务经济经验，分析发现离岸服务外包对经济结构转型具有重要作用，同时在岸服务外包同样重要，并且在离岸外包规模远远小于在岸外包规模的现实基础上，提出我国服务外包发展的模式——以在岸外包为基础，离岸外包为突破口，通过承接离岸服务外包，培育、提升国内企业的承接能力，带动在岸外包的发展。基于在岸外包和离岸外包的驱动机理不同，而且在中国发展的特点不同，其政策着力点也不同。在深入分析服务外包的动因和服务外包发展趋势及面临问题的基础上，利用波特的钻石体系分析了获得服务外包竞争优势的因素。利用 20 个国家的面板数据分析了影响离岸服务外包的因素，同时基于投入产出数据分析在岸外包的影响因素，并提出推动在岸外包的政策关键点是释放需求，鼓励企业将服务环节外置，重点是加快公有部门改革，解决服务外包发包动力问题，消除政策歧视，降低服务外包的交易成本，创新激励机制，解决服务外包的起步问题，将"补供方"改为"补需方"，即对那些将服务外包出去的发包方给予适当的补贴，加速服务外包的发展。对于离岸服务外包的关键是提升供给，如加大人才培养力度，营造高端人才"宜居宜业"环境；提升服务外包园区功能，为服务外包提供良好的载体；加强服务业法制建设，降低司法成本等。但是，考虑到中国是大国经济，公共政策体系是一个系统，不能为一个阶段性的发展目标而变得"千疮百孔"，而应该建立普适性的公共政策体系框架，即在服务经济、知识经济的背景下，构架在岸外包和离岸外包协调发展的政策体系。对于未来中国公共政策体系框架，应该以服务经济体系为基本出发点，建立一个鼓励创新、鼓励分工，消除歧视、减少隔阂的可持续、一体化的产业政策体系。因此，本书借助内生比较优势理论的政策框架，在分析投资、人力资本、财政、税收政策等对服务外包影响机理的基础上，提出推动服务外包的政策选择。

本书的基本结论：在服务外包发展过程中，蕴藏着中国长期以来重工业轻服务业的思想，因此导致长期以来在金融、科技、税收、价格等领域对服务业的歧视，使服务业发展长期滞后于中国的工业化进程。因此，在发展服务外包中，不是简单地制定几项优惠政策、建设几个园区，而是从服务经济、知识经济发展的高度，进行顶层设计，建设利于创新、便于分工的一体化产业政策体系。

Abstract

Since the reform and opening –up, China has established an international trade model with focus on OEM in manufacturing industry, resulting in rapid growth of Chinese economy for 30 years, turning China into a global manufacturing base, enabling it to complete its industrialization and achieve the transformation from a populous nation to an economic big power. China is an economic big power but not an economic strong power, especially, it has a weak control over high–end value chain and discourse power; moreover, it has causes excessive consumption in resource and energy, damaged environment and serious pollution, such a model is obviously unsustainable. China needs a sound and internationally competitive modern industrial system. Modern manufacturing, modern agriculture and modern service industry must be developed in a coordinated way. However, amid China's modern industry system, modern service industry is a weak link. The lagged development of modern service industry has impeded the upgrade of modern manufacturing's competitive power. It is essential for China to vigorously develop modern service industry and achieve integrative development and dual –wheel driving of manufacturing and service industry. After experiencing a long–term "service economy paradox", China's economy has ushered in a inflection point of industrial structure and the service industry has exceeded industry and become the largest industrial sector; meanwhile, after rapid growth over the past dozens of years, China's economy is marching towards new normal of medium and high–speed growth. The upgrade of industrial structure and conversion of development power call for further expanding the size of service industry, improving the quality of service industry, perfecting the system of service industry, guiding and moving towards new normal in a bid to escalate the international influential and controlling power.

The research, with current hot spot offshore service outsourcing as a pointcut, is to carry out an in-depth analysis on the profound relationship between service outsourcing and Chinese economic structure's strategic adjustment and transformation into service economy, the representation and underlying reasons of Chinese service economy paradox, find out the important role of offshore service outsourcing upon transformation of economic structure by comparing and borrowing the experience of developed countries converted to service economy. Besides, onshore service outsourcing is of equal importance. Given the actual condition that the size of offshore service outsourcing is far lower than that of onshore service outsourcing, it proposes a pattern for China's development of service outsourcing—take onshore outsourcing as a basis and offshore outsourcing as a breakthrough, undertake offshore service outsourcing so as to cultivate and upgrade the undertaking capacity of domestic enterprises and drive the development of onshore outsourcing. Due to different driving mechanisms of onshore outsourcing and offshore outsourcing and their different features in China's development, the main focuses of policies shall also be varied. On the basis of deeply analyzing the drivers of service outsourcing, development trend of service outsourcing and the problems it is confronted with, through analysis by Poter's diamond system, factors for obtaining service outsourcing competitive advantages have been obtained. Panel data from 20 countries have been utilized for analyzing the influential factors of offshore service outsourcing. In addition, based on influential factors of onshore outsourcing obtained from input-output data analysis, it proposes that the key point for policy on onshore outsourcing is to release demands, encourage enterprises to outsource its service links, lay focus on accelerating the reform of public sectors, solve the contracting impetus for service outsourcing, eliminate policy discrimination, reduce the transaction costs of service outsourcing, innovate incentive mechanism, solve the start－up problem of service outsourcing, give subsidy to the demand parties instead of the supply parties, i.e., giving appropriate subsidy to those which contract the service outsourcing and step up the development of service outsourcing; the key of offshore service outsourcing is to improve supply, strengthening talent training, create an environment adaptable to living and business for high－end personnel; upgrade the functions of service outsourcing parks, provide a sound carrier for service outsourcing; strengthen the legal construction of service industry, reduce judicial costs etc. However, considering that China is a major economy, public policy system is a system, which shall not be "fragmented" for a phased development goal. On the contrary, it is required to establish a policy system with coordinated development in onshore outsourcing and offshore outsourcing under the background that the framework of universal public policy system shall be established, i.e. service economy and knowledge economy. For China's public policy system framework in the future, the service economy system shall be taken as a basic starting point for setting up a sustainable and integral industrial policy system to encourage innovation and division of work, eliminate discrimination and reduce chasm. To this end, the paper, based on the analysis of investment, human capital, finance, tax policy and other mechanisms affecting service outsourcing by means of policy framework of endogenous comparative advantage theory, it puts forth policy options for promoting service outsourcing, including enhancing soft investment to database, public technology service platform etc; improving education system, cultivating composite personnel; pushing forward the imposing of business tax turned to imposing value added tax etc.

The basic conclusion of the paper: In the course of service outsourcing development, there is a lingering thinking that placing more emphasis on "industry" than service industry, thereby resulting in discrimination of finance, tax, price and other fields over service industry for long time and causing that the development of service industry lags behind China's process of industrialization. Therefore, in the development of service outsourcing, it is not simply to formulate several preferential policies and build several industrial parks but perform top design from the altitude of service economy and knowledge economy in an effort to build an integrated industrial policy system beneficial to innovation and convenient to division of work.

Key Words: Servitization; Onshore Service Outsourcing; Offshore Service Outsourcing; Dynamic Comparative Advantage

目　录

Contents

Contents

第一章　导　论

第一节　研究背景

改革开放以来，我国确立了以制造业代工为主的国际贸易模式，低廉的劳动力成本，比较丰富的资源、能源以及一系列优惠政策吸引了大量外资进入中国的制造领域，并产生了较强外溢效应，创造了制造业外包（代工）的比较优势，中国成为了全球制造基地，初步建立了比较健全的工业体系，并由此带来了中国经济 30 多年的高速增长，GDP 从 1978 年的 3645 亿元增长到 2013 年的 568845 亿元，增长了 100 多倍。同时应该看到，中国是人口、经济大国，却不是经济强国，特别是在高端价值链和话语权方面的控制力较弱。而且，中国也为经济高速增长付出了代价，突出表现为资源、能源过度消耗，环境破坏、污染严重，劳动力工资低下，内需不足等问题日趋严重。而在这一过程中，发达国家将价值链低端的制造环节转移到中国等发展中国家，逐步向服务经济过渡，20 世纪 80 年代，发达国家基本进入服务产业主导的经济结构，并由此控制了全球的高端价值链和主导权。

制造业代工模式不仅带来了资源、能源消耗过度，环境可持续性受到挑战，劳动力工资低下，内需严重不足等问题，也不利于国家综合竞争力的提高，长期下去，必然受制于人。2008 年国际金融危机，在中国金融机构基本没有什么损失的情况下，中国 GDP 的增速由 2008 年第二季度的 10.4% 骤降到 2009 年第一季度的 6.1%，其中主要原因是国外减少了对我国产品的消费。显然，以外需主导的发展模式是不可持续的。我们不得不反思，中国到底需要什么样的经济结构和什么样的发展模式。而印度走出了另外一条路，在没有建立工业体系的情况下，通过发展离岸服务外包，建立了以服务经济为主的经济体系。印度在发展离岸服务外包方面无疑是成功的，但是从整个现代产业体系构建的角度来看，是不成功的。因为，在30年前，服务外包的规模比制造外包的规模要小得多，仅依靠离岸服务外包不足以支撑一个大国经济的长远发展。中国需要的是一个比较健全的、具有国际竞争力的现代产业体系，现代制造业、现代农业、现代服务业必须协调发展。然而，在中国的现代产业体系中，现代服务业是比较薄弱的一环，而现代服务业发展滞后，已经阻碍了现代制造业竞争力的提升，中国必须大力发展现代服务业，实现制造业和服务业融合发展、双轮驱动。

然而，在国家提出推动服务业发展、实现三次产业协调发展的战略后，一些地方出现了盲目、孤立发展服务业的做法。实际上，从发达国家转向服务经济结构的经验看，发展服务外包（包括在岸外包、离岸外包）是加快发展现代服务业的重要途径。目前，我国已经批准了21个服务外包基地城市，但是这些基地城市的外包规模总和还没有印度班加罗尔的规模大，而且各外包基地出现了产业和政策雷同。此外，我国的离岸外包陷入了"低端代工"的陷阱。本书将回答转向服务经济的切入点是什么、发展服务外包的战略是什么，短期和长期措施包括哪些，从而为决策提供理论和实践支撑。

第二节　相关理论研究动态及评述

尽管服务外包的大发展是近几年的事，但国内外学者都倾注了大量的心血去研究分析，且取得了丰硕的成果。

一、国外理论研究进展及主要观点

国外学者主要从服务外包的概念与分类、动因与绩效、影响服务外包发展的因素以及公共政策对服务外包的影响等方面展开研究。

1. 服务外包：概念与分类

外包是指将传统功能通过合约的形式由外部提供商完成，企业需要协调外部提供商和销售商以维持长久的合作（Besanko David, David Dranove & Mark Shanley, 2013）[①]。外包经历了由制造业外包向服务外包转移的进程，在制造业外包（Manufacturing Outsourcing）之后，信息技术外包（Information Technology Outsourcing, ITO）逐步开始发展，并逐步扩展到业务流程外包（Business Process Outsourcing, BPO）。根据 Business: The Ultimate Resource 的定义，服务外包是外包的一种类型，通常指依据双方议定的标准、成本和条件的合约，把原来由内部提供的服务转移给外部组织承担[②]。对于具体的服务外包种类，也有不同的定义。如巴塞尔银行监管委员会（2004）指出，金融服务外包是指金融机构在持续经营的基础上，利用外部提供商实施原来由企业自身进行的业务活动。外包的金融业务主要有以下几种：信息技术，如信息技术的应用开发、编程、编码；具体操作，如会计服务、后勤服务及管理工作等；契约功能，如呼叫中心等[③]。从业务类型来讲，服务外包可以分为普通外包、业务流程外包（BPO）和信息技术外包（ITO）；从接包商的区位看，服务外包可分为在岸外包、近岸外包和离岸外包（Rick L. Click & Thomas N. Duening, 2005）[④]。

2. 服务外包的动因、决策与绩效——企业维度的视角

（1）关于企业进行服务外包的动因。解释服务外包的理论主要包括制度理论、交易成本理论和资源基础论[⑤]。其一，从业务分类的视角看，根据我们掌握的文献，最早用来解释企业服务外包动因的是"资产专用性"理论，专用性高、不确定性高的经营活动一般由企业内部自行提供，而专用性较低的产品或活动则应该由外部提供商提供。其二，从核心业务和补

[①] Besanko David, David Dranove and Mark Shanley, *Economics of Strategy*, Hoboken NJ: John Wiley and Sons, 2013, p.99-108.

[②] Business: *The Ultimate Resource*, London: Bloomsbury Publishing PLC, 2003, p.1303.

[③] The Joint Forum of Basel Committee on Banking Supervision, *Outsourcing in Financial Services*, 2 August, 2004.

[④] Rick L. Click and Thomas N. Duening, *Business Process Outsourcing: the Competitive Advantage*, Hoboken NJ: John Wiley and Sons, 2005, p.16-21.

[⑤] Wendy L. Tate, Lisa M. Ellram, Lydia Bals and Evi Hartmann, "Offshore Outsourcing of Services: An Evolutionary Perspective", *International Journal of Production Economics*, Vol.120, Issue 2, 2009, p.512-524.

充性业务的视角看，核心业务保留在企业内部，补充性业务可以外包，常用的、战略价值不高的业务则可以在市场上购买。而且，核心业务和补充性业务的范围随着时间的变化而动态变化。一般来讲，新企业的核心业务比重较大，随着企业的成长，外包业务会越来越多。其三，从多因素视角看，除了业务方面的原因，还有很多促成企业将业务外包的因素，如降低成本、业务归核化、获得专用技术、人才以及政治原因等（Willcocks L. P., Lacity M. & Hirschheim R., 1994）[1]；Christina Costa（2001）也得出了类似的结论，认为企业服务外包的动因是降低成本、技术因素以及关注核心竞争力等[2]。Diromualdo A. 和 Gurbaxani V.（1998）将企业服务外包的动因总结为三个方面：降低成本；提高信息技术资源的效率和信息技术对企业绩效的贡献；利用外部的相关技术资源开发和销售新的货物或服务[3]。

（2）关于服务外包的决策机制。从成本控制的视角看，企业经营活动一般包括生产成本、交易成本、机会成本，企业外包的目的是使这三种成本之和最小（Vinining & Globerman，1990）[4]。与服务外包的动因类似，外包的决策机制也是多维度的。首先提出的是一维决策模型，其核心思想是：企业把资源集中到产品的关键的、企业具有明显优势的部件上，而把那些外部供应商有比较优势的部件外包出去[5]。之后，Quinn J. B. 和 Hilmer F.G.（1994）提出了业务外包二维决策模型，其主要思想是：企业进行服务外包主要考虑获得竞争优势潜力、规避市场风险以及控制交易成本[6]。此外，进行服务外包还可以对内部组织起到控制和促进作用，Lacity M.C., Willcocks L. P. 和 Feeny D.F.（1996）对 1991~1995 年的 61 项 IT 外

---

① Willcocks Leslie P., Lacity M. and Hirschheim R., "Realizing Outsourcing Expectations: Incredible Expectations Credible Outcomes", Information Systems Management, Vol.11, Issue 4, 1994, p.7–18.

② Christina Costa, "Information Technology Outsourcing in Australia: A Literature Review", *Information Management & Computer Security*, Vol.9, Issue 5, 2001, p.213–224.

③ Diromualdo A. and Gurbaxani V., "Strategic Intent for IT Outsourcing", *MIT Sloan Management Review*, Vol.39, Issue 4, 1998, p.67–80.

④ Vining Aidan and Globerman Steven, "A Conceptual Framework for Understanding the Outsourcing Decision", *European Management Journal*, Vol.19, No.6, 1999, p.645–654.

⑤ Venkatesan R., "Strategic Sourcing: to Make or not to Make", *Harvard Business Review*, Vol.70, No.6, 1992, p.98–107.

⑥ Quinn J. B. and Hilmer F.G., "Strategic Outsourcing", *MIT Sloan Management Review*, Vol.35, Issue4, 1994, p.43–55.

包决策进行了评估，发现企业将 IT 外包可以实现外包供应商和内部 IT 部门展开竞争，从而在外包中不断学习，改变组织的控制[①]。

（3）关于服务外包的绩效。外包不同类型的业务，会对公司的绩效产生不同的影响，一般认为外包辅助业务能够提高企业绩效，而外包核心业务则会产生负面影响；外包强度对公司绩效并没有产生直接的影响[②]；信息共享程度有利于服务外包的成功和企业绩效的提升（Lee，2001）[③]。

3. 离岸服务外包的动因及理论解释

Rick L. Click 和 Thomas N. Duening（2005）认为，驱动服务外包的主要因素包括受教育程度（主要受教育专业和技能的差别）、宽带网络、强大的数据存储、在线分析软件、网络安全、业务专业化等[④]。Shailey Dash（2006）利用 H-O 理论分析了离岸服务外包产生的原因，认为人力资源结构和工资水平差异是美国和印度进行服务贸易的主要原因[⑤]。之后，他进一步指出，一国的人力资本优势取决于熟练劳动力的绝对数量而不是熟练劳动力的相对比重，如印度与中国受过高等教育的人数占总人口数的比例很低，但其熟练劳动力的绝对数仅次于美国，所以熟练劳动力的工资相对较低，这也是美国将服务环节外包到这两个国家的主要原因[⑥]。James Markusen（2005）总结了离岸服务外包的主要特征和趋势，包括信息技术发展导致贸易领域不断扩展、贸易产品和种类不断增加；新服务贸易大都是中间产品（流程），是生产活动垂直一体化的重要体现；中等技能或者是高技能服务转向技能劳动力短缺的国家，这与要素禀赋理论不一致；离岸外包是发展中国家向高收入国家出口服务，这与过去的跨国公司贸易模

① Lacity M.C., Willcocks L.P. and Feeny D.F., "The Value of Selective IT Sourcing", *MIT Sloan Management Review*, Vol.37, Issue 3, 1996, p.13–25.

② Gilley M. and Rasheed A., "Making More by Doing Less: an Analysis of Outsourcing and Its Effects on Firm Performance", *Journal of Management*, Vol.26, Issue 4, 2000, p.763–790.

③ Lee J. N., "The impact of Knowledge Sharing, Organizational Capability and Partnership Quality on IS Outsourcing Success", *Information & Management*, Vol.38, No.5, 2001, p.323–335.

④ Rick L. Click and Thomas N. Duening, *Business Process Outsourcing: the Competitive Advantage*, Hoboken NJ: John Wiley and Sons, 2005, p.2–18.

⑤ Shailey Dash, "Services Outsourcing: Evaluating Changes in Revealed Comparative Advantage—The Case of the U.S. and India", Presentation at Fourth International Conference on Globalization and Sectorial Development, 2006.

⑥ Shailey Dash, "Human Capital as a Basis of Comparative Advantage Equations in Service Outsourcing: A Cross Country Comparative Study", Presentation at International Conference on Information and Communication Technologies and Development, 2006.

式相反；拥有知识资源的企业可能会将与之相匹配的熟练劳动密集型服务外包。同时，作者根据这些特征建立了白领服务离岸外包模型。该模型包括三种要素：知识型资产（K）、熟练劳动（S）和非熟练劳动（U）。通过分析发现，如果接包方的商务环境好且技术外溢低，则发包方会选择外包；如果接包方的商务环境差且技术外溢程度高，则会选择直接投资。[1]

4. 离岸服务外包的宏观影响

从总体来看，服务外包会推动全球经济增长（Paul A. Samuelson，2004）[2]，具体来讲，服务外包的效应主要是缩减成本、增加财富、改善收入分配等（Levy David L.，2005）。[3]

服务外包能够降低发达国家企业成本、提高劳动生产率，进而有更多的资源开展创新活动。[4] 这一结论得到了主要发达经济体的实证支持，如服务外包提升了爱尔兰电子行业的生产率（Gorg & Hanley，2003），[5] 服务外包对英国的劳动生产率和全要素生产率具有正向影响（Sourafel Girma & Holger Görg，2004）。[6] 同时，服务外包促进了美国生产方式的变革，促使制造业生产率提高（Thijs Ten Raa & Edward N. Wolff，2001）。[7] 此外，从企业层面讲，服务外包对于企业创新能力和利润也会产生重要影响。Holger Gorg 和 Alife Hanley（2008）发现，外包对于企业创新具有正向作用，而且离岸外包比在岸外包的作用更大；对于企业的利润，离岸外包具有正向

① James Markusen, Modeling the Offshoring of White-Collar Services: From Comparative Advantage to the New Theories of Trade and FDI, NBER Working Paper Series No.11827, 2005.

② Paul A. Samuelson, "Where Ricardo and Mill Rebut and Confirm Arguments of Mainstream Economists Supporting Globalization", *Journal of Economic Perspectives*, Vol.18, No.3, 2004, p.135-146.

③ Levy David L., "Offshoring in the New Global Political Economy", *Journal of Management Studies*, Vol. 42, No.3, 2005, p.685-693.

④ Amy Jocelyn Glass and Kamal Saggi, "Innovation and Wage Effects of International Outsourcing", *European Economic Review*, Vol.45, No.1, 2001, p.67-86.

⑤ Gorg H. and Hanley A., "Outsourcing Helps Improve Your Firm's Performance-or Does It?", *Journal of Financial Transformation*, Vol.8, 2003, p.113-118

⑥ Sourafel Girma and Holger Görg, "Outsourcing, Foreign Ownership and Productivity: Evidence from UK Establishment-level Data", *Review of International Economics*, Vol.12, No.5, 2004, p.817-832.

⑦ Thijs Ten Raa and Edward N. Wolff, Engines of Growth in the U.S. Economy, CentER Working Paper No.78, 2000.

作用，在岸外包作用则不明显[1]。

服务外包对发包国就业的影响没有统一的结论。一种观点认为，服务外包给发包国的就业带来负面影响，如 Mary Amiti 和 Shang Jin Wei（2004）在考察英国 1995~2001 年中 69 个制造业和 9 个服务业的外包时发现，服务外包对就业有负面影响[2]。另据 Gartner 和 Forrester 公司的联合预测，到 2015 年美国将有 330 万个高技术领域和部分服务业工作岗位因离岸外包而流失到国外。也有观点认为，服务外包对发包国的就业起到了正面作用，Feenstra 和 Hanson（1999）在考察美国 1979~1990 年的高技能劳动力需求时发现，美国企业把中间品生产进行离岸外包，能够增加美国对高技能劳动力的需求[3]。Runjuan Liu 和 Daniel Trefler（2008）研究了将服务外包到中国和印度对美国劳动力市场的影响，同时考虑了美国通过离岸外包向印度和中国的非关联企业提供的服务。通过研究发现，离岸服务外包对于职业和产业转型、失业率下降和工资水平提升具有积极影响。[4]

服务外包能够给接包国带来就业的增长，同时还具有技术、基础设施方面的外溢性。承接离岸外包可以提供收入较高、自然资源依赖程度低、环境污染少的就业岗位，因此承接离岸服务外包可以给发展中国家带来高水平的就业和经济增长（World Trade Report，2005）。UNCTAD 在《World Investment Report 2004—the Shift Towards Services》报告中指出，承接离岸外包不仅可以增加工资水平较高的就业岗位和出口收入，而且还可以促进人力资源竞争力的提高、信息通信基础设施和商务环境的改进。F. Ted Tschang（2011）指出，承接服务外包可以促进承接国的工业化进程，进而摆脱贫困（主要是亚洲国家）。[5]

---

[1] Holger Gorg and Alife Hanley, Services Outsourcing and Innovation: an Empirical Investigation, Kiel Working Papers No.1417, 2008.

[2] Mary Amiti and Shang-Jin Wei, *Fear of Service Outsourcing*: *Is It Justified*, NBER Working Papers No.10808, 2004.

[3] Feenstra Robert C. and Gordon H. Hanson, "The Impact of Outsourcing and High-Technology Capital on Wages: Estimates for the U.S. 1979-1990", *Quarterly Journal of Economics*, Vol.114, Issue 3, August 1999, p.907-940.

[4] Runjuan Liu and Daniel Trefler, Much Ado about Nothing: American Jobs and the Rise of Service Outsourcing to China and India, NBER Working Papers No.14061, 2008.

[5] F. Ted Tschang, A Comparison of the Industrialization Paths for Asian Services Outsourcing Industries and Implications for Poverty Alleviation, ADBI Working Paper Series No. 313, 2011.

5. 影响承接服务外包的因素：发包方和接包方共同视角的分析

对于发包方来讲，决定离岸外包目的地选择的主要因素包括劳动力成本、贸易成本、法律构架、税收和投资体制、电信等基础设施质量、计算机技术和语言交流技能等（World Trade Report，2005）。Richard Zielinski（2004）指出，发展中国家丰富的高素质人才和低廉的劳动力成本是推动服务外包的主要因素，此外，语言文化、基础设施状况也是重要因素。[1] 而Grossman 和 Helpman（2005）则认为，拥有良好的基础设施、能力较强的接包商以及有效的法律制度比工资成本优势更重要。[2] A.T.Kearney公司开发了最具吸引力外包目的地评价标准，主要包括成本（劳动力工资、基础设施成本和税收）、环境（经济和政治风险、基础设施条件、地理空间、知识产权的安全性）和人才（工作经验和教育水平、劳动力市场规模、文化兼容性、语言障碍和员工稳定性）。Belso- Martínez（2010）通过对西班牙的4个产业研究发现，制度网络、国际化努力、企业规模以及差异化的政策对企业的外包决策有较大的影响。[3]

6. 关于服务外包的公共政策研究

Egger H.和Falkinger J.（2006）分析了公共基础设施和公共补贴对企业外包的影响。他们假定企业可以将中间环节进行在岸外包或离岸外包，在自由贸易协定的框架下，公共基础设施投资对于企业进行在岸外包具有正向效应，而对于离岸外包具有负向效应；公共补贴具有同公共基础设施投资相同的效应。[4] Thomas Aronsson 和 Erkki Koskela（2008）分析了当外包和失业并存时经济体的最优再分配税和公共产品提供的问题。分析发现，减少外包限制和增加就业的政策会相互抵消，而且从均衡就业的角度看，政府应该对进行离岸外包的企业征税。如果不能对企业的外包行为征税，

① Richard Zielinski, The Offshoring of Teleservices: Opportunities and Macroeconomic Effects in Developing Countries, Master of Arts Dissertation, University of East Anglia, 2004.

② Grossman Gene M. and Elhanan Helpman, "Outsourcing in a Global Economy", *Reviewof Economic Studies*, Vol.72, Issue1, 2005, p.135–159.

③ Belso－Martínez and José Antonio, "International Outsourcing and Partner Location in the Spanish Footwear Sector: Analysis Based in Industrial District SMEs", *European Urban & Regional Studies*, Vol.17, No.1, 2010, p.65–82.

④ Hartmut Egger and Josef Falkinger, "The Role of Public Infrastructure and Subsidies for Firm Location and International Outsourcing", *European Economic Review*, Vol.50, Issue 8, 2006, p.1993–2015.

政府应增加公共品投入，减少外包激励。[①] Giusepe Bognetti 和 Michele Santoni（2007）分析了不完全竞争的产品和劳动力市场下，中间产品课税对企业在目的地和原产地之间的外商直接投资和外包的影响，分析发现，在古诺竞争模型的状态下，增值税对企业的决策具有重要影响。[②] Marjit Sugata，Xu Xinpeng 和 Yang Lei（2009）分析了知识产权保护和研发外包之间的关系，研究发现，对于发展中国家来讲，加强知识产权保护，不仅能激励跨国公司的研发外包，还会激励本土企业的研发外包。[③] Youxu Cai Tjader，Jennifer S. Shang 和 Luis G. Vargas（2010）使用网络分析法、多准则决策方法建立了外包政策的评估模型，从决策者、利益相关者以及影响群体的视角分析外包，建立了外包政策分析评估的标准模型。[④] Avalgi，Dixit 和 Scherer（2009）从企业利用外包创造价值的层面出发，站在发包方的角度制定外包政策，鼓励本国企业积极利用服务外包给新兴市场，从而在全球化过程中创造价值。[⑤]

二、国内理论研究进展及主要观点

1. 承接服务外包对中国的战略意义

严启发（2006）指出，服务外包给中国经济发展带来了重大机遇，主要包括扩大出口、吸收外资、扩大就业、促进产业结构升级，最终达到提升国家竞争力的目的。江小涓等（2008）指出，承接服务外包的一个重要意义是技术外溢效应，主要包括人力资本流动效应、示范和学习效应、竞

[①] Thomas Aronsson and Erkki Koskela, Optimal Redistributive Taxation and Provision of Public Input Goods in an Economy with Outsourcing and Unemployment, CESifo Working Paper Series No. 2481, 2008.

[②] Giusepe Bognetti and Michele Santoni, Foreign vs Domestic Outsourcing: Does VAT Taxation of Intermediate Commodities under Destination and Origin Principles Matter? UNIMI-Research Papers in Economics, Business, and Statistics unimi-1046, 2007.

[③] Marjit Sugata, Xu Xinpeng and Yang Lei, Offshore Outsourcing, Contractual R&D and Intellectual Property in Developing Countries, MPRA Papers No.19362, 2009.

[④] Youxu Cai Tjader, Jennifer S. Shang and Luis G. Vargas, "Offshore Outsourcing Decision Making: A Policy-maker's Perspective", *European Journal of Operational Research*, Vol.207, Issue 1, 2010, p.434-444.

[⑤] Avalgi Rajshekha, Dixit Ashutosh and Scherer Robert F., "Outsourcing to Emerging Markets: Theoretical Perspectives and Policy Implications", *Journal of International Management*, Vol.15, Issue 2, 2009, p.156-168.

争效应、规模经济效应和关联产业带动效应。王晓红（2008）以中国80家设计公司为样本，分析了设计外包的技术外溢效应，主要包括业务规模扩大、学习速度加快、本土制造企业服务能力提升、开拓国际市场能力增强等。赵楠（2007）指出，服务外包以互联网作为运行平台，受时间和空间制约较小，因而能够有效避免外商投资对区位因素的依赖，这为地处内陆的地区利用外资创造了机遇，特别是为中西部地区利用外资创造了条件，有利于我国区域经济的协调发展。

2. 对国外承接服务外包经验总结和借鉴

武阳（2007）分析了印度服务外包的状况，并指出印度服务外包的快速发展主要得益于政策优势、环境优势、理念优势、机制优势等。姜爱华、李辉（2007）指出印度关于服务外包（主要是软件外包）的产业政策主要经历了三个阶段——管制阶段、放松管制阶段、扶持鼓励阶段，其优惠政策主要包括园区内的税收政策和鼓励软件出口的税收政策，同时还重视中介机构作用、大力发展高等教育、保护知识产权。在此基础上，提出了我国发展服务外包的建议，包括推进经济改革、降低交易成本、发挥行业协会的积极作用和改善法律等制度环境等。吴胜武（2009）分析了中国香港、印度、爱尔兰、菲律宾及中东欧国家承接离岸外包的经验和启示，指出大力发展中介机构、重视人力资本培养和法律环境的完善，是这些国家或地区承接离岸服务外包的重要措施。

3. 中国承接服务外包优势、劣势分析

白孝忠（2008）指出，我国发展服务外包的优势主要包括劳动力正在迅速成熟，在岸服务外包需求潜力较大，与日韩开展外包合作优势明显，社会政治稳定，经济快速发展，良好的基础设施和投资环境等；发展服务外包的劣势主要包括人才结构不合理，企业竞争力不足以及社会各界对服务外包普遍认识不足，服务外包促进制度的缺陷等。景瑞琴（2007）分析了人力资本与国际服务外包的相关性，通过比较服务外包承接国的人力资本禀赋发现，中国与印度在国际服务外包中的比较优势取决于该国熟练劳动力的绝对数量，而不是熟练劳动力在该国总劳动力数量中的相对比例，而且中国在人力资本绝对数量上具有比较优势。

4. 影响承接服务外包的因素和能力评估

杨学军、曾国军（2011）分析了影响服务外包承接地竞争力的因素，从承接方视角出发，从经营环境、服务能力、服务成本三个方面构建评价体系，并使用问卷调查采集数据，分析认为影响承接地竞争力的主要有三个因子，即"服务能力因子"、"服务成本因子"和"经营环境因子"。赵晶等（2011）分析了服务外包基地城市竞争力对离岸发包方需求决策的影响，他们将2007~2008年14个服务外包基地城市所获得的国际服务外包合同协议总值的对数和实际总值对数作为因变量或被解释变量，将外部支持竞争力、基础设施竞争力、商务环境竞争力因素、人力资源竞争力、成本竞争力因素和国际外包经营经验六大因素作为解释变量，采用固定效应模型和广义最小二乘法模型估计了基地城市的各项竞争力对外国离岸服务外包发包方的需求决策的影响程度。姚志毅等（2011）采用钻石模型分析影响服务外包竞争力的因素，并使用协整方法检验其影响程度，分析表明我国较完善的基础设施促进了服务外包产业的发展；而人力资源"量"的臃肿，与产业需求相对应的专业性人才的缺乏、产业集群不完善以及企业规模较小等因素阻碍了服务外包产业发展。

5. 中国服务外包发展战略与对策

徐兴锋（2007）利用波特的钻石模型分析了我国服务外包产业的竞争优势，提出我国服务外包业务发展模式：从业务类型来看，要大力发展业务流程外包（BPO）、IT基础设施及研发服务外包、软件开发外包、嵌入式服务外包等；从目标市场来看，要积极培育国内市场，开拓国际市场；从策略建议来看，要制定服务外包发展规划，完善服务外包统计体系，强化"实训"，创新软件人才培养模式，加强知识产权保护，加大财税支持力度，打造"中国外包"的国际品牌，完善产业综合政策环境，建立类似NASSCOM的强有力的中介机构。李仲周（2006）在分析我国承接服务外包比较优劣势的基础上，提出政府在承接服务外包中的定位：加速改革步伐，建立能够为所有基础电信运营商和增值服务供应商提供平等舞台的竞争市场结构；解决紧迫的人才短缺问题；进一步放开IT和电信服务领域的外商直接投资；将在华跨国企业作为目标客户；进一步加强与服务业相关的知识产权保护；打造政府—产业战略规划合作；继续改进软件科技园区，吸引外国直接投资；建立一个有效的网络安全体系。于慈江（2007）从跨国服务商和东道国的视角分析了我国承接离岸服务外包的战略措施，主要包括：优化服务外包政策环境，引导FDI进入服务外包领域；加强法制建设和行业规范制度化，优化服务外包发展的商务环境；调整教育和培训体系，建立"金字塔"形、"哑铃"形的人才发展结构；发展行业协会，提高企业开拓市场能力等。霍景东、吴家森（2009）指出，中国在岸服务外包还处在发展的起步阶段，促进在岸服务外包需要加快国有部门改革，解决服务外包发包动力问题；推进服务标准化，降低服务外包监督成本；消除土地政策歧视，解决服务外包的交易成本问题；加强环境建设，解决服务外包的后顾之忧。山红梅（2011）批判了"将服务外包完全等同于离岸外包"的发展误区，指出国内市场才是我国服务外包产业实现规模化发展的关键，并对即将启动的金融、政府和电信等服务外包市场进行深入分析，提出了通过"政府鼓励、社会支持和企业自主发展"的模式，和衷共济开拓国内服务外包市场。

6. 关于服务外包的公共政策研究

公共政策是一个系统工程。李文（2006）研究了产业结构的税收政策，重点分析了产业结构税收政策的存在前提和目标定位，并从需求、供给、外商投资和对外贸易的角度分析税收政策影响产业结构的机理和途径，在此基础上提出促进产业结构调整的税收政策。陈志楣（2007）分析了产业结构和财政金融协调发展的问题，分析了财政影响产业结构调整的机理和效应，并以北京产业结构调整为例，提出财政调整的方向和措施。夏杰长、霍景东等（2006）从服务业、制造业比较的视角分析了影响服务业国际竞争力提升的因素，并从财税政策的职能入手，分析了财税政策在提升服务业竞争力中的理论和实践依据、作用机理以及对策措施。闫坤（2008）也分析了促进服务业发展的财税政策。沈彤（2007）分析了我国服务外包的税收原则，对于离岸服务外包暂不区分是属于技术密集型、智力密集型还是劳动密集型，给予统一的税收政策；境内服务外包按行业税收政策执行；离岸服务外包按零税收政策的原则，对离岸服务外包业务，属于营业税征收范围的，给予免征，属于增值税征收范围的，可以给予退税，建立离岸服务外包业务税款抵扣机制。霍景东（2009）在分析财税政策介入服务外包的依据的基础上，分析了影响服务外包的因素，进而提出了促进服务外包发展的财税政策，包括利用服务业引导资金、调整政府投资结构和教育支出结构；完善企业所得税、营业税以及增值税等。孙潇（2010）提出了促进我国服务外包发展的外汇管理政策，如将服务外包业纳入服务贸易管理范围、允许外资服务外包企业盈利前根据实际工资支付需要进行资本金结汇、简化服务外包类跨国公司非贸易结售汇手续等。

三、对相关研究成果评述

尽管国内外学者倾注了大量精力，取得了丰硕的研究成果，但是由于服务外包是一个新兴的行业，相关统计数据比较缺乏，目前的研究还不够深入，还需要进一步深化。从国内外关于服务外包的研究成果看，有三个特征比较明显：一是发达国家的研究注重描述服务外包这一现象，主要从服务外包的动因、表现、影响等方面展开，而发展中国家的研究则重在发展服务外包的途径方面，如影响服务外包的因素，如何提升承接能力等；二是对于服务外包的宏观战略意义和经济政策含义的研究不够深入，因此在分析服务外包时，对于离岸外包的研究较多，而对在岸外包的分析则较少；三是在对策研究中，点上研究得多，系统研究得少。

无论如何，这些研究是本书开展研究的基础，对于本书的研究具有重要的借鉴意义。因此，本书将在以下四个方面做出努力：一是在对企业微观视角研究的基础上，加强对微观和宏观结合的研究；二是在对服务外包描述的基础上，加强对发展中国家嵌入全球产业链的研究；三是在离岸外包的基础上，加强对在岸外包的研究；四是在小国视角的分散性对策研究基础上，加大对大国经济系统政策框架体系的研究。

第三节 内生比较优势分析框架

一、静态比较优势

静态比较优势理论分为完全竞争市场的静态比较优势和不完全竞争市场的比较优势理论，前者有代表性的是大卫·李嘉图的比较成本理论和赫克歇尔—俄林的要素禀赋理论，而不完全竞争市场的静态比较优势理论主要包括规模经济、产品差异、垄断等。

1. 完全竞争市场的静态比较优势理论

（1）比较成本理论。比较成本理论是大卫·李嘉图提出的，是国际贸易中的经典理论。关键的假设条件是：劳动力是唯一、同质且恒定的生产要素；使用的劳动量决定产品的价值；生产中要素规模报酬不变。在这样的条件下，分析 A、B 两个国家，生产 X、Y 两种产品的情形。我们用 a_{ki} 表示 i 国生产产品 k 需要的劳动力，L_i 表示 i 国的劳动力总量，P_k 表示产品 k 的价格，那么 A 国生产且出口产品 X 的条件应该是：

$$\frac{L_A}{a_{AX}}P_X > \frac{L_A}{a_{AY}}P_Y，即 a_{AY}P_X > a_{AX}P_Y \tag{1-1}$$

同理，B 国出口产品 Y 的条件是：

$$a_{BY}P_X < a_{BX}P_Y \tag{1-2}$$

对于 A 国，我们把 n 种产品按照其边际收益 $\frac{P_k}{a_{Ak}}$ 从高到低排列起来，得到：$\frac{P_1}{a_{A1}} > \frac{P_2}{a_{A2}} > \frac{P_3}{a_{A3}} > \cdots > \frac{P_n}{a_{An}}$，这就是 A 国优先生产产品种类的顺序。

（2）要素禀赋理论（H–O 模型）。比较成本理论，从静态的视角分析了国际贸易的条件是存在比较优势，但是没有回答比较优势是如何来的，而且在现实经济中，生产要素有多种，不只有劳动力一种。要素禀赋理论分析了多种生产要素（包括劳动力和资本）情形下的国际贸易问题。与比较成本理论相似，要素禀赋理论同样假设两国生产技术相同，要素规模报酬不变，且要素不能在两国之间流动。H–O 模型认为，两产品的成本差别来自于生产过程中所使用的生产要素的价格差别，而这种生产要素的价

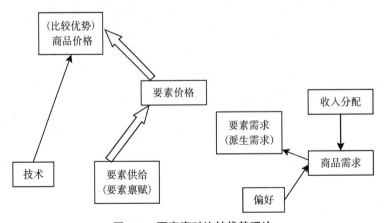

图 1–1　要素禀赋比较优势理论

资料来源：方齐云：《国际经济学》，华中科技大学出版社 2002 年版，第 70 页。

格差别则取决于各国各种生产要素的相对丰裕程度，即相对禀赋差异，回答了比较成本优势的来源问题。

2. 不完全竞争市场的静态比较优势理论

（1）规模经济与比较优势。规模经济就是单位产品的边际成本下降，从而使企业的平均成本随着产量的增加而递减，贝蒂尔·奥林提出，即使两国的要素禀赋和商品价格没有差别，只要一国存在规模经济，那么两国之间就会存在互利、持久的贸易。Dixit 和 Stiglitz（1977）指出，分配不公、外部效应和规模经济是导致不完全竞争市场的重要原因，即使两国不存在比较优势，即两国的条件相同，在存在规模经济的情况下，两国也可以选择不同的产业，进而获得后天的绝对优势。[1] 随后 Krugman（1977）对这一问题进行了更加深入的分析，他把规模报酬递增因素引入到 2×2 框架，在世界经济一体化的假设下，分析要素价格和要素数量对贸易格局的影响，分析认为，贸易利得是产品品种增加或规模报酬递增的结果[2]。

（2）产品差异与比较优势。消费者的偏好是不同的，不同国家生产差异化的产品。Falvey（1981）在比较优势理论 2×2 框架内构造了关于产品垂直差异的模型，假设完全竞争市场和两个国家的要素禀赋存在差异：一国资本相对丰裕，资本租金比率较低，另一劳动力相对丰裕，工资率较低，而且每个国家都生产质量上具有垂直差异的产品。分析认为，资本丰裕的国家在质量高于临界点的产品上拥有比较优势，即劳动丰富的国家或地区出口质量较低的商品，资本丰富的国家或地区出口质量较高的商品。[3]之后又考虑了两个部门的情形，分析认为，在没有规模经济和不完全竞争的条件下，工资较高的国家在高质量产品方面具有比较优势，而工资较低的国家则在生产质量较低的产品方面具有比较优势。

（3）寡头垄断与比较优势。由于寡头垄断市场中，两个厂商面临给定的需求曲线，厂商将会把产量限制在利润最大化水平上，按照古诺模型，每个厂商均以其他厂商的既定产量来确定自己的产量，这样一个厂商选择

① Dixit Avinash K. and Joseph E. Stiglitz, "Monopolistic Competition and Optimum Product Diversity", *American Economic Review*, Vol.67, No.3, 1977, p. 297–308.

② Krugman P., "Increasing Returns, Monopolistic Competition and International Trade", *Journal of International Economics*, Vol.9, 1979, p.469–479.

③ Falvey R.E., "Commercial Policy and Intra-Industry Trade", *Journal of International Economics*, Vol.11, Issue 4, 1981, p.495–511.

扩大生产,并引起对手减产,那么他的盈利将会增加。寡头垄断同样会影响国际贸易格局。Brander J.和Krugman P.(1983)指出,在不存在要素禀赋、产品成本差别以及消费者对产品差异追求的情况下,寡头竞争会推动国际贸易发展,而贸易量取决于两国间需求弹性的预期差异。[①]

二、动态比较优势

随着产业结构种类不断增多,产业竞争优势获得依靠的力量也在多元化。最直接的表现是要素的异化,以劳动力为例,由于产业的多样性和专业化,不同岗位对于劳动力的要求也不尽相同,劳动力之间的差异越来越大,同样是科研人才,但不同学科之间知识结构差异非常大,二者之间的替代性非常小。传统的比较优势理论不能解释现代国际贸易的发展,特别是后起国家的崛起。动态比较优势理论随之出现,动态比较优势理论的主要思想是,比较优势不是一成不变的,而是随着时间推移而发展的。

所谓动态比较优势,是指对于发展中国家来讲,需要在符合现有比较优势的传统产业(一般是低技术产业)和未来随着生产率的提升有可能成为具有比较优势(但目前没有比较优势)的产业之间做出权衡,而战略性贸易和产业政策在促进目前不具有比较优势的产业获取未来比较优势中具有重要作用,会改善经济福利(Redding,1999)[②]。实际上,关于动态比较优势理论的研究有很多。如筱原三代平(1955)将生产要素供求关系、政府政策、开放等因素综合到贸易理论中,从动态的、长期的观点考察比较优势。他认为在经济发展过程中,一国的生产要素禀赋是可以变化的,而且正是这种变化差异,导致一国经济在全球竞争中地位的变化;他还进一步指出,动态比较优势的形成要依靠政府的公共政策。Balassa(1977)提出了比较优势阶梯论(也称比较优势阶段论),其主要思想是,在国际生产体系中,不同国家之间客观上存在着比较优势的差别,但这种差别并不是一成不变的,而这一变化的来源是物质资本和人力资本动态配置的过程。

---

① Brander J. and Krugman P., "A 'Reciprocal Dumping' Model of International Trade", *Journal of International Economics*, Vol.15, No.3/4, 1983, p. 313-321.

② Stephen Redding, "Dynamic Comparative Advantage and the Welfare Effects of Trade", *Oxford Economic Papers*, Vol. 51, No.1, 1999, p.15-39.

1. 动态比较优势理论演化

（1）要素变化与比较优势。随着国际贸易和资本流动，两个国家的比较优势都会发生动态变化。要素价格均等化定理（H-O-S模型）指出，在自由贸易条件下，一国会扩大利用丰裕要素产品的生产，减少使用稀缺要素产品的生产，那么随着丰裕要素的需求增加，稀缺要素需求减少，在要素量保持不变的情况下，丰裕要素的价格会上升，稀缺要素的价格会降低；同样，这一现象也在另一国发生，最后两国的资本、劳动的价格比率会趋于相等。这一定理说明，即使生产要素不能在国际间流动，只要商品自由贸易得到充分发展，各国同种生产要素的相对价格将会趋于相等，两国的比较优势也会接近。[①]Rybczynski（1955）分析了在商品相对价格不变的情况下，要素数量的变化对生产的影响，认为当商品价格不变时，一种要素禀赋的增加将导致需密集使用该要素的商品产出量以更大的比例增加，同时会减少其他产品的产出，如果增加的产品是出口产品，则该国的对外贸易量会增加；若不是出口产品，则该国的对外贸易量会减少。[②]在现实中，要素在国际间是可以流动的，特别是国际直接投资。Robert A. Mundell（1957）考察了要素在国际间的流动效应，并证明了要素的国际流动通过改变各国的要素存量结构和相对要素价格而影响生产结构和贸易结构，从而产生一种反向贸易效应（Adverse Trade-effect），投资与贸易具有替代关系，国际投资总是流向一国的进口竞争性部门，这会导致进口部门扩张，出口部门萎缩，比较优势会发生改变[③]。

（2）技术进步与比较优势。在开放经济中，技术的扩散是一个非常重要的现象。技术从先进国家向落后国家的扩散是落后国家实现技术进步的一个非常重要的渠道。Posner（1961）在《国际贸易和技术变化》一文中把科学技术看成是一种独立的生产要素，强调技术在比较优势形成中的决定作用，认为各个国家技术进步的程度是不同的，技术创新国在一定时期内由于拥有新技术而在某种商品生产上处于世界垄断地位，而其他国家则与

① Paul A. Samuel, "International Trade and the Equalisation of Factor Prices", *The Economic Journal*, Vol.58, No.230, 1948, p.163-184.

② Rybczynski T.M., "Factor Endowments and Relative Commodity Prices", *Economica*, Vol.22, 1955, p.336-341.

③ Robert A. Mundell, "International Trade and Factor Mobility", *American Economic Review*, Vol.47, 1957, p.321-335.

创新国之间存在着一个技术差距（Technology Gap）或称模仿滞后（Imitation Lag），这种差距引起了该产品的国际贸易。[①] Lucas（2000）认为，技术的扩散是人类社会发展的必然，工业革命在各国之间的扩散将会使得世界各国经济收敛，世界经济发展趋于大同。[②]

（3）生命周期与比较优势。Vernon（1966）提出，产品有诞生、成长、成熟、衰亡的生命周期，并将产品周期划分为新产品、成熟产品和标准产品三个阶段，而且在产品生命周期的不同阶段，各国在国际贸易中的地位不同，并把企业的区位选择与国际贸易结合起来进行研究。对于新产品来讲，需要很强的研发能力，而且人均收入要高，对新产品的接受能力强，因此新产品总是布局在发达国家。但是随着产品进入成熟期，产品可以进行大批量生产，产品的价值已被经济发展水平相近的次发达国家的消费者所认识，需求价格弹性增大，而且产品由技术密集型逐渐转向资本密集型，次发达国家也可以从事生产。在产品进入标准化期后，资本与非技术型熟练劳动成为产品成本的主要部分，生产转入成本低的国家。[③]

2. 综合动态比较优势：竞争优势与国家竞争优势

比较优势是竞争优势的基础，但一国具有比较优势并不等于其产业或产品在国际市场上具有竞争优势，竞争优势是国际竞争中更具能动性的因素，可以说竞争优势是比较优势的拓展，是综合性的比较优势，二者是统一的。关于产业微观的竞争优势，迈克尔·波特在其《竞争优势》一书中指出，不管是国际的还是国内的，任何产业的竞争优势都将体现五种竞争力：供应商的议价能力、购买者的议价能力、潜在竞争者进入的能力、替代品的替代能力、行业内竞争者现在的竞争能力。而后，在其《国家竞争优势》一书中，提出了国家竞争优势的"钻石体系"，一国的特定产业是否具有竞争力取决于几个基本因素：生产要素、需求条件、相关与支持产业的状况、企业策略、结构与竞争对手；此外，政府和机遇也是两个不可或缺的因素，并提倡政府要创造国家竞争优势。20世纪90年代以后，由

① Posner M.V., "International Trade and Technical Change", *Oxford Economic Papers*, Vol.13, No.3, 1961, p.323–341.

② Lucas Robert E. Jr, "Some Macroeconomics in the 21st Century", *Journal of Economic Perspectives*, Vol.14, No.1, 2000, p.159–168.

③ Vernon R., "International Investment and International Trade in the Product Cycle", *Quarterly Journal of Economics*, Vol.80, Issue 2, 1966, p.190–207.

于经济全球化、国际资本流动和跨国公司的行为对各国经济发展的影响日益突出,跨国公司会对国家生产体系产生冲击。

三、内生比较优势

1. 投资与比较优势

(1)资本要素积累。按照国民经济核算,总收入可以划分为消费和投资,投资可以使资本增加,资本增加可以改变资本和劳动的比例关系,进而改变比较优势。Ronald Findlay(1970)在三部门模型中假定"不可贸易资本品的要素密集度"在两种消费品之间,且各国的劳动增长率相同,在长期均衡中,储蓄率高的国家会出口资本密集型产品,储蓄率低的国家会出口劳动密集型产品,即一国的比较优势模式依赖于储蓄率和劳动力的增长,这里的储蓄率决定了投资,进而决定了资本要素禀赋。[①]

(2)干中学与知识外溢。Arrow(1962)假设技术进步不是外生的,而是由资本积累所决定的,认为技术进步是资本积累的副产品,新投资具有外在性,不仅进行投资的厂商可以通过积累生产经验而提高生产率,而且其他厂商亦可通过学习而提高生产率,这样整个社会的生产函数就具有递增报酬,这就是著名的"干中学"理论。[②]Romer(1986)认为知识积累致使的技术变革是经济长期增长的原动力,在特定的竞争均衡下,每个厂商的资本积累增加了社会知识存量进而惠及经济系统内的其他所有厂商,这样厂商之间的知识外溢效应克服了资本报酬递减,从而实现在不断增加的资本存量下的资本报酬率递增。[③]

(3)人力资本投资。Schultz(1961)提出了人力资本的概念,并概括了人力资本投资的范围:医疗和保健;在职人员培训;正式建立起来的初等、中等和高等教育等[④]。卢卡斯(1988)建立了以人力资本为基础的内

① Findlay Ronald, "Factor Proportions and Comparative Advantage in the Long Run", *Journal of Political Economy*, Vol. 78, No.1, 1970, p.27–34.

② Arrow Kenneth J., "The Economic Implications of Learning by Doing", *Review of Economic Studies*, Vol. 29, No.3, 1962, p.155–73.

③ Romer P. M., "Increasing Returns and Long-Run Growth", *Journal of Political Economy*, Vol.94, No.5, 1986, p.1002–1037.

④ [美] 西奥多·W. 舒尔茨:《人力资本投资——教育和研究的作用》,蒋斌、张蘅译,商务印书馆1990年版,第42页。

生增长模型，主要讨论了物质资本与人力资本的相互作用，认为人力资本有内部和外部效应，其模型为：

$$\frac{dh/dt}{h} = \delta(1 - u) \tag{1-3}$$

式中，h 表示劳动技能的人力资本，δ 表示人力资本的产出弹性，1 − u 表示人力资本投资占总投资的份额。卢卡斯强调了人力资本的外部性，人力资本的外部性是由人力资本的溢出效应造成的，一个拥有较高人力资本的人在工作过程中对周围的人产生更多有利的影响，会提高周围人的生产效率。[1] Rebelo（1991）则认为，由于人力资本和知识存在，经济中资本的边际生产率（报酬率）能够保持在一个正的常数之上，从而获得比较优势和竞争优势。[2]

（4）R&D 投资。R&D 投资是技术进步的动力，可以说重大技术进步基本来自 R&D 活动。Romer（1990）在《内生技术变迁》中，将经济划分为最终产品、中间产品和研究开发三个部门，并建立了一个在不完全竞争框架下的基于 R&D 的内生增长模型，认为技术进步是追求利润最大化的厂商进行技术创新活动（R&D 活动）的结果。同时，知识具有非竞争性和部分排他性，非竞争性的知识可以无限增长，知识的部分排他性则为技术变迁由个人的自利行为驱动以及知识积累具有外溢效应提供了理论基础，因此，经济增长的根本原因在于受利润最大化的个人自利行为驱动的技术变迁，这揭示了技术进步的根源和动力，打开了技术进步这个"黑箱"。

（5）公用平台投资。一般来讲，社会总资本或社会总投资分为两类："社会分摊资本"（Social Overhead Capital，SOC）和"私人资本"（Private Capital，PC），社会分摊资本就是公用设施。世界银行认为基础设施尤其是一些经济性的基础设施具有规模效应和网络效应，这种效应既可以通过提高产出效率促进经济增长，也可以通过引导发达地区对落后地区经济增长的溢出效应促进经济增长。[3] 事实上，公用平台对比较优势的影响远不

① Lucas R. E., "On the Mechanics of Economic Development", *Journal of Monetary Economics*, Vol.22, Issue 1, 1988, p.3–42.

② Rebelo S., "Long-Run Policy Analysis and Long-Run Growth", *Journal of Political Economy*, Vol.99, No.3, 1991, p. 500–521.

③ World Bank, *World Development Report 1994: Infrastructure for Development*, Oxford University Press, 1994.

止这些，如研究开发、人力资本具有正外部性，如果私人提供则会出现提供量小于社会收益最大化需求量，公用平台建设可以对外部性进行有效补贴，因此公用平台对比较优势和竞争优势的影响是显而易见的。

2. 分工与比较优势

（1）分工加速知识积累。亚当·斯密在《国富论》中第一次提出了劳动分工的观点，并系统全面地阐述了劳动分工对提高劳动生产率和增进国民财富的巨大作用。在专业化分工的情况下，每个人都专注于自己的专业领域而无须花时间与精力去获取其他专业领域的信息，这节省了重复学习时间。同时，在某一专业内部，由于每个人都是该领域的专家，能够更有效地"干中学"形成"技术外溢"，从而加速了知识和技术的积累。此外，专业化造成了某种信息不对称，每个人作为卖者对自己的产品知之甚多，而作为买者对他人的生产技术知之甚少（杨小凯，1997）。

（2）分工促进了产品差异化。杨小凯（1998）认为，当交易费用系数很高时，由高水平分工引起的交易费用超过分工的好处，所以人们必须自给自足；当交易费用系数很低时，分工的好处超过交易费用，人们可以选择高水平分工；这样不同人可以通过专业生产不同的产品，增加产品差异化。

（3）分工延长生产迂回链条。Young（1928）指出，分工有三个方面内涵：一是个人专业化水平；二是不同专业种类数；三是生产的迂回度。并以分工和专业化为核心分析需求和供给，论证了市场规模与劳动分工、迂回生产与产业分工的相互作用、自我繁殖的机制。他认为投资产出关系的上下游两个产业之间为一个环节，某类生产中，这些环节的数目为生产的迂回度（Roundaboatness），通常表现为一个链条。生产的迂回度越高，这个链条就越长，专业化水平的提高，会导致迂回生产链条的加长和每个链条上中间产品数的增加，从而提高生产率。[①]

3. 制度与比较优势

制度竞争作为国际竞争宏观形态，是各国政府参与国际竞争的直接表现形式，制度通过各种渠道影响着技术进步、成本等，进而影响比较优势。舒尔茨（1968）在《制度与人的经济价值的不断提高》一文中指出，制

---

① Allyn Young, "Increasing Returns and Economic Progress", *The Economic Journal*, Vol.38, No.152, 1928，p. 527–542.

度结构由四种基本形式的制度构成：一是用于降低交易费用的制度，如货币、期货市场等；二是影响生产要素的所有者之间的配置风险的制度，如合约、分成制、合作社、公司、保险、公共社会安全计划等；三是用于提供职能组织与个人收入流之间的联系的制度，如财产制度，包括遗产法、劳动者的其他权利等；四是用于确立公共品和服务的生产与分配框架的制度，如高速公路、机场、学校和农业试验站等。戴维和爱德华认为，新技术之所以源源不断地产生，与其互补的人力资本之所以总能够得到及时培训，关键在于相关制度的有效支撑。

（1）降低交易成本。威廉姆森将交易费用分为事前的交易费用和事后的交易费用，事前交易费用是指由于未来事项的不确定性，需要事先规定交易各方的权利、责任和义务；事后的交易费用是指交易发生以后的成本，这种成本表现为各种形式，包括交易双方为了保持长期的交易关系而付出的代价，交易双方发现事先确定的交易事项有误而需要加以变更所要付出的费用，交易双方由于取消交易协议而需支付的费用和机会损失。这些交易费用有很多是可以通过制度设计而避免的，良好、健全的制度可以降低交易成本，而交易成本是影响专业化分工的重要因素。

（2）推动技术进步。制度安排可以降低研究开发、人力资本的外部性、不确定性。诺思指出："制度在一个社会中的主要作用是通过建立一个人们相互作用的稳定的（但不一定是有效的）结构来减少不确定性；制度的存在是为了降低人们相互作用时的不确定性，这些不确定性之所以产生，是所要解决的问题的复杂性以及个人所有的解决问题的软件（用一种计算方法）不足的结果。"[①] 政府补贴、科技保险、公共服务平台提供、政府购买等制度都可以减少研究开发和人力资本的不确定性。同时，技术创新的成果很容易被他人低成本地模仿，如果没有一定的制度安排保护技术创新者，就不会有企业或个人投入大量资源从事这种不能获利的创新活动，因此为了保护技术创新的活力，通过一定的制度安排以保护技术创新者的利益是十分必要的。以《专利法》、《商标法》为主要内容的知识产权保护制度和以税收补贴、奖励政策为主要内容的政府扶持制度都具有将外部收益内部化的功能，从而推动技术创新。

---

① ［美］诺思：《制度、制度变迁与经济绩效》，刘守英译，上海三联书店 1994 年版，第 3–11 页。

（3）优化资源配置。自由放任的制度不利于资源优化配置，但是限制过多的制度同样不能实现资源的合理配置，资源配置效率与制度密切相关。在产业多样化的今天，一个产业的发展取决于有效配置于该产业的资源。如美国在 20 世纪 90 年代，鼓励高科技企业在纳斯达克市场上市融资，尽管产生了一定的科技泡沫，但却留下了一大批高科技信息企业，这些企业直到今天依然在全世界范围内具有竞争力。

比较优势是一国某产业在国际上有竞争力的基础条件，要想在国际竞争中占得先机，还要将比较优势转化为竞争优势；同时，比较优势不是一成不变的，而是动态发展的，而且比较优势的动态发展是内生化的，即可以通过后天发展而创造出某产业的比较优势。综上所述，我们可以归纳出内生比较优势的一般分析框架，如图 1-2 所示。

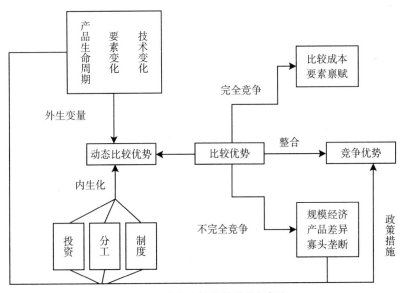

图 1-2 内生比较优势的分析框架

资料来源：作者整理。

第四节 写作思路及特点

一、写作思路

本书着眼于服务外包在中国转向服务经济过程中的战略地位，以内生比较优势理论为分析框架，寻求推动服务外包发展的政策体系和措施。从服务外包的概念、动因谈起，分析了服务外包发展的趋势和全球格局，特别强调中心城市已经成为服务外包的主要载体；重点分析了服务外包在我国经济结构转型战略中的重要作用，并借鉴发达国家转向服务经济结构的经验，提出我国服务外包发展的模式，即以在岸外包为基础，离岸外包为突破口；深入分析了我国服务外包发展的现状及问题，利用波特的钻石体系分析了获得服务外包竞争优势的因素，并利用 20 个国家的面板数据和投入产出数据对影响承接离岸外包和工业企业在岸服务外包的因素进行实证检验；从服务外包发展的国际、国内趋势，提出发展服务外包的政策着力点，即在岸外包重在刺激需求，离岸外包重在提升供给；根据内生比较优势理论的分析框架，提出了促进服务外包发展的政策体系和措施。

二、写作特点

服务外包是一个新兴产业，本书在借鉴前人研究成果的基础上，在以下几个方面有所创新：

一是从中国"服务经济悖论"的特征及原因出发，从宏观视角分析服务外包的机理，总结发达国家在全球化过程中转向服务经济的路径，主要包括生产性服务业和制造业的分离、制造业服务化和制造业离岸外包，在总结国际经验的基础上提出发展服务外包是转向服务经济的重要途径，并提出我国发展服务外包的路径，即以在岸服务外包为基础，以离岸服务外包为突破口。

二是以波特的钻石体系为基础，利用动态比较优势理论，分析服务外包和制造外包比较优势、竞争优势的异同，并在此基础上分析了发展服务外包的政策着力点，即发展在岸服务外包重在刺激需求，通过消除政策歧视、完善基础设施等鼓励企业将服务业务外包；而发展离岸外包重在增强供给，即通过培养人才、提供公共服务平台和税收政策，增强企业的接包能力。

三是鉴于服务外包是一个新兴的产业，本书以印度、中国、爱尔兰等20个主要服务外包承接国为样本，利用国际投入产出数据，建立了20个国家2000~2009年的面板数据模型，考察影响离岸服务外包的因素；同时，利用中国投入产出数据，基于22个工业部门的面板数据分析影响工业部门在岸外包的因素。

四是从内生比较优势分析框架出发，着重从投资政策、人力资本政策、税收政策、财政政策等方面，探寻推动离岸外包和在岸外包协调发展的政策体系。

本章小结

本章回顾了国内外学者关于服务外包有关研究成果和主要观点，包括服务外包的动因、决策机制、影响以及促进服务外包有关对策等，并给出本书研究的主要方法、写作思路和主要内容以及创新之处。

第二章 服务外包：理论、动因及发展格局

服务外包作为分工的产物，近几年在全球范围内广泛展开。本章将简要介绍服务外包的概念、分类，并且从企业垂直非一体化的视角对服务外包进行理论剖析，重点分析服务外包的动因和趋势，同时分析中心城市在承接服务外包中的重要地位及版图分布。

第一节 服务外包概述

一、服务属性

服务是一方向另一方提供的经济活动，通常通过限时的作业过程，给接收者、物体或买方负责的其他对象带来所需的结果；顾客希望从员工的劳动或专业技能、企业的设备、网络、系统或器材中获得价值，但通常他们并不拥有对任何实体要素的所有权（Christoper H. Lovelock，2004）。服务具有以下特性。

1. 无形性

服务产品最显著的特征是其无形性（舒斯，1977；卡斯伯，1999），大多数服务属于行为而不是物品，消费者无法感受到服务产品，而只是在一段时间内享受服务带来的效应或价值，而且随着服务提供的结束，服务产品本身也不存在了。因此，从技术角度看，服务产品缺乏可探查性、可体验性和可靠性。当然，服务产品的无形性也不是绝对的，如音乐会需要舞台、器材等有形的设备来辅助完成。无形性使得服务无法被事前感知，

顾客购买的是自己不熟悉的专业服务，即使在消费之后也很难评价服务的特性。

2. 同步性

服务的同步性是指服务的生产和消费的同步性，即大多数服务产品具有生产与消费同时进行的特点。这与商品不同，商品通常需要先进行生产，然后再销售，最终被消费；但服务首先被销售，然后由消费者和提供者共同完成服务生产，通常生产与消费过程在同一时间发生。同步性意味着顾客可能参与生产过程，许多服务需要顾客参与生产服务产品，甚至顾客可以采取自主服务，如用自动取款机取款，有些服务则将顾客作为半个员工，通过培训顾客使他们掌握技能和知识，从而提高生产率。同步性给服务质量的控制带来困难，因为控制质量不仅要控制员工还要控制顾客。同步性意味着顾客获得服务需要一定的时间。

3. 异质性

由于服务过程中员工和顾客联系在一起，使得服务产品的标准化和质量难保持其一致性。服务的异质性主要体现在服务质量上，不同企业之间服务质量存在差异，同一企业不同提供者之间的服务质量也存在差异，甚至同一服务提供者在不同时间内提供的服务质量也存在差异。同样，不同顾客参与的服务，质量也存在差异。异质性属于"人员因素"问题，技术进步并不能解决服务的异质性。

4. 不可储存性

大多数服务具有易消逝性和不可储存性，如飞机的座位没有坐满，那么空舱位造成的零收入将会构成永远无法挽回的损失，即使以后舱位爆满，这些空舱位造成的损失也无法弥补。服务的不可储存性与无形性密切相关，服务与商品不同，服务产品无法被"拥有"，无法被储存、带走或以后使用。关于服务的分类，根据是针对人的身体还是针对实体的有形行为，或是针对人的头脑还是针对无形资产的无形行为，服务过程可以被划分为四类，如图 2-1 所示。

二、服务外包的概念

外包作为分工的产物，并不是新鲜的事物。实际上，我国企业在改制过程中将后勤业务分离出去，交由专业化公司做，这就是外包；再如家政

图 2-1　服务分类示意图

资料来源：克里斯托弗·洛夫洛克：《服务营销》，郭贤达等译，中国人民大学出版社 2007 年版，第 14 页。

服务中的保姆等也是一种外包的形式。外包作为一种经济现象，每天都在我们身边发生。今天之所以讨论外包问题，是因为它的规模不断扩大，在经济中的地位越来越突出。

外包是指将制造和生产工作转包或分包给外部公司，特别是国外的或者非工会成员公司的活动（Outsourcing: The Practice of Subcontracting Manufacturing Work to Outside and Especially Foreign or Nonunion Companies）。《美国传承词典》中对外包的定义是，从外部购买诸如汽车零部件等服务或产品，以降低成本的活动（The Procuring of Services or Products,

Such as the Parts Used in Manufacturing a Motor Vehicle，from an Outside Supplier or Manufacturer in order to Cut Costs）。从这两种定义可以看出，外包的本质是外部化，但是因为词典的滞后性，对于外包的定义是不全面的。实际上，外包是指将传统功能通过合约的形式由外部承包商完成（Besanko David，David Dranove & Mark Shanley，1996；Machael Corbett，2004），包括制造外包和服务外包等。外包经历了由制造业外包向服务外包转移的进程。在制造业外包（Manufacturing Outsourcing）之后，信息技术外包（Information Technology Outsourcing，ITO）逐步开始发展，并逐步扩展到业务流程外包。

本书所研究的服务外包是指企业将服务环节外包给外部提供商，包括整个业务部门的剥离，既包括承接离岸外包，也包括促进在岸外包。

三、服务外包的分类

根据业务类型不同，可以将服务外包分为 ITO（信息技术外包）、BPO（业务流程外包）、KPO（知识流程外包）、ITES（IT 使能服务）等，每个类型里面又包含着许多内容，如业务流程外包包括人力资源、财务与会计、培训等内容，如表 2-1 所示。当然，不同外包类型技术要求、人员要求、附加值不同，如表 2-2 所示。

表 2-1　服务外包的分类及含义

领域			范围及内涵
信息技术外包	IT 基础设施		整个基础设施管理流程，从网络接入和桌面管理到远程技术支持。这一类别包括 IT 支出管理、数据中心服务、服务中心、安全服务、通信服务等
	IT 应用	定制软件开发	软件开发服务，通常是作为一个应用系统，而不是一个软件产品本身
		软件研发	作为离散产品供客户销售的整套软件的整体开发
		软件本地化/全球化	软件内容翻译为多国语言
		软件测试	定制和集成的测试手段，包括手工的和自动化的
		应用软件外包	应用软件维护和支持
	嵌入式软件开发		嵌入到其他产品中的软件的开发

续表

领域		范围及内涵
业务流程外包	财务与会计	一般涵盖采购到支付流程、订单到现金流程和记录到报告流程
	人力资源	跨越整个雇用周期的人力资源活动和管理流程
	培训与教育	技术培训和软技能培训的行政和事务方面的内容，包括培训内容的外包和开发
	采购	从货源寻找到付款流程，包括采购支出管理
	客户关系	客户关系管理等功能，包括呼叫中心和呼叫中心管理
	供应链/物流	订单管理、仓储、履约和库存管理、运输管理和退货管理等功能
	设施管理	维修支持、建筑物电气和通信系统支持等服务，在某些情况下还包括建筑物开发服务
	与具体行业相关的外包 —— 服务	某些特定服务，例如金融服务行业的信用卡服务和航空业的预订和收入管理。这些服务是特定行业所特有的——换句话说，它们无法应用于其他领域
	与具体行业相关的外包 —— 研发（合同研究组织）	通常面向制药和生物技术行业，几乎涵盖新药品开发的整个过程。侧重于药物的安全性和有效性测试，其中包括临床前试验及临床试验、数据管理、新药物的应用，以及其他技术服务的外包
知识流程外包（KPO）		目前被市场研究和金融研究等活动主导。在动漫、数据分析、教育、工程、法律、医药、税务服务等领域有很大的潜力并有机会加强有价值的劳动力属性，例如创造力和判断力
ITES（IT 使能服务）		借助 IT 基础设施提供的 BPO 服务，即 IT 或 ICT 密集的商务和业务流程

资料来源：埃森哲：《2008 年全球与中国服务外包市场研究报告》。

表 2-2　ITO、BPO、KPO 以及 ITES 的特点辨析

	ITO	BPO 和 KPO	ITES
内容	工具、构架	信息、数据	提供工具及其数据处理过程
时间	在先	靠后	从开始到最后的全部运营服务
业务	技术	流程	从硬件养维、软件技术到业务流程服务
规模	有限	知识劳动力密集	大规模的知识劳动力
技术要求	编程、构架	标准规范	硬件管理、维护、构架、软件、业务流程、数据文档
项目特点	阶段性	贯穿运营全部	为客户提供全面解决方案
人员要求	较高	低、中、高	全面解决大专院校学生就业
价值创造	低、中	低、中、高	为客户提供增值服务

资料来源：《ITO、BPO 和 KPO 以及 ITES 的特点比较分析》，http://www.cio360.net。

根据目的地的距离，可以将服务外包分为在岸外包（Onshore Outsourcing）、近岸外包（Nearshore Outsourcing）、离岸外包（Offshore Outsourcing）。在岸外包的业务在国内完成，近岸外包和离岸外包均在其他国家完成。

四、服务外包产业链

服务外包产业链的主体包括服务外包终端需求方、服务外包总提供商以及服务外包二级和多级提供商，而服务外包产业链的环境要素包括政府部门、中介组织、服务外包园区、公共服务平台、软件产品提供商、人才教育和培训机构、金融和风险投资机构等（季成、徐福缘，2011），如图 2-2 所示。

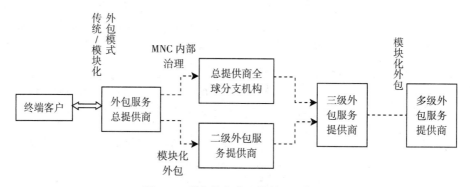

图 2-2　服务外包产业链的组织模式

资料来源：季成、徐福缘：《服务外包产业链》，上海交通大学出版社 2011 年版，第 55 页。

服务外包产业链是基于信息技术相联结的，具有高知识密集、顾客导向型等特点，如表 2-3 所示。

表 2-3　服务外包产业链的特征

	服务外包产业链	制造外包产业链
产业链的生态效应	不断与顾客沟通交流的过程：发现问题，设计并调整方案，为顾客解决问题，通过与顾客的联系创造价值 生产者与最终用户联系多 顾客数量因个性化高市场相对较小	"原材料—生产—销售（营销—运输（后勤服务）—反馈）"的过程 生产者与最终用户联系小 顾客数量较多

续表

	服务外包产业链	制造外包产业链
客户导向性和定制化程度	外包服务具有针对性，强调每个顾客的特殊性，为顾客提供定制服务，服务外包产业链具有定制化特色，因不同顾客或需求以及合作关系的持续时间而发生变化	制造企业注重从个性中提取共性，划分具有相似需要的顾客群，制造业产业链通常是定形的并具有标准通行性
主要的物质流动	信息知识流动 产品是无形的	实物产品流动 产品是有形的
风险和管理要求	信息安全风险，过度依赖发包方的风险控制 不易获得规模经济，需求变化周期相对较短	市场变化的风险 易获得规模经济，需求变化期相对较长
外部软环境的要求	较高	一般

资料来源：季成、徐福缘：《服务外包产业链》，上海交通大学出版社 2011 年版，第 60-61 页。

第二节　服务外包的动因及理论解释

服务外包既有控制成本、组织变革等内部驱动力，同时也有信息技术发展、竞争加剧等外部环境变化的推动。

一、企业服务外包驱动力

服务外包动因主要包括外部环境动因和内部推动力量。服务外包的外部环境动因主要包括技术动因、经济动因、市场动因；服务外包的内部推动力主要是通过服务外包来有效节约成本以提高企业绩效和通过服务外包来关注核心竞争力以提高企业绩效（陈菲，2005），如图 2-3 所示。

1. 服务外包的内部动因

促进服务外包的内部动因有很多，本书重点强调三个层面：财务原因、战略原因、组织变革原因。

（1）控制成本。企业的成本主要由生产成本和组织管理协调成本构

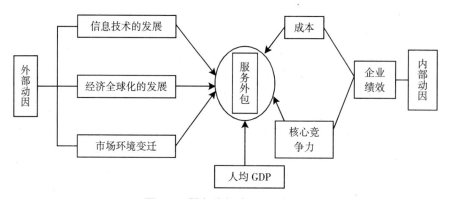

图 2-3 服务外包动因机制框架

资料来源：陈菲（2005）。

成，而且两种成本的属性不同。生产成本存在规模经济，即单位生产成本随着生产规模的扩大而逐渐降低，但组织管理协调成本会随着规模的扩大而递增。这样，就存在企业的最优规模，即企业的边界。当企业的生产规模达到一定程度后，由于生产规模扩大带来的边际成本下降超过由于企业规模扩大带来的边际组织管理成本上升时，企业必须将非核心业务或辅助功能外包给专业服务提供商，缩减组织规模，降低管理协调成本；同时也可以将不经常使用的或者由于企业提供量无法达到规模经济的业务，外包给成本更低的提供商，获得外包规模经济效应，降低总成本。总之，服务外包通过专业化分工，通过市场组织分工的方式代替企业组织分工的方式，获得外部规模经济，以降低产品（或服务）的提供成本。据调查，外包能够降低 15%～20% 的运营成本，以物流外包为例，不同环节的物流外包成本节约率不同，如人货运输、货物整合以及运输模式选择环节的外包能够降低运营成本 20%～25%，如表 2-4 所示。

表 2-4 物流外包活动成本节约情况

物流外包环节	成本节约（%）
路线重新设计和最优化	10～15
封闭路径的专一服务	15
运输模式转换	10～15
核心运输商管理和通路搭配	5～10
运输谈判和审计	4～5
人货运输、货物整合以及运输模式选择	20～25

续表

物流外包环节	成本节约（%）
逆向物流	10~15
专门运输商地点整合	10~12
库存及维持库存成本	7~10

资料来源：吴胜武等：《服务外包：从"中国制造"走向"中国服务"》，浙江大学出版社2009年版，第12页。

（2）归核化战略。"归核化"是指多元化经营的企业将业务集中到资源和能力具有竞争优势的领域，它强调核心能力的培育、维护和发展，因此企业的业务应该向核心能力靠拢，把资源集中在核心业务上。实行"归核化"战略必然要分离一些非核心的业务，将最特殊的技术即核心业务保留在企业内部，补充性业务则通过战略联盟或外包处理；如果是一些战略价值不高的商品则可在公开的市场上获取（Reve，1990）。

（3）组织变革与转型。将部分业务流程进行外包，可以促进组织分权并推动组织再造。业务转型外包的兴起就是这个原因，即通过外包使公司的业绩获得迅速的、持久的、阶段性的提高。组织变革与再造推动的外包不再局限于非核心业务，而涉及核心业务的外包。

实际上，促进服务外包的因素有很多。如 Goe W. Richard（1991）认为，外包的动因包括成本效率因素、需求特征、生产性服务功能特点、规制因素以及其他非财务因素等。Beyers W.B. 和 Lindahl D.P.（1996）总结了三种外包动因模式，即纯粹成本推动型、准成本型和非成本型，如表2-5所示。

表2-5 驱动服务外包的动因模式

模式	特征
纯粹成本推动型	
交易成本	当企业能通过市场以更低的价格购买时就会导致生产性服务功能的外部化，外部供应者往往能够通过规模经济降低生产成本
准成本型	
降低风险	通过生产性服务功能的外部化，企业能够降低在雇员、培训和投资上的内部风险
低/不频繁的需求	需求频率不高，内部提供是无效和不可行的
临时性重要需求	一些生产性服务功能需要在短时期内实现，企业内部无法提供
集中于核心技能	企业可能购买生产性服务，因为它们远离企业的核心业务

续表

模式	特征
非成本型	
缺少专家	企业通过外部化生产性服务功能以获取专业知识和企业内部缺少的专家，迅速的技术变迁是其中一个重要原因
买卖双方关系强化	客户企业和生产性服务业企业之间的关系演进可能会导致更广范围和更大规模的生产性服务购买
第三方信息需要	在日益复杂的规制环境下对于独立评价的需求也日益增多（如审计），将导致更多外部化企业的聘用
管理复杂性的增强	日益复杂的国内和跨国商务环境，产品和流程创新进程的加快导致对专业服务的需求增加
其他因素	还有些具体企业方面的因素会影响外部化水平，比如中等程度的公司比小公司和特大型公司更倾向于利用外部化资源，且战略性越强的功能越不容易外部化

资料来源：Beyers W.B. and Lindahl D.P.，1996.

2. 服务外包的外部原因

（1）竞争加剧。如果说降低成本是服务外包的内在动力，那么使企业千方百计地降低成本的外在动力就是市场竞争的加剧。20世纪70年代后期，随着全球化进程的加快，企业间的竞争越来越激烈，客户对于产品的要求越来越高，产品、价格信息越来越透明，企业面临着前所未有的竞争压力，必须通过变革来寻求竞争力。如IBM这样的大型企业通过服务化转型以适应市场竞争。

（2）技术进步。技术进步，特别是信息技术的快速发展大大推动了服务外包的发展，服务外包是一个社会性的技术创新，为企业获得竞争优势提供了丰富的新源泉，而这种社会技术创新正是从IT服务外包开始蔓延的。信息技术和互联网的发展至少在两个方面促进了服务外包的发展：一是信息技术的发展为服务外包提供了技术支持。信息技术的使用改变了服务难以储存和运输的传统特性，许多需要买卖双方实体接触的服务可以采用远程信息传递的方式实现交易（郭怀英，2008），为服务的跨区域分离提供了技术可能。随着信息水平的进步，网络传输能力不断增强，速度越来越快，存储容量扩大，安全性能提升，传输成本下降，这些为服务外包提供了便利（陈菲，2005）。二是政府、企业、个人、非营利组织大量使用信息服务相关产品，大大刺激了软件与信息服务外包的需求。2013年全球信息技术外包市场达到 6559 亿美元。[①]

二、离岸服务外包的动因

据有关调查显示，企业进行离岸服务外包的目的不同，削减成本占53%，提高质量占 19%，流程提速占 11%，合并效应占 10%，时差及其他因素占 7%（见图 2-4）。本书重点分析人力成本、人力资源结构、交通、通信发展等方面。

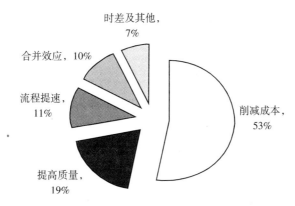

图 2-4　影响企业离岸外包的因素

资料来源：姜荣春：《国际服务外包浪潮：理论、实证与中国的战略选择》，对外经济贸易大学出版社2009 年版。

1. 寻求人力资本

（1）人力成本差异。根据前面的分析，控制成本是企业进行服务外包的直接动因。由于服务的提供主要依靠人力资本，特别是在设计、研发、信息技术服务、软件服务为主的高新技术领域，人力资本要求更高。降低人力资本成本是服务离岸外包的重要原因，不同国家人力资源的成本不同，是离岸服务外包发展的主要因素。

[①] 国际数据公司（IDC）。

表2-6　不同国家相似技能工作人员的平均工资情况

单位：美元

国家	具有2~3年工作经验的编程人员	具有2~3年工作经验的电话中心人员	编程人员平均工资
印度	6000~9000	5500~7000	7500
中国	5500~9600		7550
墨西哥	18000~23000	3000~15000	20500
巴西	9000~16000		12500
爱尔兰	21000~28000	16000~25500	24500
加拿大	25000~50000	18600~28300	37500
美国	45000~80000	25000~40000	65000

资料来源：Atul Vashistha et al.,"The Offshore Nation：The Rise of Services Globalization"，p.175.

从表2-6可以看出，不同国家的人力成本差异非常大，美国编程人员的平均工资为65000美元，而印度只有7500美元，约为美国的1/8，巨大的人力资本工资差异是导致服务外包离岸的主要原因。

（2）发达国家人力资源数量不足。随着发达国家经济社会的推进，目前普遍存在人口老龄化和出生率下降的状况，而且发达国家的城市化进程基本完成，农业人口向工业、服务业转移的空间已经没有。劳动人口占比过重、人口增长缓慢，导致劳动力人口缺乏。发展中国家的人口结构中劳动人口和年轻人较多，而且城市化水平不高，劳动人口比较富足。如印度2007年0~14岁人口占32.1%，15~65岁的人口占到62.8%，而65岁以上的人口仅为5.1%；日本2007年0~14岁人口占13.7%，15~65岁的人口占到65.6%，而65岁以上的人口达到20.8%（见表2-7）。劳动力总规模不能满足经济增长的需要，这也是发达国家进行离岸服务外包，进而利用市场合约获得人力资源的重要原因。

表2-7　不同国家人口结构和出生率情况

国家	人口结构（2007年）（%）			毛出生率（2006年）（‰）
	0~14岁	15~65岁	65岁以上	
世界	27.7	64.9	7.5	20.1
中国	20.6	71.4	7.9	11.9
印度	32.1	62.8	5.1	23.5
以色列	27.8	62.1	10.1	21.0

续表

国家	人口结构（2007 年）（%）			毛出生率（2006 年）（‰）
	0~14 岁	15~65 岁	65 岁以上	
日本	13.7	65.6	20.8	8.7
菲律宾	35.5	60.6	4.0	26.3
新加坡	18.0	73.0	9.0	10.1
泰国	21.2	70.7	8.2	14.7
越南	28.1	66.3	5.6	17.5
加拿大	17.0	69.5	13.4	10.7
墨西哥	29.7	64.2	6.1	19.0
美国	20.5	67.1	12.4	14.1
巴西	27.4	66.2	6.4	19.5
法国	18.3	65.4	16.3	12.8
德国	14.0	66.4	19.6	8.2
英国	17.6	66.1	16.2	12.2

资料来源：《国际统计年鉴》(2008)。

（3）人力资源结构。发达国家大学教育结构和发展中国家的大学教育结构不同，导致了人力资本技能的差异。发达国家的教育偏向基础学科和社会科学学科，而应用学科的高等学校毕业生人数相对较少。如美国1985 年以来，高等教育在校生中，数学、计算机学科增长缓慢，2000 年之后开始下降（见图 2-5）。而印度、中国等国家工科方面的学生数量则不断上升。而且，由于美国本土的学生不愿意攻读工科方面的学位，在美国的工科学生中有 20% 来自中国和印度，美国不仅将服务外包到印度，而且还为印度培养了大量人才。同时发展中国家非常注重工科教育，特别是软件与信息技术人才的培养，能够供应大量的技术人才（见表 2-8），这样离岸服务外包就显得顺理成章了。

2. 寻找新的市场

印度、中国是人口大国，随着经济规模的不断扩大，消费市场有着巨大的潜力，发达国家为了开拓这些新兴国家的市场，有必要在这些新兴国家设立企业或者寻找代理机构。发展离岸服务外包，使跨国企业开拓新兴国家的市场时至少具有以下两个方面的优势：一是当新兴市场的销售额占到一定比例时，不仅需要大量的销售人员，而且需要科研、生产以及其他支持人员，新兴国家丰富的劳动力为企业扩张规模提供了保障，解决了跨

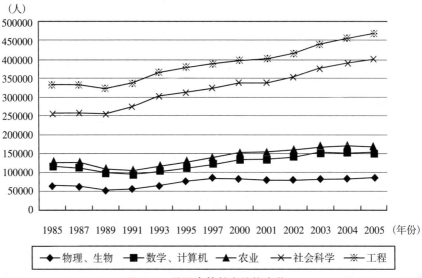

图2-5　美国高等教育结构变化

资料来源：Science and Engineering Indicators，2008.

表2-8　2004~2008年印度技术人才的供应情况

单位：人

年份	2004	2005	2006	2007	2008
工科毕业人数	346000	365000	441000	495000	523500
学位（四年制）	139000	170000	222000	264000	277500
学历（三年制）	177000	195000	189000	196000	204000
MCA			30000	35000	42000
IT专业人员数	179000	201000	239700	271700	292100
工程学IT毕业生（学位）	84000	102000	126400	149300	158300
工程学IT毕业生（学历）	95000	99000	83300	87400	91800

资料来源：NASSCOM.

国企业人力不足的问题。二是通过服务外包在市场需求国提供服务，有利于贴近市场需求，从而更有利于开拓市场。服务外包实现了服务的提供方和需求方在地域上的一致性，新兴国家的人员更加了解市场，从而有利于市场开拓。以软件产业为例，因为软件涉及文化和理念方面的内容，跨国公司本身很难理解，因此通过在新兴国家设立分支机构或者发展服务外包来解决这一问题，IBM、微软、SUN等国际知名软件企业纷纷在印度、中国建立分支机构的目的就是为了开拓市场。

3. 全球交通、通信能力的提高

服务外包能够在全球范围内推广，得益于全球范围内交通、通信能力的提高。交通、通信能力的提高在两个方面促进了离岸外包的发展：一是交通、通信能力的增强，使贸易品和非贸易品的边界改变，贸易品的范围逐渐扩大。技术进步使得服务越来越模块化、数字化、标准化，从而推动了服务外包。如网络传输速度的提高可以在国际间实时传输影视媒体，促进了美国的保安服务外包到印度。二是交通、通信能力的提高大大降低了交易成本。尽管服务外包主要是通过通信完成的，但是人员的交流和沟通也是必不可少的，而且比制造外包更加频繁，交通速度不断提高、成本不断下降，降低了人员流动成本；通信网络的发达直接降低了交易成本，促进了全球服务外包的发展。

4. 政府政策的推动

从接包国来看，发展中国家以及发达国家不断优化投资环境，以吸引外资进入，表 2-9 给出了改革投资环境的情况。1992 年以来，全球优化投资环境的国家和改革措施不断增多，特别是发展中国家开始着力创造更加开放、更加规范的投资环境，使得国际资本流动更加畅通。

一些发展中国家，特别是印度出台了大量鼓励承接离岸外包的措施，增强了承接吸引力。如 1986 年，印度出台了《计算机软件出口、软件发展和软件培训政策》；1989 年开始制定软件技术园区计划，通过建立软件园吸引众多企业入驻，并制定一系列优惠政策；印度政府在园区设立管理中心，为企业提供全方位服务，快速审批，简化出口手续，低价出租基础设施与公共服务设施，为中小企业建立商务中心等；1986 年建立了全印软件业和服务公司协会（NASSCOM），其主要职能是简化软件和服务领域的贸易，鼓励并推进研发，促进教育和就业，促进印度经济发展以及通过资源的全球分配使全球经济获利；推进信息技术行业的发展，缩小印度数码鸿沟，使全民都能够享受信息技术带来的便利。爱尔兰、中国、以色列也出台了大量的吸引服务外包的政策。

从发包国来看，在"9·11"事件以后，美国改变了移民政策，提高了移民门槛，而"千年虫"病毒修改程序代码需要大量的人力，这些都促成了离岸服务外包。

表 2-9　1992~2006 年各国改革外商投资政策情况

单位：个

年份	改革投资制度的国家数目	规范改革的数目	更有利于外国直接投资的数目（放松管制）
1992	43	79	79
1993	57	102	101
1994	49	110	108
1995	64	112	106
1996	65	114	98
1997	76	151	135
1998	60	145	136
1999	63	140	131
2000	69	150	147
2001	71	208	194
2002	70	248	236
2003	82	244	220
2004	102	271	235
2005	93	205	164
2006	93	184	147

资料来源："World Investment Report 2007: Transnational Corporations, Extractive Industries and Development".

三、服务外包的理论解释

服务外包是产业内分工的一种形式，也是企业实现垂直非一体化的有效途径，可以实现人力资本与人力合同配置的统一。

1. 产品内分工视角

产品内分工理论最早用于解释制造业的贸易问题。"产品内分工"是特定产品生产过程不同工序或区段通过空间分散化展开成跨区或跨国性的生产链条或体系。[1] 一般来讲，服务根据服务对象可以划分为生产服务和生活服务，也可以划分为中间环节服务和最终服务。服务外包是产品内分

---

[1] 卢锋：《产品内分工：一个分析框架》，北京大学中国经济研究中心，Working Paper Seriers No. C2004005，2004 年。

工的一种，为了保证最终产品（服务）的顺利提供或者获得最终产品的竞争优势，而将中间环节或者间接环节转包给企业外部的主体进行提供。这里要明确，服务外包是为了提供最终产品或服务，而不是将这个业务转移出去。根据产品内分工理论，服务外包的强度或密集度主要由以下因素决定：

一是服务提供过程中不同环节的空间可分离性。服务提供技术具有地域分割性，是实现分工的前提，服务环节的可分割性越强，产品内分工的可能性越大。如软件设计、数据处理等依靠信息技术传输的服务的技术分离性很强，则容易外包，事实上，外包也是从这些产业或服务开始的；相反如旅游服务、餐饮服务等由于消费和提供的同步性，从技术上讲，服务的可分离性很弱，因此外包很难发生。

二是不同服务环节对要素要求的差异度。服务提供过程的不同环节，对要素投入的要求不同，这样，不同服务提供主体所掌握的资源和服务环节要求的要素投入差别越大，就越有可能通过产品内分工，以获得比较优势。不同服务环节要素投入的差异程度与分工具有正向联系。如在软件服务中，系统分析和程序编写所要求的人员结构是不同的，当然人力成本也是不同的，所以软件企业会将系统分析、程序设计等高端环节控制在自己的手中，而将程序编写、软件测试等外包给其他企业。

三是不同服务环节有效规模的差异度。服务提供过程的不同环节存在不同的有效规模，不同服务环节有效规模的差异越大，越有可能通过分工节省成本和提升效率。如移动网络、电视网络，由于建设成本高，回收周期长，只有大规模提供服务才能实现规模效应，但是增值服务开发、电视节目制作等有效规模小，因此容易外包。

四是传输成本和能力。服务的传输主要通过通信网络，因此信息传输的成本和对通信网络的要求，也是影响服务外包的重要因素。

五是交易成本。分工决策的核心依据是权衡交易成本和生产成本，交易成本过高会抵消外包带来的生产成本下降，因此交易成本越低，产品内分工越有可能发生。

2. 企业垂直非一体化视角

企业垂直非一体化与产品内分工是相联系的，但是也有区别。产品内分工是从产品分割的角度分析服务外包的，其分析的对象是产品本身，而企业垂直非一体化是以企业为对象的。

企业垂直非一体化的理论动因是"有限理性"。有限理性是指在经济活动中，人的行为是有意识的、理性的，但这种理性又是有限的。其原因来自两个方面：一是经济事项的复杂性，在经济活动中，很少有同一种经济事项会重复进行，而且影响因素越多，不确定性越大，信息越不完全。二是人的能力的有限性，人对经济事项的预测能力和认识能力是有限的，人不可能无所不知，无所不晓。[1] 企业管理者在改变企业边界时，受到自身知识、技能的限制，不可能完全理性地选择企业治理结构。企业垂直非一体化是管理者改变企业边界的探索过程，是企业发现和改进其激励机制、增强获利能力的过程。而服务外包是企业垂直非一体化的重要模式，通过外包来改变企业的边界。从长期看，外包促进了企业动态能力的改善，有利于减少"打破原有的激励机制"的阻力，建立异化激励机制，从而使企业适应新的环境；同时外包影响知识的成本，而且有利于学习新的知识和经验，从而打破能力陷阱。[2]

3. 合约形态变革——人力资本与劳务活动配置的统一

外包并不是新鲜的事物，实际上，30 年前我国引进外资，大力发展制造业就是制造外包。但服务和产品的属性差异较大，因此服务外包和制造外包的机理有所不同。服务是一种或者一系列工作，这些工作或多或少是一种无形的自然行为，该行为或者产生于顾客与提供服务的职员之间，或者产生于顾客与物质资料、产品或提供服务的某个系统之间，它是正常的但不一定是必然存在的，这些工作是被作为一种方法提供给顾客的（Christian Gronroos，1990）。服务具有无形性、不可储藏性、消费和生产的同步性等特征，无论是市场合约还是企业合约，都不能有效使用人力资本。在服务外包过程中，发包企业对接包企业的人力资本没有直接控制权，但能通过外包合约控制接包企业进而间接控制这些人力资本。服务外包本质是人力资本市场合约和劳务活动企业合约的统一，通过市场合约，发包企业将提供服务的劳动力内置于生产经营活动的整体流程中。劳务使用细节由接包企业控制，降低了市场交易成本；提供劳务的人力资本并不进入发包企业内部，从而降低了组织成本，这样就实现了企业合约和市场

① 刘树成：《现代经济词典》，凤凰出版社，江苏人民出版社 2005 年版，第 1165 页。
② 程新章：《企业垂直非一体化——基于国际生产体系变革的研究》，上海财经大学出版社 2006 年版，第 65-73 页。

· 44 ·

合约成本的双下降，提高了资源配置效率。①

第三节 全球服务外包发展格局

服务业全球化包括三种形式：服务企业为"旅行到服务提供国的流动购买者"提供服务；服务企业利用国内基地的人力和设施向国外提供服务；服务企业在外国通过当地服务设施、本国派往的及当地雇用的员工提供服务（Michael E.Porter，1998）。前两者属于国际贸易，而后者属于国际投资，服务外包是企业利用国内基地向国外企业提供服务，服务外包是服务贸易的一种特殊形式。

一、服务外包发展历程

服务外包经历了从 Web1.0 时代的传统服务外包到基于 Web2.0 时代的知识服务外包，发展到目前基于 Web3.0 时代的云外包。

1. 基于 Web1.0 的传统服务外包

基于 Web1.0 的传统服务外包是以更低的成本完成不愿意做的事，重点是业务流程外包，包括：为客户企业提供后台管理、人力资源管理、财务、审计与税务管理、金融支付服务、医疗数据及其他内部管理业务的数据分析、数据挖掘、数据管理、数据使用等企业内部管理服务；为客户企业提供技术研发服务，为企业经营、销售、产品售后服务提供客户分析、数据库管理等运营服务。软件及信息服务外包，包括：为金融、政府、教育等行业提供定制软件开发，嵌入式软件、套装软件开发，系统软件开发，软件维护、培训、测试等软件服务；为客户内部提供信息系统集成、网络管理等信息系统应用服务以及基础信息技术管理平台整合、IT 基础设施管理、数据中心、托管中心、安全服务、通信服务等基础信息技术服务等。

---

① 江小涓：《服务外包：合约形态变革及其理论蕴意——人力资本市场配置与劳务活动企业配置的统一》，《经济研究》2008 年第 8 期。

2. 基于 Web2.0 的知识服务外包

基于 Web2.0 的知识服务外包主要是战略性/选择性外包，重点是知识产权研究、医药和生物技术研发和测试、产品技术研发、工业设计、分析学和数据挖掘、动漫及网游设计研发、教育课件研发、工程设计等领域，以及为客户提供采购、物流的整体方案或者为企业提供内部管理、业务运作流程设计服务等。

3. 基于 Web3.0 的云外包

以云计算为基础的按需服务。云外包是基于"云平台"、"云模式"和"云理念"的外包服务，其包括三个层面的内容：一是基于"云平台"的外包，即"云计算"和 SaaS 模式的外包服务；二是基于"云模式"的外包，即外包企业将自己的服务模式从线性的传统点状服务模式转变为非线性的 PaaS 的平台服务模式；三是基于"云理念"的外包，是指聚集海量个人和企业服务资源的"服务云"，即众包的升级版。云外包的基本公式为：云外包 =（软件云 + 平台云 + 设施云）× 服务[①]。云外包的重点包括 SaaS（软件即服务）、IaaS（基础架构即服务）、PaaS（平台即服务）、BPaaS（业务流程即服务）等。云外包不仅是发展阶段的升级，更是对服务外包的业务模式带来的根本性变革，如表 2-10 所示。

表 2-10　云外包对传统外包模式的变革效应

业务类型	变革效应
BPO	将形成 SaaS（软件即服务）模式下的云服务，通过标准化、模块化和流程化的云平台，为客户提供统一和即需即用式的无缝服务
软件外包	将形成 PaaS（平台即服务）模式下的云服务，服务商通过统一的云应用程序开发及部署平台，进行内部开发、测试以及与客户的协调开发管理
IT 基础设施服务	将形成基于 IaaS（基础架构即服务）模式下的云服务，即以服务形式提供服务器、存储和网络硬件以及基于硬件的 IT 服务，ITO 也将重新定位为 ITCO（IT Cloud Outsourcing），在数据中心和基础设施管理方面，"远程基础设施管理"（RIM）将成为可行的运营模式
服务交付	将促进客户对服务的管理从"工厂式"转变成"供应链"式，即时获取（Just-In-Time）、按使用收费（Pay-As-You-Go）等精益生产模式将应用到管理服务和外包过程中
外包企业运营模式	向非线性收入增长模式，即与劳动为基础的增长没有直接关联，与服务的能力和规模正相关的模式转型

资料来源：鼎韬：《服务在云端——"云外包"概念白皮书》，中国服务外包网，2011 年。

[①] 鼎韬：《服务在云端——"云外包"概念白皮书》，中国服务外包网，2011 年版。

二、全球服务外包现状及趋势

1. 服务外包规模不断扩大

服务外包主要包括信息技术外包（ITO）与业务流程外包（BPO），从全球市场份额的占有率看，信息技术外包占 50% 以上。2012 年，全球服务外包市场规模为 11529.2 亿美元，预计未来复合增长率为 4.9%（见表 2-11），其中离岸服务市场规模为 1429.4 亿美元，未来复合增长率为 16.0%（见表 2-12）。

表 2-11　全球 IT 服务、BPO 和 R&D 市场规模测算

单位：亿美元、%

年份	2012	2013	2014	2015	2016	2017	2018	2012~2018 年复合增长率
ITO	6358.4	6559.0	6812.5	7090.3	7367.1	7643.1	7918.2	3.8
BPO	3113.1	3252.2	3450.4	3647.7	3886.0	4094.4	4292.3	5.7
R&D	2057.2	2181.9	2334.6	2510.6	2683.1	2863.1	3028.3	6.8
总计	11529.2	11993.1	12597.5	13275.9	13936.2	14600.6	15238.8	4.9

资料来源：IDC，2013.

表 2-12　全球离岸服务外包市场规模测算

单位：亿美元、%

年份	2012	2013	2014	2015	2016	2017	2018	2012~2018 年复合增长率
ITO	743.0	855.0	980.0	1120.0	1280.0	1450.0	1630.0	13.8
BPO	320.0	380.0	450.0	532.0	624.0	730	850	17.5
R&D	366.4	449.9	548.2	658.3	783.7	925.1	1062.5	18.8
总计	1429.4	1684.9	1978.2	2310.3	2687.7	3105.1	3542.5	16.0

资料来源：IDC，2013.

2. 服务外包广度和深度不断延伸

不同的行业外包需求不同，据调查，零售行业使用外包的企业比例最高，达到 94%，最低的为航空和国防，为 50%，而且随着竞争的加剧，企业外包的需求将不断增长，如图 2-6 所示。从企业层面讲，服务外包应用到企业经营的各个环节，如人力资源、财务、售后服务等。

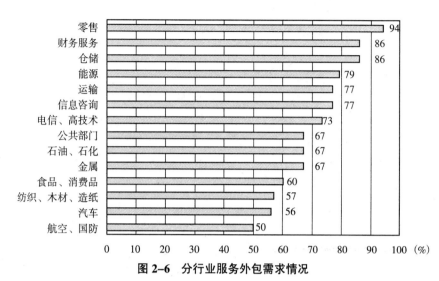

图2-6　分行业服务外包需求情况

资料来源：ARM Research and CFO Publishing.

3. 新兴领域层出不穷，云计算成为方向

虽然信息技术外包（ITO）仍然是当前服务外包最主要的组成部分，约占服务外包市场规模的60%~70%，但知识流程外包（KPO）和业务流程外包（BPO）发展更快。同时，医疗领域外包、电信领域外包、人力资源外包、政务外包等新兴领域的服务外包将快速成长，预计到2020年全球服务外包市场中80%的增长将来源于现在的非核心市场组成部分。此外，继PC机之后，云计算将成为服务外包的技术主导方向，预计到2015年，全球公共IT云计算服务开支将增加到729亿美元，混合年增长率达27.6%。另外，最优解决方案成为新趋势，服务模式持续创新，单纯的离岸模式逐渐被在岸、近岸、离岸的混合模式、多层模式以及最佳地交付策略取代。[①]

4. 从微观上看，市场规模在分散

据全球服务社统计，2007年IT服务领域最大的10项交易金额占到总服务金额的74%，其中，美国政府是最大的发包方，仅阿连特项目就达到500亿美元，如表2-13所示。但是到2010年，超过20亿美元的合同只有

———————

[①] 江维、尚庆琛：《解析全球服务外包发展新趋势》，《中国服务外包》2011年第9期。

四项，大部分订单主要集中在 1 亿美元以下，5000 万美元以下的订单占到 90%以上，如表 2-14 所示。

表 2-13　全球服务外包额最高的 10 项交易（2007 年）

单位：十亿美元

发包方	接包方	金额
美国政府（阿连特项目）	美国计算机公司、美国电子数据系统公司等	50
美国政府（网络公司）	美国电话电报公司、美国奎斯特通讯公司等	20
美国国防部	美国诺斯洛普拉曼公司等	15
美国国防信息局	博思艾伦咨询公司等	12.2
IBM	AT&T	5
美国政府司法部	美国通用动力公司	5
联邦医疗保险与医疗补助服务中心	美国诺斯洛普拉曼公司等	4
意大利农业部	阿玛维瓦公司	1.7
保诚集团	Capital	1.5
阿斯利康公司	IBM 全球服务部	1.4

资料来源：Global Service，2008-01.

表 2-14　全球服务外包交易规模分布（2010 年）

单位：美元

合同金额	ITO	BPO
500 万以下	12041	4683
500 万~1900 万	2280	433
2000 万~3400 万	2009	147
3500 万~5000 万	1194	69
5100 万~9900 万	128	18
1 亿~3 亿	71	11
3 亿~5 亿	14	0
5 亿~7.5 亿	5	0
7.5 亿~10 亿	4	0
10 亿~20 亿	5	1
20 亿以上	4	0

资料来源：Global Service，2011.

5. 从发包市场看，美国和西欧仍然是最大的发包国

美国和西欧是最大的服务外包发包国。以信息技术外包为例，美国和

西欧的市场份额占到 30% 以上，但是亚太地区、拉美地区的增长率较快，如表 2-15 所示。

表 2-15　不同地区信息技术外包规模和增长情况

单位：百万美元、%

地区	项目	2007 年		2012 年		2007~2012 年复合增长率
		规模	比重	规模	比重	
西欧	信息技术外包	94234	36.1	133750	35.4	7
	离散 IT 服务	122739	37	159167	35.3	5
	IT 支出	216973	36.6	292917	35.3	6
美国	信息技术外包	92266	35.4	126295	33.4	7
	离散 IT 服务	107991	32.6	143661	31.8	6
	IT 支出	200258	33.8	269957	32.5	6
日本	信息技术外包	32571	12.5	43569	11.5	6
	离散 IT 服务	42680	12.9	52574	11.7	4
	IT 支出	75252	12.7	96143	11.6	5
亚太	信息技术外包	15592	6	24468	6.5	9
	离散 IT 服务	26217	7.9	40181	8.9	9
	IT 支出	41809	7.1	64648	7.8	9
拉美	信息技术外包	10047	3.9	23355	6.2	18
	离散 IT 服务	11386	3.4	21281	4.7	13
	IT 支出	21433	3.6	44636	5.4	16
其他	信息技术外包	16037	6.2	26807	7.1	11
	离散 IT 服务	20416	6.2	34296	7.6	11
	IT 支出	36453	6.2	61104	7.4	11
总计	信息技术外包	260747	100	378244	100	8
	离散 IT 服务	331429	100	451160	100	6
	IT 支出	592176	100	829405	100	7
中国	信息技术外包	1073	0.4	2904	0.8	22
	离散 IT 服务	4845	1.5	10083	2.2	16
	IT 支出	5918	1	12987	1.6	17

资料来源：埃森哲：《2008 年全球与中国服务外包市场研究报告》。

6. 从接包市场看，新兴国家不断涌现，竞争不断加剧

从接包国来看，全球的承接国可以划分为三个层级，印度、加拿大为优先接包国，中国属于第二承接国，如表2-16所示。不同的国家在不同的业务领域具有不同的竞争优势，如印度在ITO、BPO等领域具有竞争优势，如表2-17所示。2010年，印度全职服务外包从业人员规模最大，为448010人，比2009年下降6.7万人，而美国2010年比2009年增加10万人（见表2-18），说明发达国家为了解决就业问题，服务外包有回归的迹象，全球服务外包竞争更加激烈。

表2-16　全球服务外包国家分级情况

层级	主要国家
优先承接国	加拿大、印度、爱尔兰、俄罗斯、菲律宾
第二承接国	澳大利亚、新西兰、中国、马来西亚、墨西哥、西班牙
第三承接国	中东欧、印度尼西亚、以色列、泰国、巴西、埃及、巴基斯坦、南非

资料来源：《2008全球服务外包发展报告》。

表2-17　主要国家业务发展类型

业务类型		主要国家
研发	BPO职能外包	中国、匈牙利、捷克、俄罗斯、印度
档案管理	BPO职能外包	中国、加拿大、墨西哥、匈牙利、捷克、俄罗斯、东中非
财务管理	BPO职能外包	巴西、阿根廷、印度
人力资源管理	BPO职能外包	中国、加拿大、匈牙利、捷克、俄罗斯、印度
数据中心	BPO操作外包	中国、加拿大、匈牙利、捷克、俄罗斯、印度
交易支持	BPO操作外包	中国、加拿大、墨西哥、东中非、巴西、阿根廷、印度
呼叫中心	BPO操作外包	中国、加拿大、墨西哥、东中非、巴西、阿根廷、印度
数据处理	BPO操作外包	中国、加拿大、墨西哥、爱尔兰、西班牙、菲律宾、马来西亚、新加坡、东中非、巴西、阿根廷、印度
技术支持	ITO	中国、加拿大、墨西哥、菲律宾、马来西亚、新加坡、东中非、巴西、阿根廷、印度
软件开发	ITO	中国、加拿大、匈牙利、捷克、俄罗斯、印度
按承接业务分类	ITO/BPO	中国、墨西哥、爱尔兰、西班牙、匈牙利、捷克、俄罗斯、以色列、巴西、阿根廷、印度

资料来源：高玉龙：《中国软件与信息服务外包产业发展现状与趋势》，2008年。

表 2-18 全球服务外包承接国全职从业人员情况

单位：人

	2009 年	2010 年
印度	514157	448010
菲律宾	97740	84121
美国	42808	143059
中国	34672	45085
加拿大	32690	29333
英格兰	23494	30422
巴西	10213	12467
德国	9269	11361
澳大利亚	8544	8247
墨西哥	8412	9593
阿根廷	NA	9923

资料来源：Global Service, 2011.

7. 重点城市是离岸外包的载体

对于发包方来讲，选择合适的城市远比选择国家重要得多，也就是说，在服务外包目的地选择决策中，城市状况比所处的国家更加重要。如印度的整体经济不是很发达，但班加罗尔集中发展软件外包产业，成为全球服务外包的重要基地。目前，班加罗尔有软件企业 1400 多家，其中，60 多家 IC 设计公司，250 家信息系统软件公司，140 多家通信软件公司，350 家应用软件公司，350 家是与 IT 业相关的公司。

随着服务外包规模的扩大，以及各国特别是各城市对于服务外包的重视，参与到服务外包中的城市在不断增加，而且竞争也比较激烈，一些新型的城市不断涌现，同时一部分城市地位被取代。根据 Tholons 的评估，2008 年全球新型接包城市中出现了 9 个新的城市，有 6 个城市退出 50 强，4 个城市进入优势接包城市 8 强，如表 2-19 所示。

表 2-19 2008 年全球新型外包城市 50 强

2008 年名次	2007 年名次	城市	国家	人口（百万）
1	4	宿务	菲律宾	0.8
2	8	上海	中国	21.6
3	10	北京	中国	15.9
4	6	胡志明市	越南	5.4

续表

2008 年名次	2007 年名次	城市	国家	人口（百万）
5	16	克拉科夫	波兰	0.8
6	5	加尔各答	印度	13.6
7	11	开罗	埃及	7.7
8	15	圣保罗	巴西	10.9
9	14	布宜诺斯艾利斯	阿根廷	3
10	13	深圳	中国	26.3
11	12	河内	越南	2.2
12	9	昌迪加尔	印度	2.3
13	17	库里蒂巴	巴西	1.8
14	20	布拉格	捷克	1.9
15	23	帕西格市	菲律宾	0.6
16	18	大连	中国	3.9
17	21	哥印拜陀	印度	4.7
18	19	圣地亚	智利	5.4
19	7	科伦坡	斯里兰卡	2.5
20	25	约翰内斯堡	南非	3.9
21	新	奎松城	菲律宾	2.3
22	新	多伦多	加拿大	2.5
23	22	广州	中国	14.2
24	24	贝尔法斯特	爱尔兰	0.6
25	28	布达佩斯	匈牙利	2.5
26	新	里约热内卢	巴西	6.1
27	29	圣荷西	哥斯达黎加	0.4
28	26	华沙	波兰	1.7
29	27	布尔诺	捷克	0.7
30	新	墨西哥城	墨西哥	8.5
31	新	斋浦尔	印度	6.5
32	33	圣彼得堡	俄罗斯	4.8
33	32	吉隆坡	马来西亚	1.9
34	34	阿克拉	加纳	2
35	40	布拉迪斯拉发	斯洛伐克	0.5
36	新	新加坡	新加坡	4.6
37	新	成都	中国	7.8
38	43	布加勒斯特	罗马尼亚	1.9
39	42	莫斯科	俄罗斯	11

续表

2008 年名次	2007 年名次	城市	国家	人口（百万）
40	41	索菲亚	保加利亚	1.3
41	46	蒙特雷	墨西哥	1.1
42	30	格拉斯哥	英国	0.6
43	44	巴西利亚	巴西	2.5
44	新	瓜达拉哈拉	墨西哥	1.6
45	新	曼达路仰	菲律宾	0.3
46	47	塔林	爱沙尼亚	0.4
47	39	圣安东尼奥	美国	1.3
48	35	哈利法克斯	加拿大	0.4
49	48	基辅	乌克兰	2.7
50	49	卢布尔雅那	斯洛文尼亚	0.3

资料来源：Tholons，2008.

而且不同的城市定位不同，产业发展也不同，如班加罗尔起步比较早，发展基础比较好，业务领域几乎涉及服务外包的所有领域，而新型城市的业务领域则比较窄，形成了一定的产业特色，如表 2-20 所示。

表 2-20　不同城市外包功能分类

功能	城市
应用开发和维护	班加罗尔，钦奈，都柏林，海得拉巴，孟买，胡志明市，浦那，深圳
商务分析	班加罗尔，钦奈，新德里，克拉科夫，孟买，布加勒斯特，开罗，上海
工程服务	班加罗尔，钦奈，广州，浦那，哥印拜陀，圣彼得堡，新德里，莫斯科，布拉格
金融和账务	班加罗尔，克拉科夫，马卡蒂，孟买，上海，宿务，科伦坡，浦那
人力资源	班加罗尔，布加勒斯特，布达佩斯，马卡蒂，布拉格，宿务，克拉科夫，塔林
法律服务	钦奈，马卡蒂，宿务，孟买，约翰内斯堡，浦那
产品开发	班加罗尔，钦奈，胡志明市，莫斯科，上海，布加勒斯特，浦那，圣保罗
研究与开发	班加罗尔，都柏林，莫斯科，上海，北京，圣彼得堡，布加勒斯特，钦奈，布拉格
测试	班加罗尔，钦奈，胡志明市，海得拉巴，上海，布加勒斯特，开罗，圣保罗，多伦多

资料来源：Tholons，2008.

本章小结

  本章主要分析了服务外包的概念、分类，离岸服务外包发展的动因和理论解释，并分析了全球服务外包发展的格局，特别是接包城市的版图。

第三章　服务外包：从企业战略到
国家战略

全球经济进入服务经济主导的经济，转向服务经济是中国经济战略转型的目标，然而近年来中国服务业比重占 GDP 的比重一直徘徊在 40%左右，出现了所谓的"服务经济悖论"。本章从发达国家转向服务经济的经验出发，总结了我国"服务经济悖论"出现的原因，提出发展服务外包是构建服务经济的重要途径，同时简要分析了我国服务外包的现状及存在的问题。

第一节　服务化：中国经济战略转型的方向

一、全球经济服务化现状与趋势

美国经济学家富克斯于 1964 年在《服务经济学》中最早提出"服务经济"的概念。但是到底什么是服务经济，目前学术界还没有清晰的定义。一般来讲，当服务业 GDP 占比达到 50%以上，且服务业就业占比也达到 50%以上的经济发展阶段，就称为服务经济。与之相联系的经济服务化是指居民消费逐渐转向教育、医疗、健康、娱乐等服务领域，服务活动在经济中起主导作用，而且这种作用仍在不断增强。经济服务化既是一个过程，又是一个结果。从过程讲，经济服务化是服务活动在国民经济中的作用逐渐转强的过程；从结果看，经济服务化是指服务活动占据主导地位。从世界范围看，虽然英国最先从农业经济进入工业经济，但美国却最早由工业经济进入服务经济，从 20 世纪 50 年代开始，英国和美国服务业增加值比重开始快速上升，美国服务业增加值比重从 1955 年的 49.0% 上升到 2008 年的 78.9%（见表 3-1），而且这一现象逐步在发达国家普及。

表 3-1 英国和美国三次产业产出结构变动

单位：%

英国				美国			
年份	农业	工业	服务业	年份	农业	工业	服务业
1801	32.5	23.4	44.0	1799	40.0	13.0	48.0
1811	35.7	20.8	43.5	1819	34.0	14.0	51.0
1821	26.1	31.9	41.9	1839	35.0	16.0	50.0
1831	23.4	34.4	42.2	1849	41.9	17.8	40.0
1841	22.1	34.4	43.6	1859	40.8	16.2	43.0
1851	20.3	34.3	45.3	1869	33.9	21.8	43.5
1861	17.8	36.5	45.7	1879	29.7	20.1	50.0
1871	14.2	38.1	47.8	1889	23.7	28.3	48.0
1881	10.4	37.6	52.1	1900	29.0	25.4	45.6
1891	8.6	38.4	53.0	1920	21.0	32.0	47.0
1901	6.4	40.2	53.5	1930	14.0	31.0	55.0
1924	4.2	40.0	55.8	1940	12.0	35.0	54.0
1935	3.9	38.0	58.1	1950	10.0	39.0	50.0
1949	6.2	44.9	48.7	1955	8.0	42.0	49.0
1955	4.7	48.1	47.3	1985	2.4	30.9	66.7
1985	1.8	39.8	58.4	1995	1.6	26.3	72.1
1995	1.8	32.0	66.2	2003	1.2	22.3	76.5
2004	1.0	26.3	72.7	2008	1.1	20.0	78.9
2007	0.7	23.2	76.1				

资料来源：UK National Statistics，BEA.

1. 服务经济的宏观表现：服务产出和就业占主导地位

（1）服务业增加值占 GDP 的比重不断攀升。1980~2010 年，全球服务业比重逐步上升，1980 年全球服务业比重为 56.5%，到 2010 年上升为 70.7%。2010 年，低收入国家第三产业增加值占 GDP 的比重为 49.7%，高收入国家达到 74.9%，中等收入国家为 54.8%，如图 3-1 所示。发达国家如美国、英国第三产业增加值占 GDP 的比重分别达到 78.4% 和 77.5%，发展中国家如巴西、印度第三产业占 GDP 的比重达到 67.4%和 54.7%[①]。大部分经济体第三产业增加值占 GDP 的比重超过 50%，全球经济进入服务主导的阶段。

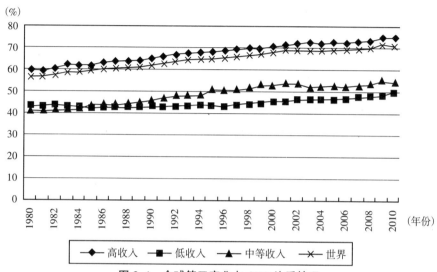

图 3–1 全球第三产业占 GDP 比重情况

资料来源：WDI data，2011.

（2）服务业就业占总就业的比重上升。从 1980 年开始，服务业就业比重快速上升，法国由 1980 年的 56.2%上升到 2009 年的 74.1%，加拿大从 1980 年的 66.0%上升到 2008 年的 76.5%。2005 年，全球服务业就业比重占到 43.1%，而高收入国家达到 71.1%，2009 年，法国、英国服务业就业占总就业的比重超过 70%，分别达到 74.1%、78.6%；巴西这样的发展中国家也占到 60%以上，达到 60.7%，如表 3–2 所示。从就业比重来看，大部分经济体超过 50%。

表 3–2 服务业就业占总就业的比重

单位：%

国家或地区	1980 年	1990 年	2000 年	2005 年	2008 年	2009 年
世界			40.6	43.1		
高收入			68.0	71.1	72.2	

———————————

①资料来源：WDI data，2011.

续表

国家或地区	1980 年	1990 年	2000 年	2005 年	2008 年	2009 年
中等收入			33.7	36.8		
巴西		54.5	59.1	57.9	59.7	60.7
加拿大	66.0	71.9	74.1	75.3	76.5	
德国			63.7	67.8	68.9	69.5
西班牙	44.7	54.8	62.5	65.0	68.0	71.1
法国	56.2	64.8	69.5	72.3	73.6	74.1
英国	58.9	64.8	73.0	76.2	76.9	78.6
印度			24.1	25.2		
意大利	48.7	59.3	62.9	65.0	66.3	66.9
日本	54.0	58.2	63.1	66.4	67.3	
墨西哥		46.1	55.1	58.9	60.4	62.1
俄罗斯		41.0	57.1	60.0	62.4	62.3
美国	65.7	70.7	74.3	77.8	78.6	

资料来源：WDI data，2011.

2. 服务经济的微观表现：制造业服务化

服务已成为制造企业获得竞争力的重要手段，服务收入占公司总收入的比重逐渐上升，如日本的丰田汽车公司，为了提高公司的市场竞争力，推销丰田系列休闲游览车，在丰田休闲游览车系列销售店推出了开销巨大的为客户 24 小时服务的举措，免费提供事故处理、故障电话服务、客户购车咨询服务以及铁路、航空、住宿、看病等信息服务。在电子计算机行业，生产计算机硬件的公司纷纷将公司的经营活动拓展到服务领域，IBM为用户服务获得的收益已经占公司总收益的 1/3 以上，服务收益所占的比重还有进一步上升的趋势。同时，美国通用电气公司也在大力拓展服务领域，通过为用户服务增加企业的利润。从世界产业转移的趋势看，高技术制造业的跨国公司逐渐将企业的制造部门转移到发展中国家，而将研发、产品设计等产前策划放在母国。从产业演进看，产业发展似乎有这样一个规律，即"高技术制造业—高技术制造业服务化经营—生产性服务企业（将制造部门剥离出去）"，如图 3-2 所示。

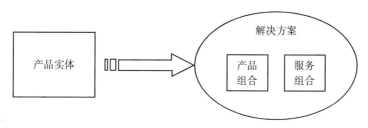

图 3-2　制造业服务化的模式

二、中国向服务经济转型是必然选择

1. 攀升全球价值链，增强产业国际控制力的需要

发展产业的高端环节，增强产业国际控制力，是大国崛起的关键，"嵌入—攀升—控制"是提升产业控制力的途径。目前，我国的制造业已经嵌入全球价值链，但是随着制造业标准化的推进，制造环节基本处于完全竞争状态，利润比较低。根据"微笑曲线"理论，研发、物流、销售等服务环节，属于知识密集型环节，模仿难度高，可以获得高附加值。攀升全球价值产业链的关键点不在于发展什么行业，而在于控制这些行业的高端价值链环节。转向服务经济的目的是控制产业链的高端，不断攀升全球价值链，提高产业的国际控制力，如标准制定、定价权等。

2. 资源、环境、经济协调发展的需要

我国虽然幅员辽阔，但资源占有量并不丰富。以能源为例，我国常规能源储量仅占世界的 10.7%，而我国人口总量占到全球的 1/5 以上，人均能源资源占有量远低于世界平均水平。这样的资源禀赋不可能支撑起一个高耗能、高污染的经济体系，而我国目前以重工业支撑经济的快速增长，造成能源、资源消耗过快，环境破坏严重的局面。以能源为例，我国标准煤的产出效率仅相当于美国的 28.6%、欧盟的 16.8%、日本的 10.3%；单位能耗创造的 GDP 不到 0.7 美元，而世界平均为 3.2 美元，日本为 10.5 美元，分别是我国的 4.6 倍和 15 倍[①]。这样的能源、资源消耗带来的环境污染和生态破坏，对于构建生态文明是一个巨大的挑战。服务经济具有能源

[①] 董少广：《能源使用效率与可持续发展之我见》，《中国信息报》2008 年 12 月 11 日。

中国服务外包发展战略及政策选择——基于内生比较优势视角的分析

资源消耗低、对环境和生态破坏小的特点，转向服务经济是实现经济、资源、环境协调发展的必然选择。

3. 提升人民生活水平的需要

从就业看，服务业的就业弹性明显高于制造业，对于我国这样的人口大国来讲，转向服务经济是实现经济增长和就业协同的关键。而就业是"民生之本"，转向服务经济对于解决长期以来存在的"高增长、低就业"具有重要意义。

从服务业的功能看，一是服务业是提升人力资本水平的关键，我们知道，人力资本的获得主要是依靠教育和卫生，而这些是公共服务业的范畴。二是服务业具有媒介作用，农业和工业国生产的产品必须经过物流、商业等环节才能被消费者获得。三是服务业具有休闲功能，当劳动生产率提高以后，人民要利用娱乐、旅游、体育、文化达到休闲的目的。

4. 推动制造业转型与升级的需要

知识密集型服务是创新系统中知识产生来源和传递的节点，它通过新技术开发、促进知识流动、改变创新方式等对创新系统绩效产生影响（刘顺忠，2005）。从生产性服务的功能看，运输、电信、商业、金融保险等生产性服务业具有很强的外部经济性，已经成为经济发展的第二基础设施（郑吉昌、夏晴，2004）。

第二节　中国转向服务经济的路径选择

一、中国产业结构悖论的表象

1. 服务业增加值占 GDP 的比重偏低

（1）中国的服务业比重滞后于工业化进程。改革开放以后，中国服务业占 GDP 的比重逐步上升，从 1980 年的 21.6% 上升到 2002 年的 41.5%，但是随后服务业增加值占 GDP 的比重出现下降，2005 年下降到 40.5%，之后又开始回升，2010 年服务业增加值达到 43.1%，直到 2013 年服务业增加值的比重才超过工业的比重，如图 3-3 所示。

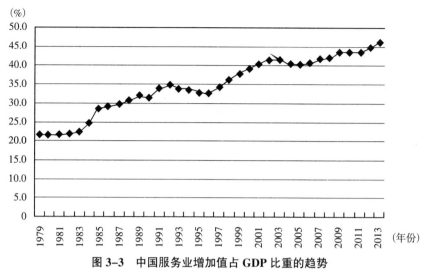

图 3-3　中国服务业增加值占 GDP 比重的趋势

资料来源：《中国统计年鉴》（2014）。

（2）中国的服务业比重滞后于钱纳里标准结构。2013 年我国人均 GDP 为 6920 美元，但是第三产业占 GDP 的比重为 46.1%、第三产业就业比重为 36.1%（2012 年），远远低于钱纳里标准的 50.0% 和 43.2%，中国的服务业发展明显滞后（见表 3-3）。

表 3-3　钱纳里标准结构与中国的对比

单位：%

人均 GDP（美元）	产值			就业		
	第一产业	第二产业	第三产业	第一产业	第二产业	第三产业
300 以下	46.3	13.5	40.1	81.0	7.0	12.0
300	36.0	19.6	44.4	74.9	9.6	15.9
500	30.4	32.1	46.5	65.1	13.2	21.7
1000	26.7	25.5	47.8	51.7	19.2	29.1
2000	21.8	29.0	49.2	38.1	25.6	36.3
4000	18.6	31.4	50.0	24.2	32.6	43.2
中国 6920（2013 年）	10.0	43.9	46.1	33.6（2012 年）	30.3（2012 年）	36.1（2012 年）

资料来源：根据钱纳里（1989）和《中国统计年鉴》（2014）数据整理。

（3）中国的服务业比重滞后于同等发展水平国家。按照 WDI 统计数据，2010 年中国按照购买力平价计算的人均 GDP 为 7589 美元；稍高于中国发展水平的牙买加人均 GDP 为 7673 美元，2010 年第三产业的比重达44.46%；比我国发展水平低的安哥拉、约旦的第三产业比重也达到66.5%、60.34%，都高于我国的 43.1%。如表 3-4 所示。

表 3-4　中国与同等发展水平国家第三产业比重比较

单位：%、美元

国家	1980 年	1990 年	2000 年	2005 年	2008 年	2009 年	2010 年	2010 年人均GDP（PPP）
牙买加		30.67	35.47	33.81	38.05	45.28	44.46	7673
乌克兰	41.69	57.83	62.06	67.28	65.07			6721
伯利兹				57.12	51.83	56.58	54.91	6676
萨尔瓦多			67.43	68.67	71.25	71.74	71.28	6668
安哥拉	64.08	63.80	72.11	68.05	64.78	65.46	66.50	6120
约旦		55.34	57.92	59.54	59.51	60.43	60.34	5749
亚美尼亚		29.86	46.60	57.26	58.48	62.13	60.88	5463
中国	21.6	31.6	39.0	40.5	41.8	43.4	43.1	7598

资料来源：根据 WDI 数据整理。

2. 服务业对 GDP 的贡献较低

1990 年以来，中国第三产业对 GDP 增长的贡献率不断增长，从 1990 年的 17.3% 上升到 2013 年的 46.8%，但是均小于第二产业对 GDP 增长的贡献率（见表 3-5），中国经济还没有进入服务经济主导的阶段。

表 3-5　三次产业对 GDP 增长的贡献率

单位：%

年份	第一产业	第二产业	第三产业
1990	41.7	41.0	17.3
1995	9.1	64.3	26.6
2000	4.4	60.8	34.8
2001	5.1	46.7	48.2
2002	4.6	49.7	45.7
2003	3.4	58.5	38.1
2004	7.9	52.2	39.9

续表

年份	第一产业	第二产业	第三产业
2005	5.6	51.1	43.3
2006	4.8	50.0	45.2
2007	3.0	50.7	46.3
2008	5.7	49.3	45.0
2009	4.5	51.9	43.6
2010	3.9	57.6	38.5
2011	4.6	51.6	43.8
2012	5.7	48.7	45.6
2013	4.9	48.3	46.8

资料来源：统计局网站。

3. 服务业就业比重较低

我国服务业从业人员逐年上升，1978 年服务业从业人员占总就业人口的比重仅为 12.2%，到 2012 年上升到 36.1%，上升了 23.9 个百分点（见表 3-6）。但与其他国家相比，我国服务业就业比重仍然很低，到 2005 年，全球服务业就业比重占到 43.1%，而高收入国家达到 71.1%，2009 年，法国、英国服务业就业占总就业的比重超过 70%，分别达到 74.1%、78.6%；巴西这样的发展中国家也占到 60% 以上，达到 60.7%（见表 3-2）。中国服务业就业人口占总就业人口的比重明显偏低。

表 3-6 中国就业三次产业构成

年份	就业人员（万人）	占总从业人员的比重（%）		
		第一产业	第二产业	第三产业
1978	40152	70.5	17.3	12.2
1985	42361	68.7	18.2	13.1
1990	49873	62.4	20.8	16.8
1995	64749	60.1	21.4	18.5
2000	68065	52.2	23.0	24.8
2005	74264	46.9	22.5	30.6
2010	75828	38.1	27.8	34.1
2012	76704	33.6	30.3	36.1

资料来源：《中国统计年鉴》（2013）。

二、中国服务化悖论的原因

1. 服务外部化不足

我国制造业服务内部化严重。"麻雀虽小，五脏俱全"，许多制造业保留了研发、物流等生产性服务部门。以物流为例，像海尔这样的大型家电企业都保留自己的物流系统。不仅生产性服务业内置化严重，部分企业生活性服务业的内置化也同样存在。目前，部分企业还保留自己的医院、幼儿园等。从工业服务部门的外包度就可以看出，大部分工业服务中间投入的比重占 10% 左右，如表 3-7 所示。

表 3-7　主要工业部门服务外包度

行业	2002 年	2005 年	2007 年	2010 年
造纸印刷及文教体育用品制造业	0.159425	0.146761	0.095203	0.098013
石油加工、炼焦及核燃料加工业	0.114956	0.120944	0.068465	0.049583
化学工业	0.135712	0.116956	0.097757	0.100863
非金属矿物制品业	0.197292	0.170265	0.127996	0.123090
金属冶炼及压延加工业	0.124917	0.097601	0.080689	0.073921
金属制品业	0.146971	0.126022	0.085707	0.086418
通用、专用设备制造业	0.141680	0.131889	0.101071	0.102543
交通运输设备制造业	0.121945	0.116103	0.093220	0.096354
电气机械及器材制造业	0.154133	0.137724	0.101887	0.109033
通信设备、计算机及其他电子设备制造业	0.117961	0.102450	0.103222	0.116702
仪器仪表及文化办公用机械制造业	0.132671	0.128723	0.093749	0.099558

资料来源：根据《中国投入产出表》(2002，2005，2007，2010) 计算。

2. 以制造为主的代工模式

改革开放以来，我国大量引进外资（见表 3-8），主要集中在制造行业，2008 年我国成为第三大货物贸易国。以制造业为主的代工模式，导致我国服务业发展不足。在制造业为主的代工模式下，跨国企业将研发、营销、品牌管理等放在国外，而将制造环节放在我国，这势必导致制造业、服务业比例失衡。而印度采取了以服务为主的代工模式，尽管印度的人均 GDP 远远低于我国，但服务业占 GDP 的比重远远高于我国。

表3-8　外商投资企业工业产值占全国工业总产值（可比价）比重

年份	全国工业总产值（亿元）	外商投资企业工业差值（亿元）	所占比重（%）
1990	19701.04	448.95	2.28
1995	91963.28	13154.16	14.30
2000	73964.94	23145.59	31.29
2005	249625.00	783399.40	31.41
2006	315630.14	99420.83	31.50
2007	404489.06	125036.94	30.91
2008	496248.67	147584.30	29.74
2009	546320.04	152673.60	27.95
2010	707772.20	191792.80	27.10

资料来源：中国投资指南网。

3. 政策对于服务业的歧视

传统观念认为，服务不创造价值，而且在制造代工模式的驱使下，出台了许多有利于制造业发展的政策，在土地、水、电等各个方面对于服务业都存在歧视，致使国内服务业发展环境不够宽松。这一点可以从国际资本流动看出端倪。截至2010年，我国实际利用外资10389亿美元，其中制造业为5755亿美元，占55.40%，而服务中的1/3在房地产业（见表3-9）。我们再来看对外投资情况，截至2008年，我国对外投资规模达到1840亿美元，其中服务业达到1454亿美元，占79.06%，而制造业仅占5.25%。比较利用外商直接投资和对外直接投资的结构，我们不难发现，在利用外商直接投资中，制造业占主体；在对外直接投资中，服务业占主体；在国际贸易中，制造业为顺差，而服务业为逆差。我们可以认为，我国的确存在歧视服务业发展的政策。

表3-9　我国对外投资和吸引外资的行业对比（截至2010年）

行业	实际利用外资额		对外投资额	
	规模（亿美元）	比重（%）	规模（亿美元）	比重（%）
总计	10389	100.00	1840	100.00
第一产业	136	1.31	15	0.80
第二产业	6229	59.96	371	20.14
其中：制造业	5755	55.40	97	5.25

续表

行业	实际利用外资额		对外投资额	
	规模 (亿美元)	比重 (%)	规模 (亿美元)	比重 (%)
第三产业	4023	38.73	1454	79.06
其中：交通运输、仓储和邮政业	249	2.40	145	7.89
信息传输、计算机服务和软件业	459	4.42	17	0.91
批发和零售业	363	3.49	299	16.23
住宿和餐饮业	170	1.63	1	0.07
金融业	175	1.69	367	19.95
房地产业	1470	14.15	41	2.23
租赁和商务服务业	627	6.04	546	29.67
科学研究、技术服务和地质勘查业	296	2.85	20	1.08

资料来源：《中国统计年鉴》(2011) 和《对外投资公报》(2011)。

三、产业转型的国际经验

1. 服务业与制造业的分离

从 20 世纪 50 年代开始，发达国家开始向服务经济迈进，其中重要的原因是生产性服务从制造业中分离出来，即所谓的在岸服务外包。这一现象可以从两个方面得到验证：一是以商务服务、金融服务为代表的生产性服务占 GDP 的比重不断上升。以美国为例，1947~2008 年，生产性服务业[1]的比重由 28.97% 上升到 45.64%，上升了 16.67 个百分点（见表 3-10）。二是制造业的服务投入比重不断上升。以英国为例，21 世纪 10 年代中期制造业对生产性服务业的依赖程度为 18.79%，比 20 世纪 80 年代早期的 3.04% 提高了 5 倍，如表 3-11 所示。

表 3-10　美国产业结构演进趋势

单位：%

产业	1947 年	1957 年	1967 年	1977 年	1987 年	1998 年	2008 年
农业	8.17	4.00	2.75	2.53	1.68	1.17	1.11
第二产业	32.96	35.89	33.27	30.64	25.84	22.57	19.99

---

[1] 包括批发贸易、交通仓储、金融保险、信息、专业和商务服务等产业。

续表

产业	1947年	1957年	1967年	1977年	1987年	1998年	2008年
采掘业	2.34	2.34	1.43	2.14	1.51	0.86	2.28
公用事业	1.36	1.94	2.03	2.26	2.60	2.07	2.15
建筑	3.67	4.67	4.65	4.64	4.61	4.28	4.08
制造	25.59	26.94	25.16	21.60	17.12	15.36	11.48
第三产业	58.87	60.11	63.98	66.83	72.48	76.26	78.9
批发贸易	6.34	6.19	6.50	6.64	6.02	6.21	5.74
零售	9.39	7.88	7.77	7.81	7.38	6.84	6.21
交通仓储	5.98	5.05	3.97	3.75	3.19	3.13	2.91
信息	2.53	2.87	3.23	3.50	3.90	4.36	4.36
金融、保险、不动产和租赁业	10.41	13.12	14.19	14.97	17.73	19.26	19.97
专业和商务服务业	3.71	4.50	5.28	6.04	8.74	11.16	12.66
教育、医疗和社会服务业	1.89	2.43	3.36	4.62	6.04	6.88	8.12
餐饮娱乐	3.21	2.71	2.77	2.89	3.21	3.50	3.76
政府	12.47	12.60	14.23	14.35	13.91	12.51	12.90
其他服务	2.94	2.76	2.68	2.26	2.36	2.41	2.27
生产性服务业	28.97	31.73	33.17	34.90	39.58	44.12	45.64

资料来源：http://www.bea.gov/.

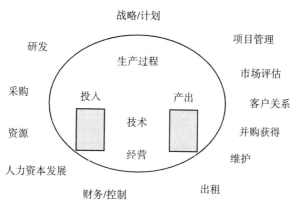

图3-4 生产过程中的服务

资料来源：Stille F., "Linkages Between Manufacturing and Services in Germany", Publications of the Japanese-German Center Berlin, Series 3, 2003, 21 (6), p.84.

表 3-11　制造业对生产性服务业依赖度的国际比较

单位：%

	日本	加拿大	美国	法国	德国	英国
20 世纪 70 年代早期	4.12	2.78	7.27	7.63	—	1.67
20 世纪 70 年代中期	5.58	3.22	5.03	8.93	—	—
20 世纪 80 年代早期	4.8	4.77	6.03	10.45	8.76	3.04
20 世纪 80 年代中期	6.15	5.06	7.35	11.98	11.61	8.02
20 世纪 90 年代早期	6.67	4.18	9.03	13.86	13.38	11.02
20 世纪 90 年代中期	12.89	6.36	8.23	17.48	15.85	16.71
21 世纪 10 年代早期	18.72	12.21	18.67	18.60	17.78	20.58
21 世纪 10 年代中期	17.14	13.04	22.05	21.71	17.85	18.79

资料来源：刘继国、赵一婷（2006）。

2. 制造业服务化

制造业服务化，即企业从以生产物品为中心向以提供服务为中心的转变（Reiskin et al.，2000）。制造业服务化的典型案例是 IBM。IBM 从 1993 年开始转型，1996 年建立全球服务部，服务（包括战略外包、业务咨询服务、集成技术服务和维修、软件、金融等）收入由 1996 年的 51.8%增长到 2008 年的 82.2%，目前 IBM 已经成为全球最大的 IT 服务提供商、外包提供商、咨询提供商和产品支持服务公司。

根据 White A.L.，Stoughton M.和 Feng L.（1999）的研究，制造业服务化大致可以分为四个阶段，如图 3-5 所示。

根据剑桥上市公司数据库，2009 年美国、芬兰制造企业提供服务业务的比重超过 50%。

3. 制造环节离岸外包

随着劳动力成本上升，跨国公司开始在全球范围内配置资源，将容易标准化的制造环节逐步转移到劳动力成本较低的发展中国家。而发达国家也出台了一系列"鼓励"企业制造外包的政策。如美国在 20 世纪 60 年代实行了离岸组装条款（Offshore Assembly Provision，OAP），准许美国国内制造的半成品或中间件在另一个国家加工处理后免税进口美国，仅对增值部分征收关税，这一政策降低了美国公司组装业务的离岸成本，促进了制造环节的离岸外包；同样在欧盟也有类似的规定，外部加工豁免安排（Outward Processing Relief Arrangements），即部件经组装加工重新进口后可以豁免全部或部分关税。进入 20 世纪 80 年代后，制造被大量外包到中

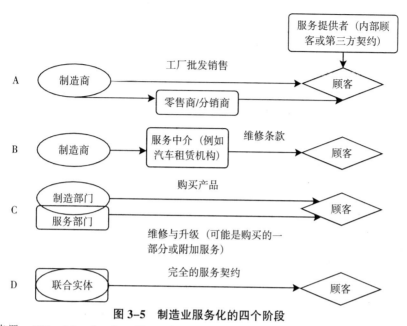

图 3-5　制造业服务化的四个阶段

资料来源：White A.L., Stoughton M., and Feng L., Servicizing: The Quiet Transition to Extended Product Responsibility, Boston: Tellus Institute, 1999, p.31.

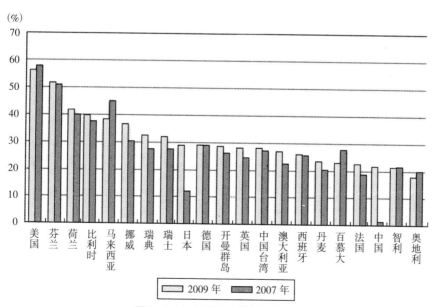

图 3-6　全球制造业服务化情况

资料来源：Neely, 2011.

国、墨西哥等地。制造环节的外包，加快了发达国家服务化的进程。

4. 离岸外包成为发展中国家的新引擎

改革开放以来，我国大量引用外资，大力发展外向型制造，抓住了制造业全球转移的机遇，加快了中国的工业化进程，中国改革开放的 30 年就是中国承接国际生产转移的 30 年。随着人力成本的上升，产业结构的调整，全球产业转移已经转移到服务业。根据《世界投资报告 2004》的数据，世界产业转移已经由制造业进入服务业。1990 年全球 FDI 存量中服务业仅占 48.93%，到 2002 年达到 60.14%；从流量来看，服务业所占的比重由 53.95% 提高到 67.03%（见表 3-12）。全球产业转移已经进入服务业主导阶段。

表 3-12　世界 FDI 存量、流量的行业分布结构

单位：%

行业	存量		流量	
	1990 年	2002 年	1989~1991 年	2001~2002 年
农、林、牧、渔业	0.39	0.38	0.35	0.26
采掘业	8.91	5.81	6.77	8.86
制造业	41.65	33.67	38.91	23.85
服务业	48.93	60.14	53.95	67.03
电力、煤气及水的生产和供应业	0.52	1.98	1.22	3.03
建筑业	1.17	1.04	0.57	0.79
贸易	12.04	10.94	10.87	8.28
旅馆餐饮业	1.31	1.04	2.78	0.34
交通运输、仓储及邮电通信业	1.50	6.56	1.45	10.25
金融业	19.74	17.22	20.83	14.93
商务服务业	6.49	15.86	7.36	18.70
公共管理和防卫	—	0.09	1.44	0.46
教育	0.01	0.01	0.01	0.4
医疗和社会服务业	0.05	0.17	0.06	0.04
团体、社会和个人服务业	0.72	0.96	1.41	2.58
其他服务业	4.58	1.45	5.25	6.52

资料来源："World Investment Report 2004: The Shift Towards Services"。

印度是承接离岸外包的典范。20 世纪 70 年代，印度和中国一样，通过开放承接国际产业转移，中国选择了承接制造产业的转移，而印度选择了服务产业的转移，同样对经济的发展起到了非常重要的作用。但是过去

的 30 多年，全球服务外包的规模远远小于制造外包，随着信息技术的发展、交通能力的不断提升，许多服务变为可贸易品，服务外包的规模将会不断增长、范围将会不断扩大。

印度在承接服务外包的过程中，至少在以下几方面促进了印度经济的增长。一是拉动 GDP 增长。2008 年，印度 IT-BPO 产业的收入达到 717 亿美元，软件产业已经具有很强的国际竞争力，对印度 GDP 的贡献达到 5.8%。二是带动就业。承接服务外包为印度创造了大量的就业岗位，2008 年，IT-BPO 产业直接就业人数为 223 万人，创造间接就业岗位 800 万个以上。[1] 通过发展服务外包，印度不仅培育了一批国际知名的软件公司，并且形成了班加罗尔、孟买、马德拉斯、德里和海得拉巴等一批产业集聚带，而且通过服务外包的发展，带动金融、咨询等服务产业的发展，逐步形成了以软件产业为主导的服务经济结构。[2]

四、服务外包是转向服务经济的重要路径

转向服务经济，需要从全球化的视角出发。推动我国经济向服务经济转型的主要路径有：一是大力发展服务外包；二是推进制造业服务化；三是推动制造环节向海外转移。

1. 大力发展服务外包

根据发达国家经验，服务环节从制造业中分离是转向服务经济的根本途径。中国拥有庞大的制造业规模，随着制造业发展水平的提升，专业化程度的提高，客观上存在生产性服务业和制造业分离的要求，制定相应政策，创造有利环境，使制造企业有动力、有渠道将生产性服务分离，是转向服务经济的关键。因此，我国在转向服务经济中，必须以在岸服务外包为基础。同时，以服务业全球转移为特征的新一轮国际化序幕已经拉开，离岸服务外包的规模不断扩大，发展离岸服务外包可以在某种程度上和制造业代工进行平衡。另外，国内目前承接商能力不能满足需要，这是制造业分离发展服务的重要障碍，承接离岸服务外包，可以培养国内企业的承

---

① NASSCOM，http://www.nasscom.org/Nasscom/templates/NormalPage.aspx? id=56966.
② 康利婷：《离岸服务外包的动因及经济效应分析——基于美国和印度的研究》，硕士学位论文，吉林大学，2009 年。

接能力，也有利于在岸外包的发展。因此，承接离岸服务外包是转向服务经济的突破口。

在制定政策时，要将在岸外包与离岸外包统一协调，在构建在岸外包或内生服务化政策环境的基础上，对离岸外包给予适当的优惠，通过发展离岸外包提升在岸外包的承接能力，通过发展在岸外包为离岸外包提供市场支持，进而实现规模效应，降低成本，提高国际竞争力。

2. 推进制造业服务化

制造业的服务化经营主要是指制造业企业业务收入中的服务所带来的收入比重上升，即产业服务化。从产业结构演进的规律看，生产性服务业最早是从制造业中分化出来的。从世界产业转移的趋势看，高技术制造业的跨国公司，逐渐将企业的制造部门转移到发展中国家，而将研发、产品设计等产前策划放在母国。我们可以看到，产业发展似乎有这样一个规律，即"高技术制造业—高技术制造业服务化经营—生产性服务企业（将制造部门剥离出去）"，我国发展高技术制造业应认识到这样的规律，引导高技术制造企业逐步扩大服务收入，为企业创造条件，逐步将制造部门分离出去，演化为高技术生产性服务企业。

3. 推动制造环节向海外转移

我国产生"服务经济悖论"一个很重要的原因是制造业代工，因此，将制造环节向海外转移是推动三次产业协调发展的路径。目前，由于劳动力成本的变化，一些外资企业的生产环节逐渐向周边国家转移。但是，我国面临的就业压力很大，制造环节大规模向海外转移目前不太适用。

第三节 中国服务外包的现状

一、在岸服务外包发展现状

在岸外包有广义和狭义之分，狭义的在岸服务外包主要指企业将特定的服务通过合约外包给接包公司，而广义的在岸服务外包则包括分离、外置、外包服务功能和业务。

1. 在岸外包规模不断增长

从狭义的在岸服务外包来看，2010 年，中国在岸服务外包合同执行金额为 53.8 亿美元，同比增长 15.3%，2011 年我国在岸服务外包合同执行金额为 85.6 亿美元，但 2013 年达到 179 亿美元。实际上，在岸外包的规模应该大于统计规模，2013 年我国软件和信息服务业实现收入 30587 亿元，其中软件业务出口收入 469 亿美元，如表 3-13 所示。

表 3-13　2013 年中国软件业务收入

指标名称	单位	2013 年完成	增速（%）
企业个数	个	33335	14.1
软件业务收入	亿元	30587	23.4
其中：软件产品收入	亿元	9877	25.7
信息系统集成服务收入	亿元	6549	17.3
信息技术咨询服务收入	亿元	3014	23.8
数据处理和存储服务收入	亿元	5482	31.9
嵌入式系统软件收入	亿元	4680	17.2
IC 设计收入	亿元	986	28.0
软件业务出口	亿美元	469	19.0
从业人员年末数	万人	470	12.4

资料来源：工信部，2013 年。

2. 中间需求带动服务业快速发展

中间需求是带动服务业发展的主要动力，以交通运输及仓储业为例，第二产业中间需求占总产出的比重达到 60.90%，第三产业中间需求达到 26.21%，总中间需求占到 87.11%，如表 3-14、表 3-15 所示。

表 3-14　第二产业服务中间需求占服务总产出比重

单位：%

行业	2010 年	2007 年	2005 年	2002 年
交通运输及仓储业	60.90	51.15	47.19	45.89
邮政业	28.93	31.36	20.18	15.58
信息传输、计算机服务和软件业	26.42	29.47	42.13	45.58
批发和零售业	42.58	38.96	38.75	45.44
住宿和餐饮业	25.53	21.09	20.55	15.37

续表

行业	2010 年	2007 年	2005 年	2002 年
金融业	40.37	39.18	32.83	30.55
房地产业	5.73	7.34	3.99	3.35
租赁和商务服务业	36.04	34.15	56.67	49.18
研究与试验发展业	58.64	77.87	18.10	0.51
综合技术服务业	55.28	54.77	23.41	10.74
水利、环境和公共设施管理业	12.93	14.55	15.79	27.78
居民服务和其他服务业	13.90	15.29	26.57	13.99
教育	0.85	1.79	4.16	2.73
卫生、社会保障和社会福利业	5.28	6.93	8.78	4.43
文化、体育和娱乐业	20.52	19.18	20.22	14.79
公共管理和社会组织	0.43	0.42	—	—

资料来源:《中国投入产出表》(2002,2005,2007,2010)。

表 3-15 第三产业服务中间需求占总产出比重

单位:%

行业	2010 年	2007 年	2005 年	2002 年
交通运输及仓储业	26.21	23.65	22.95	25.09
邮政业	60.33	52.65	39.05	43.26
信息传输、计算机服务和软件业	20.85	23.79	25.05	30.59
批发和零售业	9.45	9.56	9.98	12.97
住宿和餐饮业	37.47	35.44	40.00	31.10
金融业	35.39	33.46	39.15	49.52
房地产业	14.62	17.49	16.27	24.76
租赁和商务服务业	38.75	43.11	32.01	36.02
研究与试验发展业	10.02	14.32	18.53	20.69
综合技术服务业	12.61	12.05	14.95	10.00
水利、环境和公共设施管理业	10.67	12.09	25.13	9.64
居民服务和其他服务业	31.15	32.13	18.51	18.38
教育	2.87	7.72	5.16	3.99
卫生、社会保障和社会福利业	1.49	2.19	4.81	3.05
文化、体育和娱乐业	32.40	32.97	29.26	22.91
公共管理和社会组织	0.39	0.34	—	—

资料来源:《中国投入产出表》(2002,2005,2007,2010)。

3. 生产性服务业规模不断扩大

广义服务外包发展的最终结果是生产性服务业的扩大和比重的上升。而我国主要生产性服务业，尤其是金融业占 GDP 的比重较低，如表 3-16 所示。

表 3-16　中国主要生产性服务行业规模

单位：亿元

行业	2006 年	2008 年	2009 年	2010 年	2011 年
交通运输、仓储和邮政业	12183.0	16362.5	16727.1	19132.2	22432.8
信息传输、计算机服务和软件业	5683.5	7859.7	8163.8	8881.9	9780.3
金融业	8099.1	14863.3	17767.5	20980.6	24958.3
房地产业	10370.5	14738.7	18654.9	22782.0	26783.9
租赁和商务服务业	3790.8	5608.2	6191.4	7785.0	9407.1
科学研究、技术服务和地质勘查业	2684.8	3993.4	4721.7	5636.9	6965.8

资料来源：根据《中国统计年鉴》（2013）整理。

二、离岸服务外包现状

1. 总体状况

2006 年，我国离岸服务外包规模为 14.4 亿美元，到 2013 年达到 454.1 亿美元，增长了 30 多倍，年均复合增长率为 63.7%，发展非常迅速（见图 3-7）。截至 2013 年底，全国服务外包从业人员 536.1 万人，其中大学以上学历 355.9 万人，占 66.4%；服务外包企业为 24818 家。我国主要承接美国、欧盟、日本和中国香港等国家或地区的离岸外包，2013 年我国承接美国、欧盟、中国香港和日本的国际服务外包执行金额分别为 117.5 亿美元、71.4 亿美元、54.0 亿美元和 51.8 亿美元，分别占执行总额的 25.9%、15.7%、11.9% 和 11.4%。[①]

———————

① 商务部。

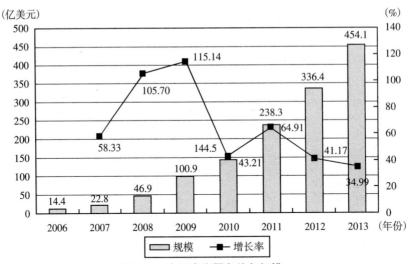

图 3-7　中国离岸服务外包规模

资料来源：中国服务外包网。

从结构来看，根据中国国际投资促进会对 237 家企业的调查结果显示，中国服务外包企业主承接来自服务业、金融服务、卫生健康、制造业、政府与教育五大行业的业务，分别占营业额的 32.5%、6.1%、12.0%、10.8%、5.0%，运输、能源与零售业各占 1.2%。

2. 外包基地城市的发展现状

2006 年，中国推出服务外包"千百十"工程，开始选择服务外包产业发展基础好的城市设立"服务外包基地城市"和"示范园区"，确定服务外包基地城市 16 个：大连、西安、成都、上海、深圳、北京、杭州、天津、南京、武汉、济南、合肥、长沙、广州、哈尔滨、重庆；确定示范园区 4 个：苏州、无锡、大庆、南昌。2009 年，国务院批准北京、天津、上海、重庆、大连、深圳、广州、武汉、哈尔滨、成都、南京、西安、济南、杭州、合肥、南昌、长沙、大庆、苏州、无锡 20 个城市为中国服务外包示范城市。2010 年，批准厦门为示范城市。2011 年示范城市合同执行金额为 294.4 亿美元，同比增长 59.4%，占全国总额的 90.9%。服务外包企业 12471 家，从业人员达到 242 万人。经过近几年的发展，我国服务外包示范基地城市形成了不同的竞争优势，如天津围绕优势支柱产业，与制造业联动发展，重点发展科技研发、共享服务中心、信息服务等服务外包；上海围绕"四个中心"的重要发展战略，重点发展金融服务外包、供应链管理服务外包、人力资源服务外包、医药研发外包以及创意设计外包等。

　　3．园区发展现状

　　目前，全球服务外包产业呈现出"城市—园区—企业"三层构架，园区既是产业发展的载体，也是企业形成产业集群的平台，更是促进服务外包产业发展的关键动力。中国服务外包产业发展迅速，目前已形成"示范城市+示范园区"的两级支持体系，在 21 个示范城市中，商务部认定的服务外包示范园区约 150 家，各类服务外包园区贡献了全国服务外包产业产值的 80%。① 根据《2013 年度中国服务外包园区十强白皮书》的评价，2013 年中国服务外包园区 10 强为：成都天府软件园、上海浦东软件园、中关村软件园、西安软件园、齐鲁软件园、沈阳国际软件园、中国（南京）软件谷、常熟高新技术产业开发区、中国无锡（马山）国家生命科学园、滨海服务外包产业园。服务外包园区是产业集群发展的载体，2011 年北京市服务外包示范园区的服务外包产业总额占全市外包总额的 81.8%②，西安软件园集聚了 1020 家服务外包企业，如表 3–17 所示。

表 3–17　部分服务外包园区企业数

城市	园区名称	企业数（家）	城市	园区名称	企业数（家）
北京	中关村软件园	219	西安	西安软件园	1020
上海	浦东软件园	396	济南	齐鲁软件园	200
重庆	北部新区	200	杭州	新加坡杭州软件园	45
大连	大连软件园	624	合肥	合肥高新技术开发区	120
深圳	深圳软件园管理中心	300	南昌	南昌高新技术开发区	300
武汉	武汉光谷软件园	150	天津	天津经济技术开发区	200
哈尔滨	黑龙江动漫产业基地	280	苏州	苏州工业园	1315
成都	成都天府软件园	330	无锡	无锡（国家）软件园	450
南京	南京高新技术产业开发区	86	厦门	厦门市软件园	512

资料来源：《中国服务外包发展报告 2012》，中国商务出版社。

　　4．重点企业发展状况

　　截至 2011 年底，中国有服务外包企业 16939 家，平均规模 18.3 人。

――――――――――

①②《中国服务外包发展报告 2012》，中国商务出版社。

2008 年金融危机后，中国的服务外包企业格局发生了巨大的变化，外资企业的比重下降到 30%，而本土企业的比重上升到 70%，有 34 家企业营业收入超过 1 亿美元，涌现出了一批像文思信息技术有限公司、东软集团股份有限公司等优秀的服务外包企业，如表 3-18 所示。

表 3-18　国内服务外包企业 10 强情况

排名	企业名称	业务类型
1	文思信息技术有限公司	软件外包、研发外包、业务流程外包
2	东软集团股份有限公司	软件外包、数据处理、呼叫中心、研发外包
3	海辉软件（国际）集团	软件外包、IT 服务、研发外包
4	软通动力信息技术（集团）有限公司	软件外包、呼叫中心、IT 服务
5	浙大网新科技股份有限公司	软件外包、数据处理、呼叫中心
6	东南融通	软件外包、IT 服务、研发外包
7	药明康德新药开发有限公司	医药研发外包
8	华道数据	金融后援
9	大连华信计算机技术股份有限公司	软件外包、数据处理、呼叫中心
10	中软国际有限公司	软件外包、数据处理、呼叫中心

资料来源：《2010 年中国服务外包企业最佳实践 TOP50》白皮书。

第四节　中国服务外包存在的问题

一、在岸外包存在的问题

1. 总体规模较小

以 IT 服务业为例，2009 年我国 IT 服务业的规模为 1020.8 亿元，到 2011 年增长为 1477.3 亿元（见图 3-8），同比增长 20.9%。虽然增长速度较快，但是在信息经济如此发达的知识经济体系中，这个规模显然是微不足道的。

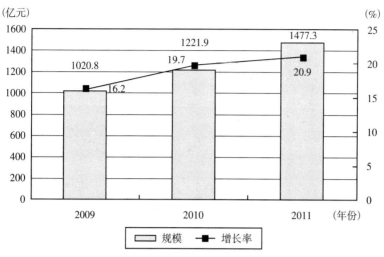

图 3-8　中国 IT 服务市场规模

资料来源：计世资讯。

2. 发包意愿不强烈

企业生产性服务外包意愿并不强，在对山东 100 多家工业企业进行调研时发现，大部分企业选择了生产性服务内部提供的方式；研发设计、会计等业务，90%以上的企业选择自我提供，如图 3-9 所示。

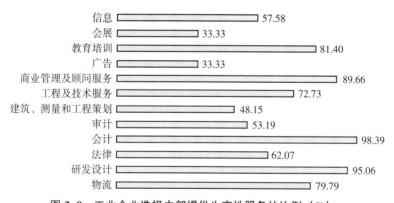

图 3-9　工业企业选择内部提供生产性服务的比例（%）

资料来源：笔者调查所得。

3. 生产性服务业比重偏低

我国的生产性服务业比重偏低，2011 年，我国金融业占 GDP 的比重为 5.28%，房地产业为 5.66%，租赁和商务服务业为 1.99%，三项总计为 12.93%（见表 3-19），而美国 2005 年这三个产业占 GDP 的比重达到 32.2%，日本达到 27.5%，大大高于我国的水平，如表 3-20 所示。

表 3-19　中国生产性服务行业占 GDP 的比重

单位：%

行业	2006 年	2007 年	2008 年	2009 年	2010 年	2011 年
交通运输、仓储和邮政业	5.63	5.49	5.21	4.91	4.77	4.74
信息传输、计算机服务和软件业	2.63	2.52	2.50	2.39	2.21	2.07
金融业	3.74	4.64	4.73	5.21	5.23	5.28
房地产业	4.79	5.20	4.69	5.47	5.67	5.66
租赁和商务服务业	1.75	1.77	1.79	1.82	1.94	1.99
科学研究、技术服务和地质勘查业	1.24	1.29	1.27	1.39	1.40	1.47

资料来源：根据《中国统计年鉴》(2013) 整理。

表 3-20　1995 年与 2005 年代表性国家服务主要行业占 GDP 的比重

单位：%

国家	批发和零售业		运输、仓储和通信业		金融、保险、房地产和商务业	
	2005 年	1995 年	2005 年	1995 年	2005 年	1995 年
美国	13.1	13.3	5.6	6.4	32.2	28.7
英国	14.5	13.7	7.1	7.7	31.7	24.5
加拿大	13.8	13.4	6.9	7.3	25.5	24.2
法国	12.9	13.2	6.4	6.2	32	27.6
德国	12.2	12.3	5.9	5.7	29.3	26.4
意大利	15.4	17.2	7.8	7	26.9	22.4
日本	13	14.6	6.5	6.8	27.5	24.4
韩国	9.8	11.5	7.3	6.6	20.9	18.4

资料来源：OECD/RIETI, 2005.

二、离岸外包存在的问题

（1）从离岸外包发展的结果来看，主要存在三个方面的问题：①离岸服务外包的规模偏小，2013 年我国服务外包的规模为 454.1 亿美元，而印度为 1180 亿美元，说明我国离岸服务外包的规模偏小。②产业集中度不高。较高产业集中度能够产生规模效应，服务外包很讲究规模效应，但目前我国服务外包发展布局比较分散，企业规模小，缺少龙头企业和知名品牌，承接与开发大型服务外包项目能力不足。《中国软件出口杂志》的数据显示，2008 年中国软件服务外包企业 20 强，外包总额仅为 11 亿美元，平均每个企业外包额为 5491 万美元，而以外包为主要业务的印度最大的软件公司 Tata 在 2009 年的收入达到 55.7 亿美元；另外一个接包企业 Infosys 在 2007 年的营业收入为 47.76 亿美元，年末员工数为 91187 人[1]。从产业集中度看，前 20 强企业的收入规模占总收入规模（ITO）的比重约为 30%，行业集中度较低。③承接的外包属于产业链的低端。BPO 按照简繁程度不同，从低端到高端分为五个层次：一是后勤办公，如数据输入、转化和文件管理等；二是顾客服务，如呼叫中心、在线顾客服务、远程营销等；三是普通公司业务，如金融、会计、人力资源、采购、信息技术服务等；四是知识服务和决策分析，如研究咨询、顾客分析、证券分析、保险索赔、风险管理等；五是研究开发，如软件开发、建立数据中心、医药检测与分析、技术系统设计、工程设计、建筑设计、新产品和新工艺设计等[2]。随后还出现了 BTO（业务转型外包）、KPO（知识流程外包）等高端的外包形式。然而，我国目前承接的服务还处在第一、第二层面，即价值链的低端，如表 3-21 所示。

（2）从影响离岸外包的因素来看，主要存在三个方面的问题：①人才不足。据统计，全球 85% 以上外包项目都以英语作为沟通桥梁，软件外包中英文软件占 80% 以上，英语语言能力成为跨国公司选择外包合作伙伴时仅次于成本的第二大因素。但是我国缺乏大量以英语为母语的专业技术人

① 中国服务外包网 。
② 李菲菲：《非对称信息下 BPO 风险、成本和决策博弈研究》，硕士学位论文，西安电子科技大学，2007 年。

表 3-21   中国服务外包企业涉及的功能领域

领域		企业数量（总数为237）（家）							
		金融服务	政府与教育	制造	零售	服务	能源	运输	卫生
信息技术外包	IT 基础设施	4	5	4	1	14	1	0	1
	IT应用 定制软件开发	27	16	15	7	53	5	4	4
	软件研发	4	3	5	0	26	0	2	4
	软件本地化/全球化	0	0	0	0	1	0	1	0
	软件测试	1	0	0	0	4	0	0	2
	应用软件外包	12	3	7	3	27	2	4	0
	嵌入式软件开发	4	1	6	0	9	1	0	1
业务流程外包	财务与会计	2	0	1	0	0	0	0	0
	人力资源	0	1	0	0	3	1	0	0
	培训与教育	0	5	0	0	4	1	0	0
	采购	0	0	0	0	1	0	0	0
	客户关系	5	0	0	1	9	0	0	1
	供应链/物流	1	0	0	3	3	0	2	1
	设施管理	0	0	1	0	1	0	0	0
	与具体行业相关的外包	11	1	1	0	17	1	0	0
知识流程外包	合同研发	1	0	2	0	1	0	1	12
	管理咨询	3	1	0	0	0	0	0	0
	KPO	2	1	1	1	17	1	0	1

资料来源：中国国际投资促进会：《中国服务外包企业研究报告》，中国服务外包网。

才以及有国际视野、经验丰富的高级项目经理人才。此外，外包对管理人员提出了更高的要求。外包服务管理人员不仅需要技术技能，还需要谈判技能、沟通技能、商业技能以及财务技能等。[1] ②市场不够规范。我国服务外包市场还存在许多不规范的现象，如外包服务质量的监控不到位、服务外包合同不是很规范、履行合同也不是很严格，缺乏行业标准以及市场不正当竞争等现象仍较多。③公共服务平台建设不足。目前尽管很多园区建立了公共服务平台、公共技术平台，但这些平台在后续的运营方面存在大量的问题，导致这些公共服务平台不能发挥其应有的功能。

---

[1] 姜荣春：《中国服务外包产业发展的现状、问题与策略》，《宏观经济研究》2007 年第 5 期。

（3）从服务外包基地城市发展来看，主要存在两个方面的问题：①缺少差异化。中国目前有 20 多个服务外包基地城市，但服务外包总规模赶不上印度班加罗尔一个城市，2011 年 21 个服务外包基地城市服务外包合同执行金额为 294.4 亿美元，出口规模和基地城市规模不协调，这势必会带来基地之间的过度竞争。尽管这种竞争会在一定程度上激励地方政府出台更加有利于服务外包发展的政策，但是也出现了一批为享受优惠政策而不断搬迁的企业，这样不利于外包基地持续竞争力的培育，其主要是由外包基地发展定位不明确，功能定位雷同导致的。②外包城市载体建设不足。多数外包园区建设和规划思路仍停留在硬件建设上，而忽略了对技术、管理人才的培养和对相关产业政策的制定，其企业和产品却大致趋同，没有形成一个分工明确、体系完整、实力雄厚的产业链条，造成人力、物力、资源的浪费。

本章小结

本章主要分析了我国转向服务经济的必要性，以及服务外包在经济结构转型中的战略地位，并通过国际经验借鉴提出了我国发展服务外包的基本思路，即以在岸外包为基础，以离岸外包为突破口。最后分析了我国服务外包的现状及存在的问题。

第四章　影响服务外包的因素：
理论与实证

　　从宏观讲，影响服务外包的因素和制造外包比较类似，但是从微观角度看，二者还是有很大的不同。另外，影响在岸外包和离岸外包的因素既有相似性，也有一些差异，本章将这些影响因素具体化，并进行实证检验。

第一节　服务外包要素
——与制造外包比较的视角

　　Michael E.Porter（1990）在《国家竞争优势》中，提出了国家竞争优势的"钻石体系"，一国的特定产业是否具有竞争力取决于五个基本因素：生产要素、需求条件、相关与支持产业的状况、企业策略、结构与竞争对手。此外，政府和机遇也是两个不可或缺的因素，并提倡政府要创造国家竞争优势[1]。20世纪90年代以后，由于经济全球化、国际资本流动和跨国公司的行为对各国经济发展的影响日益突出，英国学者邓宁（J. Dunning，1993）对波特的"钻石模型"进行了补充，他认为跨国公司会对国家生产体系进行冲击。因此，他将跨国公司商务活动作为另一个外生变量引入波特的"钻石模型"中，邓宁的竞争力模型如图4-1所示[2]。

---

[1]　[美] 迈克尔·波特：《国家竞争优势》，陈小悦译，华夏出版社2002年版，第67-120页。
[2]　王仁曾：《产业国际竞争力理论、方法与统计实证研究》，博士学位论文，中国人民大学，2001年。

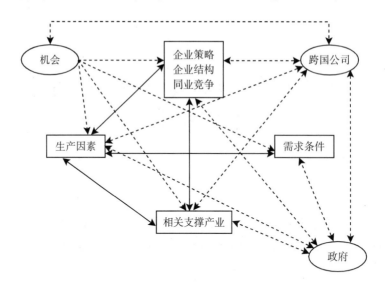

图 4-1　波特—邓宁产业竞争力模型

一、要素条件

　　要素包括自然资源、资金资源、人力资源、知识资源、基础设施资源等，要想具备竞争优势，必须拥有明显的资源优势，或者具有较强资源整合配置能力。这一点对于知识密集型、技术密集型、人才密集型的服务外包产业尤为重要。

　　1.自然资源

　　对于制造业来讲，矿产资源、林产资源等自然资源非常重要。对于服务外包来讲，最重要的资源是土地和环境（绿化、景观等）资源。土地资源的关键特征有两个，一个是空间概念，另一个是成本概念。我国幅员辽阔，土地资源总量并不是关键因素，而是服务外包可用的土地面积和价格。前文已述及，服务外包的发展主要依托城市，而城市的土地价格是非常高的，再加上我国目前对于服务业用地是采用"招拍挂"的方式出让的，而工业用地是通过协议转让的方式，这造成服务业用地成本比工业用地成本高。环境资源也一样，服务外包既要依托城市的基础设施，又要有优美的生态环境，因此环境资源的使用价格对于服务外包也非常重要。

2. 人力资源

人力资源是最重要、最核心的资源，特别是对于依赖人力资本的服务外包来讲，更是如此。对于服务业的发展来讲，人力资源主要包括四个方面：①人力资源的绝对数量。②人力资源的技能水平，这是人力资源的关键因素。服务外包对人力资本的需求与农业、工业是不同的。服务外包人才主要以智力劳动为主，而且随着信息化进程的不断推进，服务外包和制造业、服务业、政府等部门的结合更加紧密，这要求服务外包人才具有更全面、更专业的素养，而离岸外包兴起后，对于人才的国际化要求越来越突出。此外，由于服务具有消费和生产的同步性，因此要求从业人员除了具有先进技能，还必须有人文关怀、诚信服务。③人力资源的价格。人力资源的价格过高，对于产业的发展是很不利的。④人力资源配置机制。在人力资源绝对数量、技能水平一定的情况下，人力资源的配置机制是决定人力资源价格的重要因素。

3. 知识资源

制造外包的发展需要的是重大科学技术、基础科学技术，更多的是自然科学方面的知识。而服务外包不同，服务外包需要的是共性的普遍技术、资源，而且对于流程、数据库等软性的技术、知识资源依赖性较强。

4. 资本资源

资本资源与人力资本一样，主要有两个可及性，一是量上的可及性，即有足够的资本愿意并能够进入服务外包领域，支撑服务外包的发展；二是成本上的可及性，即资金成本是服务外包发展可以接受的。从总量上看，长期以来我国的积累率较高，并不缺少资本资源。巨额的储蓄存款缺少投资渠道。对于服务外包的发展来讲，最重要的是资本资源的配置机制。因为制造企业有大量的固定资产，可以通过抵押获得贷款，也可以通过上市融资获得资本。但是，服务外包企业基本没有固定资产，所以无法抵押，在以银行为主的金融体系下，很难获得资金支持，而且上市融资的门槛较高，服务外包企业也很难达到标准。所以，服务外包的发展需要风险投资、政府担保、创业板等金融体系的支撑。此外，放开对服务业某些领域的管制也是获得服务外包发展资金的重要方面。

5. 基础设施

基础设施是公共事业，具有正外部性，随着基础设施供应的逐渐增加，企业的生产成本逐渐降低。与制造业相同，服务外包需要水、电、气的供应，需要交通基础设施的支持，但服务外包更依赖于航空交通。服务外包对公共技术平台，对数据通信港、基础数据库以及网络带宽、容灾备份中心、服务器租赁中心等软性基础设施的依赖性较强。此外，服务外包对于信用环境的要求也较高。

二、需求条件

在岸服务外包的需求由制造业、服务业发展水平决定，因为在岸外包的重点是生产性服务业（如物流、信息、研发等）。生产性服务业的服务对象是生产者、产品、生产过程等，这主要是由制造业的发展水平、专业化程度决定的。而且，生产性服务业也为其他服务行业（包括生产性服务业和生活性服务业）提供服务，因此生产性服务业的需求条件与服务业本身相关。制造业、服务业对生产性服务业的需求首先要求制造业、服务业按照市场规律组织资源，这样才有动力将服务部门外置，促进服务业的发展。当然，这也需要有利的政策环境、制度环境促进制造业分离发展服务业，同时也应激励服务企业更加专业化，将非核心服务业务外包。而服务业发展服务外包是引致性的，即消费者的消费能力是促进服务外包发展的重要因素。消费者的人力资本水平决定了服务产业的结构，可以说掌握社会财富的社会成员的人力资本水平决定了服务业发展水平，这一点与制造业不同。以汽车为例，QQ 的消费者和 Benz 的消费者只有收入水平的差距，而没有人力资本的差距；而职业生涯规划服务则主要取决于消费者的人力资本水平。再如金融业，很多业务可以通过互联网或 ATM 办理，即通过信息化的方式提高生产率。可是由于消费者不愿意或者没技能使用信息工具，导致银行信息化的收益非常低，因为只要有一个顾客不能通过网络或 ATM 机办理，那么银行就得保留一个窗口和人员，服务人员并没有因为信息化而减少。

同时，政府也是服务外包的重要主体，随着政府电子化、信息化的推进，政府服务外包的需求会逐步增加。

三、相关和支持性产业

影响服务外包的相关和支持性产业主要表现在三个方面。

一是国内产业的发展壮大。服务外包能力的提升，离不开国内产业的支撑，国内产业的发展为服务外包培养人才，积累经验和数据，提供创新支持，实现规模效应，进而降低成本。服务外包产业主要集中在生产性服务领域，近年来，我国生产性服务业①规模不断扩大，从 2006 年 42812 亿元增长到 2011 年的 100328.2 亿元，占 GDP 的比重达到 21.21%。

二是相关服务业的融合与互动。服务业不仅仅是为制造业服务的，恰恰相反，许多生产性服务是为服务业内部其他行业服务的。服务业内部的良性互动使服务业之间相互渗透、相互影响，进而实现融合与互动。软件与信息服务技术对于其他行业的渗透，带动了其他产业的发展，如软件与信息服务与其他服务相结合，催生出新兴业态，电子竞技产业是软件与信息技术与传统体育产业相融合的结果。此外，信息技术及信息服务促进了服务提供手段的现代化，扩展了服务行业的经营领域和范围，例如软件与信息技术的发展使异地会诊、远程业务、电子商务、网络银行快速发展。又如风险投资和科技服务业之间的相互带动。风险投资的起源是信息技术与服务，如 1957 年美国研究与发展公司（ARD）对数字设备公司（DEC）的投资，ARD 对 DEC 公司投入 7 万美元，到 1971 年股份价值增加了 5000多倍，达到 3.55 亿美元。在信息产业的带动下，2000 年，美国风险投资额达到 1048 亿美元，创造了 430 万个就业机会，7360 亿美元的国民收入（美国风险投资协会（National Venture Capital Association，NVCA））。

三是制造业发展对服务业的带动。制造业技术创新能力较强，技术创新的外溢效应会惠及服务外包产业。同时，随着商品贸易的增长，带动了与此相关的国际运输、国际金融与保险、国际商务旅行、售后服务、技术咨询、法律、会计等服务的出口。

四、企业战略、结构和竞争状态

按照传统经济学理论，竞争强度越大，经济效率越高，但这并不适合服务外包。虽然企业迫于国内市场的竞争，会竭尽全力改善服务流程，降

---

① 由于没有专门生产性服务业的统计数据，本书将交通运输、仓储及邮电业，信息传输、计算机服务和软件业，金融业，租赁和商务服务业，科学研究、技术服务和地质勘查业，教育业统称为生产性服务业。

低服务成本，提供新的服务或者提高服务质量。但是完全竞争导致企业数量多，规模小，而且企业的超额收益趋于零，企业无法通过利润积累而从事技术创新等活动。服务外包不仅对技术创新的实体性要求比较高，而且对于一些数据、方法、经验等软体性知识的要求也非常高，如咨询业、科技服务业等。过度竞争不利于知识资源的开发，也不利于形成龙头企业和品牌。合理的市场集中度有利于服务外包企业避免低水平上的重复性投资，能保证大、中、小外包企业明确分工，进而发挥产业内分工协作效率和行业龙头带动效应，最终形成品牌，提升承接能力。

五、FDI 和跨国公司

跨国公司在世界经济发展格局中占有举足轻重的地位，可为东道国的产业发展开辟新的营销渠道，创造新的需求，同时会产生技术外溢效应，提升本土企业的创新能力和竞争力。在印度早期的服务外包发展中，跨国公司在印度以 FDI 的形式设立子公司，通过子公司承担发达国家母公司的服务外包业务。在中国，这样的方式也比较普遍。从企业数来看，据统计，2008 年我国软件与信息服务外包企业中合资企业和外商独资企业占到 43%，如图 4-2 所示；从业务收入来看，2007 年我国软件与服务行业中外资企业占 40.37%，而 IC 设计几乎被外商企业垄断，194 亿元的业务收入中，外资企业占到 164 亿元，如表 4-1 所示。同时，FDI 还具有技术外溢效应，使本土企业获得"干中学"的效应。

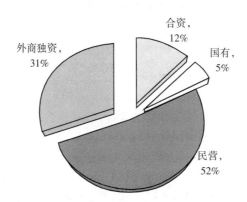

图 4-2　中国软件与信息服务外包企业性质构成

资料来源：赛迪顾问公司：《2008 年中国软件与信息服务外包企业的调研报告》。

表4-1　软件与服务行业中外资企业收入（2007年）

单位：亿元、%

类型	软件业务收入	软件产品收入	系统集成收入	软件技术服务收入	嵌入式系统软件收入	IC设计收入	合计	
							收入	比重
全行业	5834	1783	1068	1374	1416	194	11669	
合资企业	1401	321	170	419	399	92	2802	24.01
外商独资	954	188	84	326	285	72	1909	16.36

资料来源：中国工业和信息化部。

六、政府

政府通过政策工具，如利用金融市场规范、税制、产业政策等政策法规，提供公共服务、技术平台，引导资源配置，创造竞争环境等，这在促进服务外包的发展中具有非常重要的作用。这里重点分析知识产权保护的问题。服务具有无形性，扩散速度快。因此，在服务外包过程中，数据、技术、流程的安全性非常重要，这是影响服务外包的最关键的因素，也是商务环境中最重要的方面。与制造业不同的是，服务外包很难用专利、商标、著作权等法律保护知识产权，需要全社会知识产权保护意识的提升，政府应最大程度减少侵犯知识产权环节和维权成本。

第二节　影响离岸外包的因素及实践

一、国家层面的研究

1. 科尔尼公司的离岸外包吸引力指数

A.T. Kearney 公司认为吸引离岸外包的主要因素包括：财务结构（补偿成本、基础设施成本和税收与规制成本）、人力资本（积累的外包经验和技能、劳动力总规模、教育水平和语言、消耗率）和商务环境（国家的经济和政治环境、基础设施条件、文化包容性、知识产权的安全性），并

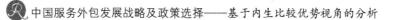

给出了不同因素的衡量方法和权重，如表4-2所示①。

表4-2　影响服务外包发展的因素

一级指标	二级指标	衡量标准
财务结构 （40%）	补偿成本	平均工资
		相关中介职位补偿成本（如呼叫中心应答、程序员、本地管理人员成本）
	基础设施成本	土地、电力、通信成本
		交通成本
	税收与规制成本	税收负担、腐败、汇率波动
人力资本 （30%）	积累的外包经验和技能	现有外包市场规模
		联络中心和信息技术质量等级
		管理和信息技术培训等级
	劳动力总规模	总劳动力
		高等教育劳动力
	教育水平和语言	标准教育和语言测试分数
	消耗率	外包增长率和失业率相关度
商务环境 （30%）	国家环境（包括经济和政治）	投资者和分析者对于总体的商务和政治环境评价
		外商投资者信心
		政府规模
		政府对 ICT 部门的支持
	基础设施	基础设施（通信、IT 服务）综合质量
	文化包容性	
	知识产权安全	知识产权保护和 ICT 法律
		软件盗版率

资料来源：《A.T. Kearney's 2004 Offshore Location Attractiveness Index》。

A.T. Kearney 公司对印度、中国、马来西亚等主要外包承接国服务外包吸引力进行了分析。中国的综合吸引力居第 2 位，第 1 位是印度，第 3 位是马来西亚，其次是埃及、印度尼西亚、墨西哥等。从分项指标来看，在人力资本方面，中国排在第 3 位，财务结构排在第 21 位，商务环境排在第 35 位，可见我国的商务环境还是比较差的，如表 4-3 所示。

---

① "A.T. Kearney's 2004 Offshore Location Attractiveness Index", http://www.atkearney.com.

表 4-3　服务离岸外包吸引力指数（2010 年）

名次	国家	财务结构		人力资本		商务环境		总分	
		得分	名次	得分	名次	得分	名次	2010	2007
1	印度	3.11	8	2.76	2	1.14	43	7.01	7
2	中国	2.62	21	2.55	3	1.31	35	6.48	6.56
3	马来西亚	2.78	18	1.38	17	1.83	16	5.99	6.12
4	埃及	3.1	9	1.36	19	1.35	33	5.81	5.61
5	印度尼西亚	3.24	2	1.53	16	1.01	49	5.78	5.82
6	墨西哥	2.68	20	1.6	14	1.44	28	5.72	5.73
7	泰国	3.05	10	1.38	18	1.29	36	5.72	6.02
8	越南	3.27	1	1.19	27	1.24	39	5.7	5.54
9	菲律宾	3.18	7	1.31	21	1.16	42	5.65	5.75
10	智利	2.44	27	1.27	23	1.82	17	5.53	5.76
11	爱沙尼亚	2.31	33	0.95	33	2.24	4	5.5	5.6
12	巴西	2.02	37	2.07	8	1.38	30	5.47	5.89
13	拉脱维亚	2.56	22	0.93	37	1.96	13	5.45	5.56
14	立陶宛	2.48	24	0.93	38	2.02	11	5.43	5.42
15	阿联酋	2.41	29	0.94	4	2.23	5	5.4	5.51
16	英国	0.91	43	2.26	35	2.05	9	5.4	5.01
17	保加利亚	2.82	16	0.88	42	1.67	21	5.37	5.75
18	美国	2.84	14	0.94	1	2.01	12	5.34	5.51
19	哥斯达黎加	2.48	25	1.79	11	1.07	25	5.34	5.22
20	俄罗斯	0.45	48	2.88	36	1.56	47	5.34	5.14
21	斯里兰卡	3.2	6	0.95	34	1.11	44	5.26	5.36
22	约旦	3.05	11	0.81	46	1.37	26	5.23	5.6
23	突尼斯	2.97	12	0.77	48	1.49	31	5.23	5.43
24	波兰	2.54	23	1.03	24	1.81	19	5.22	5.54
25	罗马尼亚	2.14	35	1.27	32	1.65	22	5.22	5.28
26	德国	0.76	45	2.17	5	2.27	2	5.2	5.05
27	加纳	3.21	5	0.69	50	1.28	37	5.18	5.42
28	巴基斯坦	3.23	3	1.16	28	0.76	50	5.15	5.34
29	塞纳加尔	3.23	4	0.78	15	1.09	45	5.12	5.06
30	阿根廷	2.45	26	1.58	47	1.11	46	5.12	5.47
31	匈牙利	2.05	36	1.24	25	1.82	18	5.11	5.47
32	新加坡	1	42	1.66	13	2.4	1	5.06	5.68
33	牙买加	2.81	17	0.86	45	1.34	34	5.01	5.29
34	巴拿马	2.77	19	0.72	29	2.03	10	4.98	5.02

续表

名次	国家	财务结构		人力资本		商务环境		总分	
		得分	名次	得分	名次	得分	名次	2010	2007
35	捷克	2.41	30	0.87	43	1.7	20	4.98	5.57
36	毛里求斯	1.81	39	1.14	49	1.49	27	4.98	5.44
37	摩洛哥	2.83	15	0.87	44	1.26	38	4.96	5.14
38	乌克兰	0.56	46	2.14	6	2.25	3	4.95	4.83
39	加拿大	2.86	13	1.07	31	1.02	48	4.95	5.16
40	斯洛伐克	2.33	32	0.93	39	1.65	23	4.91	
41	乌拉圭	2.42	28	0.91	9	1.88	14	4.75	5.47
42	西班牙	0.81	44	2.06	41	1.42	29	4.75	4.95
43	哥伦比亚	2.34	31	1.2	26	1.18	40	4.72	
44	法国	0.38	50	2.12	7	2.11	7	4.61	4.79
45	南非	2.27	34	0.93	40	1.37	32	4.57	5.3
46	澳大利亚	1.45	40	1.35	10	2.13	6	4.44	4.89
47	以色列	0.51	47	1.8	20	1.64	24	4.44	5.1
48	土耳其	1.87	38	1.29	22	1.17	41	4.33	4.78
49	爱尔兰	0.42	49	1.74	12	2.08	8	4.24	4.18
50	波多黎各	1.21	41	1.09	30	1.85	15	4.15	

资料来源：科尔尼公司（2008、2011）。

2. CIO insight 的竞争力指数

CIO insight 杂志发布的《*The Outsourcing Report 2005*》认为，影响服务外包目的地选择的因素包括成本、风险和市场机遇，并给出了不同因素的衡量方法和权重，如表4-4所示。

表4-4　全球外包指数（GOI）的评价标准

因素	具体内容	
成本（30%）	酬偿与工资、基础设施成本、税收成本、运营成本	
风险（54%）	地缘风险（10%）	政府的稳定性、腐败、地缘政治、安全
	人力资源风险（10%）	教育体系质量、劳动力总量、新毕业的IT学生数量
	IT竞争风险（10%）	项目管理技能、高端技术与技能（定制编码、系统编程、研发、商务流程经验）
	经济风险（6%）	物价波动、GDP增长
	法律风险（6%）	整体法制、税收、知识产权
	文化风险（6%）	语言兼容、文化亲和力、创新、适应性

续表

因素	具体内容	
风险（54%）	基础设施风险（6%）	IT 支出，关键基础设施的质量
市场机遇（16%）	第三方专家对每个国家全球竞争力和市场份额的分析，其他用于检验报告不够平衡的方面	

资料来源：Mark Minevich, Going Global Ventures Inc.and Dr. Frank-Jürgen Richter, HORASIS, "Global Outsourcing Report, 2005".

　　根据这一评价体系，他们认为印度仍然是最具竞争力的服务外包目的地，但在对 2015 年的预测中，中国将取代印度成为最具竞争力的服务外包东道国，其他一些亚洲国家如马来西亚、泰国等的竞争力将会逐渐增强。

表 4-5　全球外包指数和未来外包指数

排名	2005 年		2015 年
	国家	系数	国家
1	印度（India）	2.02	中国（China）
2	中国（China）	2.16	印度（India）
3	哥斯达黎加（Costa Rica）	2.24	美国（U.S.A）
4	捷克（Czech Rep）	2.26	巴西（Brazil）
5	匈牙利（Hungary）	2.28	俄罗斯（Russia）
6	加拿大（Canada）	2.40	乌克兰（Ukraine）
7	拉脱维亚（Latvia）	2.40	罗马尼亚（Romania）
8	俄罗斯（Russia）	2.40	白俄罗斯（Belarus）
9	智利（Chile）	2.42	菲律宾（Philippines）
10	罗马尼亚（Romania）	2.46	加拿大（Canada）
11	爱尔兰（Ireland）	2.50	爱尔兰（Ireland）
12	新加坡（Singapore）	2.50	马来西亚（Malaysia）
13	菲律宾（The Philippines）	2.56	亚美尼亚（Armenia）
14	波兰（Poland）	2.56	智利（Chile）
15	亚美尼亚（Armenia）	2.58	南非（South Africa）
16	巴西（Brazil）	2.58	泰国（Thailand）
17	乌克兰（Ukraine）	2.74	越南（Vietnam）
18	以色列（Israel）	2.76	马尔代夫（Moldova）
19	墨西哥（Mexico）	2.78	墨西哥（Mexico）
20	南非（South Africa）	2.86	波兰（Poland）
21			保加利亚（Bulgaria）

续表

排名	2005 年		2015 年
	国家	系数	国家
22			以色列 (Israel)
23			巴基斯坦 (Pakistan)
24			哈萨克斯坦 (Kazachstan)
25			阿尔巴尼亚 (Albania)
26			匈牙利 (Hungary)
27			捷克 (Czech Rep)
28			拉脱维亚 (Latvia)
29			新加坡 (Singapore)
30			哥斯达黎加 (Costa Rica)

资料来源: Mark Minevich, Going Global Ventures Inc.and Dr. Frank–Jürgen Richter, HORASIS, "Global Outsourcing Report, 2005".

二、城市层面的研究

1. 上海社会科学院的服务外包吸引力评价体系

上海社会科学院的服务外包吸引力评价体系主要包括成本、人才、基础设施、商务环境、ITO、ITES、KPO 等指标, 如表 4–6 所示。

表 4–6   服务外包吸引力的测评模型

一级指标	二级指标	三级指标
成本	工资成本	在岗职工年平均工资 (元)
	运营成本	写字楼平均销售价格
人才	人才素质	人力资本吸引指数
	人才供给	高等学校在校学生总数
基础设施	信息化基础设施	信息化基础设施指数
	交通基础设施	民用航空客运量
商务环境	市场吸引力	外商直接投资数
	市场守信程度	知识产权保护度
ITO	软件业成本	软件企业的人力成本
	政府对软件行业的支持力度	地方促进软件产业发展的政策
ITES	语言能力	当地员工的语言能力
	服务类企业的国际化管理水平	通过 ISO9001 认证的服务类企业数

续表

一级指标	二级指标	三级指标
KPO	高层次人才的数量	科学家、工程师的比例
	当地的研发实力	研发经费投入情况

资料来源：周振华：《城市转型与服务经济发展》，上海人民出版社 2009 年版。

利用这一指标体系，分别利用层次分析法和主成分分析法对我国的 18 个外包城市进行综合评价。在层次分析法下，2008 年，18 个城市的排名依次为：武汉、西安、沈阳、济南、成都、广州、重庆、长沙、上海、北京、天津、珠海、大连、杭州、苏州、厦门、宁波、深圳；但采用主成分分析法后，由于权重的变动，上海、广州、北京由于商务成本和基础设施好，名次上升到了第 3、第 4、第 5 名。

2. 鼎韬的服务外包城市投资吸引力

鼎韬的中国服务外包城市投资吸引力指标主要包括产业基础、经济水平、配套环境和政府支持四个方面，如表 4-7 所示。

表 4-7 中国服务外包城市投资吸引力评估体系

产业基础	产业规模	服务外包业务规模
		服务外包企业状况
		认证和专利情况
		实缴税收
	从业人员	服务外包从业人员数量
		当年新增从业人员
		当年服务外包人员流失率
	产业载体	服务外包园区及可使用土地情况
经济水平	产业结构	国内生产总值
		第三产业比重
	经济开放程度	当年使用外资金额占 GDP 比重
		外商投资总额
		出口占国内生产总值的比重
		当地外国人数量
		留学回国人员数量
	市场规模和潜力	社会商品零售总额
		人均产值水平
		人均消费支出

续表

经济水平	运营成本	人员成本
		通信成本
		办公场所成本
配套环境	基础配套	自然环境情况
		医疗服务水平
		信息技术基础设施水平
		水陆空交通水平
	商业服务	三星级及以上酒店数量
		娱乐场所数量
		社会服务业从业人员
	人才供给	普通高等院校数量
		专业培训机构数量
		在校大学生情况
		人均受教育年限
政府支持	扶持	服务外包产业规划
		服务外包发展政策
		地方配套扶持资金
		税收减免金额
	保护	知识产权保护力度
		商业信息安全保护力度
		政府部门对外商投诉案件查处率
	服务	公共信息技术服务平台建设
		创新孵化服务体系
		投融资服务体系
		服务外包信息统计和报送工作
		政府部门对外商投诉案件查处率

利用这一指标体系，2010 年，成都、西安、无锡、武汉、南京、重庆、杭州、大连、苏州、天津排在前 10 位。

第三节　影响离岸服务外包的因素：
基于国际数据的检验

一、理论模型

Lindsay Oldenski（2011）建立了一个跨国公司业务外包的模型，本书基于此模型，建立跨国公司将业务放在总部或者国外合作商的离岸外包决策模型。

母公司为了提供最终产品，需要若干中间服务。那么，母公司在总部生产一单位中间服务的成本为：

$$C_p = w_p L_p + r_p K_p \tag{4-1}$$

式中，w_p 为母国的劳动力成本，L_p 为母国的劳动需求量，r_p 为母国的资金成本，K_p 为资本投入量。假定跨国公司能够在全球范围内建设相同的服务提供系统，即提供一单位中间服务的资本投入相同；但由于劳动力技能水平不同，提供一单位中间服务所需的劳动投入会不同，而且劳动者的技能水平越高，投入的劳动越少。那么母公司将业务外包到 i 国的直接成本可以表示为：

$$C_i = w_i L_i(sk_i) + r_i K_i \tag{4-2}$$

式中，w_i 为 i 国的劳动力成本，L_i 为 i 国所需的劳动力，sk_i 为 i 国的劳动者技能水平，而且 $L'_i(sk_i) < 0$，r_i 为 i 国的资金成本，K_i 为 i 国的资本投入量，根据假设 $K_p = K_i$。

实际上，由于业务的复杂程度以及接包国的劳动者技能不同，有些业务进行外包后可以达到预期的质量要求，有些业务则不能达到预期的质量要求。假设外包给 i 国的业务中，能够按照既定程序完成业务的概率为 γ_i，γ_i 为 i 国劳动者技能水平的函数，而且 $\gamma'_i(sk_i) > 0$。对于没有按照既定程序完成的业务，需要母公司进行返工，返工成本与直接在母公司提供的成本相同。

信息网络的发展水平，影响了最佳外包提供商选择搜寻成本（Grossman & Helpman，2005）。同时，由于服务具有无形性，而且传输的主要手段是信息网络，信息网络的发展大大提高了服务外包的可能性。t_i 为服务外包的可能性，是信息技术发展水平 ict_i 的函数，而且 $t_i'(ict_i) > 0$。

由于资产的专用性和合约的不完备性，在业务外包中还会带来交易成本（Joskow，2003）。同时，在合约履行过程中，需要进行监督，其监督的成本和交易成本与 i 国的商务环境密切相关，成本为 f_i，f_i 为商务环境 ce_i 的函数，而且 $f_i'(ce_i) < 0$。

那么，母公司将业务外包到 i 国的强度可以表示为：

$$OUT_i = t_i(ict_i) \frac{w_p L_p + r_p K_p}{(w_i L_i(sk_i) + r_i K_p) + (1 - \gamma_i(sk_i))(w_p L_p + r_p K_p) + f_i(ce_i)}$$

$$(4-3)$$

根据假设可以得出：

$$\frac{\partial OUT_i}{\partial ict_i} = t_i'(ict_i) \frac{w_p L_p + r_p K_p}{(w_i L_i(sk_i) + r_i K_p) + (1 - \gamma_i(sk_i))(w_p L_p + r_p K_p) + f_i(ce_i)} > 0$$

$$\frac{\partial OUT_i}{\partial w_i} = -t_i(ict_i) \frac{L_i(sk_i)(w_p L_p + r_p K_p)}{((w_i L_i(sk_i) + r_i K_p) + (1 - \gamma_i(sk_i))(w_p L_p + r_p K_p) + f_i(ce_i))^2} < 0$$

$$\frac{\partial OUT_i}{\partial r_i} = -t_i(ict_i) \frac{K_p(w_p L_p + r_p K_p)}{((w_i L_i(sk_i) + r_i K_p) + (1 - \gamma_i(sk_i))(w_p L_p + r_p K_p) + f_i(ce_i))^2} < 0$$

$$\frac{\partial OUT_i}{\partial sk_i} = -t_i(ict_i) \frac{(w_i L_i'(sk_i) - \gamma_i'(sk_i)(w_p L_p + r_p K_p))(w_p L_p + r_p K_p)}{((w_i L_i(sk_i) + r_i K_p) + (1 - \gamma_i(sk_i))(w_p L_p + r_p K_p) + f_i(ce_i))^2} > 0$$

$$\frac{\partial OUT_i}{\partial ci_i} = -t_i(ict_i) \frac{f_i'(ce_i)(w_p L_p + r_p K_p)}{((w_i L_i(sk_i) + r_i K_p) + (1 - \gamma_i(sk_i))(w_p L_p + r_p K_p) + f_i(ce_i))^2} > 0$$

$$(4-4)$$

二、假设条件

根据上述分析，结合实际选择影响因素指标，并提出假设。

1. 高技能劳动力的供给

服务外包与制造外包不同，属于白领外包，服务外包产生的机理是跨国公司将其专有知识性资源与发展中国家的技能性劳动力结合。Shailey Dash（2006a）指出，美国和印度人力资源的结构和工资水平不同是二者产生服务贸易的主要原因。而 Pol Antra's 等（2006）建立的知识经济下的外包模型指出，北方的高技能者可以在国际劳动力市场上寻找到南方的高技能者与低技能者，从而形成生产服务的三层团队，利用国际劳动力的技能差异，通过进一步的分工获得更大的收益，而有效的三层服务外包生产团队要求外包承接国拥有较高人力资本水平的高技能者，因此，服务外包承接国拥有高技能的人力资本水平是吸引国际服务外包的关键因素。而且随着国际分工的深入，服务外包的领域不断扩展，从后勤办公，如数据输入，到知识服务和决策分析，再到研究开发，对于人才的要求越来越高。因此提出如下假设：

假设 H1：一国的高技能劳动力供应越充足，其承接服务外包的规模就越大。

2. 成本

成本是服务外包决策的重要考虑因素，降低成本是服务外包的重要原因（Willcocks Leslie P., 1994）。Farrel（2005）指出，在保证服务质量的同时节约成本，是大多数公司将服务外包的首要原因。成本包括劳动力成本和财务成本。一般来说，劳动力成本越低，承接服务外包的能力越强；但是从另一个层面看，由于服务外包是知识密集型业务的外包，劳动力成本高可能代表着劳动力的技能水平高，因此，劳动力成本对于服务外包的影响具有不确定性。为此，我们提出如下假设：

假设 H2：劳动力成本对服务外包承接能力的影响具有不确定性，这取决于低成本、高技能两个因素哪个因素起主导作用。

另外，成本不仅是劳动力成本，还包括资金成本，资金成本越高，越不利于服务外包的发展。因此提出如下假设：

假设 H3：一个国家的资金成本越低，服务外包的承接能力越强，承接服务外包的规模越大。

3. 汇率

一国的服务价格变化受到汇率的影响。由于服务外包合同大部分以美元计价，一个国家相对于美元的汇率变化将对合同产生影响。汇率升高，无疑会提高服务外包转移的成本。另外，汇率的波动，也会给外包的成本控制带来影响。因此，提出如下假设：

假设 H4：一国的货币对美元的汇率越高，表示转移成本越高，将会抑制服务外包的发展。

4. 信息基础设施

离岸服务外包源于信息网络技术，离岸服务外包主要包括 IT 外包和

ITEs（IT 使能服务）外包，信息技术既是服务外包的桥梁和纽带，也是服务外包的重要内容。Shugun（1994）指出，信息技术飞速发展引起的劳动在国内、国际两个层面的分工深化是服务业迅速发展的主要原因；A.T. Kearney 公司关于服务离岸外包吸引力指数、CIO insight 杂志的全球外包指数（GOI）的评价标准都将信息基础设施作为重要的方面，而且服务承接企业信息技术设施使用程度越高，承接服务外包所产生的绩效越高。基于以上理由，本书提出如下假设：

假设 H5：一个国家的信息通信设施越完备、质量越高，对于离岸外包的吸引力越大，离岸外包的规模越大。

5. 商务环境

商务环境是一个综合性的指标，在承接离岸服务外包中具有非常重要的作用；在 NeoIT 公司的"全球服务外包城市竞争力指标体系"中，商务和居住环境所占的权重（20%）比基础设施的权重（10%）还要高。相对于货物交易，专利权的保护和经济的自由度是影响跨国企业决定转移部分服务产业的主要影响因子，它决定离岸服务外包产业是否能在接包国可持续发展。同时，经济自由度越大，表明接包国在制度等环境上对企业的限制越小，这个国家的自由市场制度越完善。基于此，一国的商务环境越好，越容易获得发包企业的订单。因此，本书提出如下假设：

假设 H6：一国的商务环境越好，越容易接到外包订单，离岸服务外包的规模就越大。

三、数据系列构造

1. 服务外包规模

服务外包是一个比较新的事物，目前统计制度比较滞后，服务外包的统计口径、数据还不完备。在实证分析中，主要寻找可替代变量来衡量。如景瑞琴（2009）用服务贸易规模衡量服务外包规模；吕延方（2010）则用"其他服务贸易出口额"（简称 OFF）反映一个国家或地区的承接服务外包的规模。鉴于服务外包主要是生产性服务外包，是中间服务的外置，而且服务外包主要发生在商务流程外包、信息技术外包以及金融外包等领域，因此，我们利用国际投入产出表中的金融和设备租赁及商务服务活动（包含计算机及相关服务、研究与开发服务、人力资源服务、法律服务等）

的国际中间使用来衡量服务外包规模。利用《Intercountry Input-Output Table（2000-2009）》① 可以获得服务外包规模。

2. 高技能劳动力的供给

鉴于服务外包主要是知识密集型的服务，高技能劳动力主要来自高等教育毕业生，所以在实证分析中大多围绕高等教育来衡量高技能劳动力的供给。吕延方（2010）利用劳动力中高等教育比例来衡量高技能劳动力的供给。根据 Shailey Dash（2006b）的研究，一国的人力资本优势取决于该国熟练劳动力的绝对数量，而不是熟练劳动力的相对比重，这也符合现实。对于诸如人口大国印度、中国等来讲，低比例技能劳动力也意味着庞大的技能劳动力规模，如中国的高等教育入学率只有 20% 多，但是高等教育在校生规模则全球第一。因此，我们利用高等教育在校生规模衡量高技能劳动力的供给。此外，由于高等教育在校生规模参与工作具有一定的滞后性，本书用 t-1 年的高等教育规模来衡量高技能劳动力的供给，数据来自 WDI data（2011）。

3. 劳动力成本

本书用制造业单位劳动力每小时补偿来衡量劳动力成本，劳动力补偿包括直接工资支付、社会保障有关费用以及劳动力税收，数据来自美国劳动统计局（U.S. Bureau of Labor Statistics）②。对于印度 2008 年、2009 年的数据，根据工资的历史增长规律和汇率的变化进行了估算；而对于中国 2000 年、2001 年、2009 年的数据则根据城镇职工平均工资增长率和汇率的变化进行了估算。

4. 资金成本

资金成本利用一年期贷款利率来衡量，对于一年中利率发生变化的，按照最高利率进行计算，数据来自 WDI data（2011）和欧洲中央银行。

5. 汇率

本书用一国货币对美元的年平均名义汇率来衡量汇率水平，数据来自 WDI data（2011）和欧洲中央银行。

6. 信息基础设施

衡量信息基础设施水平有两种方式，一是投入法，二是产出法。投入

---

① http：//www.wiod.org.
② 数据来自：www.bls.gov.

法以投资规模为基础，但是投资规模涉及折旧和积累，衡量比较困难，而且容易产生误差。产出法以信息基础设施提供的服务为依据，既是投资积累的表现，也是服务效率的表现。本书利用产出法来衡量信息基础设施水平，即利用每 100 居民中互联网（简称 INT）的使用比例来衡量信息基础设施水平，数据来自国际电信联盟和 WDI data（2011）。

7. 商务环境

A.T. Kearney 主要通过外商的投资信心来衡量商务环境，本书拟用经济自由度来衡量一国的商务环境。经济自由度指数（Index of Economic Freedom）来自《华尔街日报》和美国传统基金会发布的年度报告，其根据贸易政策、政府财政开支、政府对经济的干预、货币政策、资本流动和外国投资、银行业和金融业、工资和物价、产权、规制、非正规市场活动自由度综合而成，数据来自 Index of Economic Freedom（2000–2009）[1]。

8. 时间和国家的选择

鉴于服务外包主要是从 21 世纪才开始快速发展，我们选择 2000~2009 年作为时间跨度；而美国、中国、印度、爱尔兰是典型的服务外包接包国，因此我们选择包括这些国家的 20 个样本国家进行分析。[2]

根据以上数据，建立回归模型：

$$out_{i,t} = a_0 + a_1 edu_{i,t} + a_2 lc_{i,t} + a_3 cc_{i,t} + a_4 ex_{i,t} + a_5 in_{i,t} + a_6 fr_{i,t} + \varepsilon_{i,t} \qquad (4\text{--}5)$$

式中，$out_{i,t}$ 为服务外规模，$edu_{i,t}$ 为高等教育在校生规模，$lc_{i,t}$ 为单位劳动力小时补偿成本，$cc_{i,t}$ 为一年期贷款基准利率，$ex_{i,t}$ 为名义汇率，$in_{i,t}$ 为互联网使用比例，$fr_{i,t}$ 为经济自由度，$t = 2000, \cdots, 2009$，$i = 1, 2, \cdots, 20$，分别代表 20 个国家，a 为系数，ε 为误差项。

四、实证分析及结论

我们只选取了 20 个国家，为了推断总体，我们先选择截面随机效应进行估计，并利用 Chi-Sq 检验对截面随机效应进行检验，但是无法通过 Chi-Sq 检验，因此拒绝了原假设。本书采用截面数据的固定效应，而对

---

① http://www.heritage.org.
② 这些国家包括澳大利亚、巴西、中国、智利、丹麦、芬兰、法国、匈牙利、印度、爱尔兰、意大利、日本、韩国、墨西哥、荷兰、葡萄牙、西班牙、瑞典、英国、美国。

时间采取随机效应来估计，由于数据的量级不同，因此在取自然对数的基础上进行估计。利用 EViews 对式（4-5）进行估计，估计结果如表 4-8 所示。

表 4-8　面板数据估计结果

固定效应模型			随机效应模型		
Variable	Coefficient	Prob.	Variable	Coefficient	Prob.
C	−9.621285	0.0016	C	−8.477094	0.0052
edu	0.645204	0.0000	edu	0.611876	0.0000
lc	0.181175	0.0317	lc	0.165098	0.0435
cc	−0.680708	0.0000	cc	−0.561905	0.0000
ex	−0.180326	0.0000	ex	−0.200285	0.0000
in	0.054659	0.0856	in	0.027819	0.0050
fr	2.486353	0.0003	fr	2.336534	0.0008
Adjusted R−squared=0.6632			Adjusted R−squared=0.6589		
F−statistic=16.68			F−statistic=65.08		

根据回归结果，方程在总体上是显著的，Adjusted R−squared = 0.6632，F−statistic = 16.68，edu、lc、cc、ex、fr 在 5% 的置信水平下显著，而 in 在 10% 的置信水平下显著。

（1）高等教育在校生规模对服务外包具有正向作用，无论是固定效应还是随机效应模型，edu 的系数都为正，弹性分别为 0.645204、0.611876，而且都在 5% 的置信水平下显著。该结论支持了假设 H1。

（2）劳动力成本也对服务外包具有正向作用，无论是固定效应还是随机效应模型，lc 的系数都为正，弹性分别为 0.181175、0.165098，而且都在 5% 的置信水平下显著，说明劳动力成本并没有阻碍服务外包的发展，只要劳动力的素质和技能水平具有竞争力，高劳动力成本就不会削弱服务外包竞争力。

（3）资金成本对服务外包具有负向作用，无论是固定效应还是随机效应模型，cc 的系数都为负，弹性分别为 −0.680708、−0.561905，而且都在 5% 的置信水平下显著。该结论支持了假设 H3。

（4）汇率水平制约了服务外包，无论是固定效应还是随机效应模型，ex 的系数都为负，弹性分别为 −0.180326、−0.200285，而且都在 5% 的置信水平下显著。该结论支持了假设 H4。

（5）信息基础设施对服务外包具有促进作用，无论是固定效应还是随机效应模型，in 的系数都为正，弹性分别为 0.054659、0.027819，不过在固定效应模型下，在 10%的置信水平下显著。该结论支持了假设 H5。

（6）经济自由度对服务外包具有明显的促进作用，无论是固定效应还是随机效应模型，fr 的系数都为正，弹性分别为 2.486353、2.336534，而且都在 5%的置信水平下显著。该结论支持了假设 H6。

第四节　影响工业在岸服务外包因素：基于面板数据的分析

一、模型和基本假定

1. 理论模型[①]

Gene M. Grossman 和 Elhanan Helpman（2002）构建了产业均衡条件下的整合生产和外包生产模型。本书基于此项研究，加入交易成本和交易效率等变量，构建工业企业外包服务影响模型。

企业生产有差异的消费品，每种产品都需要一种专业的中间服务投入，厂商可以选择自己生产，也可以向外部专业企业购买。假设经济有 j 个产业，消费者的效用最大化函数可以表示为：

$$u = \sum_{j=1}^{J} u_j \log \left[\int_0^{N_i} y_j(i)^{a_j} di \right]^{1/a_j} \qquad (4-6)$$

式中，$y_j(i)$ 是对 j 产业第 i 种产品的消费量，N_i 是该产业中产品的种类，u_j 代表消费者对 j 产业所有产品消费支出占总支出的比重，$a_j \in (0, 1)$ 表示产业 j 中产品差异度。根据效用函数，我们可以得到产品需求函数：

$$y_j(i) = A_j p_j(i)^{-1/(1-a_j)} \qquad (4-7)$$

---

① Gene M. Grossman and Elhanan Helpman, "Integration Versus Outsourcing in Industry Equil-ibrium", *The Quarterly Journal of Economics*, Vol.2, 2002, p.85-120.

式中，$p_j(i)$ 是产品价格，所以：

$$A_j = \frac{\mu_j E}{\int_0^N p_j(i)^{-1/(1-a_j)} di} \tag{4-8}$$

式中，E 是总支出水平，由于我们假定一种产品只有唯一生产者，因此 A_j 是既定的，而且具有固定需求 $1/(1-a_j)$。在均衡的条件下，总支出等于国民收入。

一个产品的中间产品可以由企业自行生产，也可以向专业厂商购买。在完全竞争的情况下，我们假定专业厂商生产 1 单位的中间投入需要 1 单位的劳动力，那么企业外包给厂商的前提是提供 1 单位中间投入需要的劳动力是 λ_i，而且 $\lambda_i \geq 1$，显然 λ_i 与中间厂商的生产率、最终产品生产企业的组织效率有关，因为企业是有最佳边界的（Coase，1937）。

根据中间服务商的利润最大化，可以得到：

$$y(i) = x(i) = A(a\omega)^{1/(1-a)} \tag{4-9}$$

式中，ω 是厂商和中间商的利润分成比例。在均衡中，最终产品的价格为 $p_m = 1/a\omega$，最终产量为 $y_m = A(a\omega)^{1/(1-a)}$。同时，在交易中必不可少的会产生交易成本，如交易税收、产业政策导致的资金成本差异等，假设交易成本是 c，交易效率为 t，最终产品的利润为：

$$\pi_m = tP(r)(1-\omega)(A(a\omega)^{1/(1-a)}) - k_m \tag{4-10}$$

中间服务商的利润为：

$$\pi_s = (1-c)(1-a)\frac{tP(r)}{r}\omega \ (A(a\omega)^{1/(1-a)}) - k_s \tag{4-11}$$

式中，k_m、k_s 为厂商的固定成本。

企业自己独立部门提供的价格为 $p_v = \lambda/a$，产量为 $y_v = A(\frac{a}{\lambda})^{1/(1-a)}$，企业独立部门的收益为：

$$\pi_v = (1-a)A(\frac{a}{\lambda})^{1/(1-a)} - k_v \tag{4-12}$$

根据企业、专业外包商以及独立部门的零利润条件，企业通过中间商获取服务的需求为：

$$A_o = \frac{(a\omega)^{1/(1-a)} k_s}{(1-c)\omega(1-a)} \frac{r_o}{tP(r_o)} \tag{4-13}$$

式中，$r_o = \dfrac{\omega(1-a)}{1-\omega}\dfrac{k_m}{k_s}$，在企业独立部门提供的需求量为：

$$A_v = \frac{(\lambda/a)^{1/(1-a)}}{1-a}k_v \qquad\qquad (4-14)$$

外包的强度取决于：

$$\frac{A_v}{A_o} = (1-c)\omega(\lambda w)^{1/(1-a)}\frac{tP(r_o)}{r_o} \qquad\qquad (4-15)$$

在其他条件不变的情况下，外包强度与交易成本 c、相对生产率 λ、交易效率 t 相关，交易成本越低、相对生产率越高、交易效率越高，外包强度越大。相对生产率与外包商的生产率以及最终产品企业的生产率都相关，而产品企业的生产率与企业规模、组织结构密切相关；交易成本与税收、资本市场甚至信息技术相关。

2. 假设条件

根据上述分析，本书结合我国的实际选择影响因素，并提出假设。

假设 1： 所有制结构对外包度的影响具有不确定性，这取决于国有部门成本控制动力、生产率差异两个因素哪个因素起主导作用。

在分析制造业产品外包的实证研究中，大部分学者选择外商投资企业数占企业总数的比重来衡量所有权结构（Carmen Díaz-Mora，2005；Görg H.，Hanley A. & Strobl E.，2004）。这样的选择符合西方发达市场经济体制特征。但是，我国是社会主义市场经济体制，国有经济在国民经济中占有非常重要的地位。而且，国有企业不是私有产权拥有者自由选择的结果，权利也不能自由转让，因此国有企业的法人治理结构存在"先天缺陷"，国有企业的管理者在经营行为上不把成本控制和利润最大化作为经营管理的目标，导致外包动力不足；不仅如此，国有企业的管理者还有可能和政府管理者一样，将扩大控制规模作为重要目标，出现"大而全、小而全"的格局，阻碍服务外包。当然，国有企业的弊端对外包也是把"双刃剑"，因为国有企业特有的管理方式必然会导致低效率，而效率的差距又可能会促使服务外包。基于国有企业的特点，考虑到外商投资企业的产品主要以出口为主，所以，关于外商投资企业对服务外包的影响在产品出口强度中将会体现，因此本书选择国有企业比重来衡量所有制结构。但是由于国有企业的特点对服务外包既有促进的一面，又有抑制的一面，因此所有制结构对服务外包的影响具有不确定性。

假设 2：产品出口对外包度具有正向影响作用，即产品出口密集度越大，工业企业服务外包度也越大；反之亦然。

产品出口密集度对制造业产品外包具有正向影响（Gorg & Hanlay，2003），这一结论对我国工业服务外包同样适用。我国产品出口的主力军是外向型出口企业，而外向型出口经济主要是劳动密集型产业，产业发展方式主要是来料加工、来件装配、来样加工、补偿贸易等，从价值链的视角来看，外向型出口企业的典型特征是"中间在内，两头在外"，即制造、组装等中间环节在中国，而研发、设计以及销售等环节在国外。这样，外向型企业需要大量购进服务（包括离岸服务和在岸服务），因此出口密集度高的企业服务外包度也较高。

假设 3：企业规模对外包度的影响也具有不确定性，这取决于资产专用性和规模经济、范围经济两个因素哪个因素起主导作用。

一般来讲，由于规模经济和范围经济的存在，大企业倾向于自己提供产品，但是产品和服务的属性有很大的差异，会限制规模经济和范围经济；同时，大企业的产品比较复杂，需要生产性服务的支撑；另外，当企业规模超过有效边界后，管理协调成本也会上升。由于小企业的产品可能是产业链的一个环节，产品相对简单，因此对服务的需求也会减少；但小企业无法实现规模效应，而一些组织运营服务的外包需求又会比较大。因此，企业规模对服务外包的影响是不确定的，这一点得到了制造外包研究的支持，如 Holl（2004）研究发现企业规模越大，外包强度越大，而 Gorg 和 Hanlay（2003）的研究结论则相反。

假设 4：生产率对外包强度具有负向作用，工业部门的生产率或者相对服务部门的生产率越高，外包度越小。

生产率的差异是外包的最原始的动力，如果工业部门的生产率远远高于服务业生产率，那么外包的强度将会降低，因为服务部门的低生产率会抵消资产专业性带来的收益。因此，我们假定工业部门生产率相对服务部门生产率越大，服务外包强度越小。Baumol W.（1967）指出，服务业存在"成本病"并不是控制成本不利，也不是管理不善所致，而是由于服务业与制造业的流程和技术导致了服务业与制造业在劳动生产率上的差异。尽管以后有学者认为信息技术的应用终结了服务业"成本病"，但我国服务业和制造业的劳动生产率确实存在较大的差异，如图 4-3 所示。

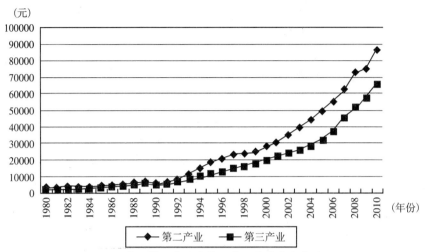

图4-3　中国第三产业和第二产业劳动生产率差异

资料来源：根据《中国统计年鉴》(2011) 计算。

假设 5：税收负担对外包强度具有促进作用，即工业部门的税收负担或相对于服务部门的税收负担越高，服务外包强度越大。

我国工业主要适用增值税，而服务业则适用营业税，增值税和营业税的税基、税率都不同，所以工业部门和服务业部门的税收负担会有所差异。此外，由于工业外包服务无法取得增值税专用发票，所以无法抵扣进项税额，也就是说外包会增加税收负担（霍景东，2009）。这样，仅从税收角度看，当工业部门的生产税收负担高于服务部门的税收负担时，税收负担差异可以抵消部分或全部由于增值税、营业税并行带来的额外税收负担，会促进服务外包。因此，工业部门相对于服务部门的税收负担越高，服务外包的强度越大。

假设 6：资金获取对外包度具有负向影响，服务部门融资越困难，工业部门的服务外包强度就越小。

服务部门的固定资产一般较少，特别是人文社会科学的服务企业，没有固定资产抵押，这些企业很难获得银行贷款，因此在中国以银行为主体的金融体系中，服务业的融资问题显得非常突出。由于服务部门获得资金困难，那么资金成本必然就会提高，这样，那些容易获得资金支持的工业部门就不愿意将服务外包。因此，服务部门相对融资越困难，工业部门的服务外包意愿越弱。

二、数据系列构造

由于历年《中国工业经济统计年鉴》的行业划分和投入产出表的行业划分标准不同，本书进行了计算调整。以投入产出表的行业为标准，去掉了工艺品及其他制造业、废品废料两个行业；将历年《中国工业经济统计年鉴》的行业进行了合并，把有色金属矿采选业、非金属矿采选业合并为金属矿采选业，将农副食品加工业、食品制造业、饮料制造业、烟草制品业合并为食品制造及烟草加工业等。调整选取了22个工业部行业，如表4-9所示。

表4-9 主要工业部门服务外包度

行业	2002 年	2005 年	2007 年
煤炭开采和洗选业	0.172256	0.201083	0.165269
石油和天然气开采业	0.144056	0.174007	0.119597
金属矿采选业	0.147261	0.157108	0.134139
非金属矿及其他矿采选业	0.211193	0.265875	0.168330
食品制造及烟草加工业	0.145504	0.120911	0.103863
纺织业	0.112064	0.087293	0.070391
纺织服装鞋帽皮革羽绒及其制品业	0.163058	0.147299	0.097389
木材加工及家具制造业	0.165831	0.147870	0.103105
造纸印刷及文教体育用品制造业	0.159425	0.146761	0.095203
石油加工、炼焦及核燃料加工业	0.114956	0.120944	0.068465
化学工业	0.135712	0.116956	0.097757
非金属矿物制品业	0.197292	0.170265	0.127996
金属冶炼及压延加工业	0.124917	0.097601	0.080689
金属制品业	0.146971	0.126022	0.085707
通用、专用设备制造业	0.141680	0.131889	0.101071
交通运输设备制造业	0.121945	0.116103	0.093220
电气机械及器材制造业	0.154133	0.137724	0.101887
通信设备、计算机及其他电子设备制造业	0.117961	0.102450	0.103222
仪器仪表及文化办公用机械制造业	0.132671	0.128723	0.093749
电力、热力的生产和供应业	0.178043	0.156614	0.097397
燃气生产和供应业	0.214596	0.154552	0.085633
水的生产和供应业	0.125904	0.133285	0.167377

数据来源：根据中国投入产出表（2002、2005、2007）计算。

1. 工业部门服务业外包度

Feenstra 和 Hanson（1996，1999）利用投入产出表构造了外包指数用以描述离岸外包发展，i 产业部门外包指数为：

$$outsourcing_i = \sum_j \left(\frac{X_i^j}{Y_i}\right)\left(\frac{M_j}{C_j}\right) \tag{4-16}$$

式中，X_i^j 表示产业 i 购买的中间投入品 j 的数量，Y_i 表示 i 部门除能源外的全部中间投入，M_j 表示 j 的进口数量；C_j 表示 j 的最终消费量。在式（4-16）中，X_i^j/Y_i 表示 i 对 j 的总需求，如果将 X_i^j/Y_i 所确定的比例用于 M_j/C_j，就可得到 M_j 中用于中间产品的部分，即 i 的外包指数。本书借用 Feenstra 和 Hanson（1996，1999）的分析构建服务外包指数，某工业部门 i 的服务外包系数可以表示为：

$$out_i = \sum_j \frac{X_i^j}{Y_i}$$

式中，X_i^j 表示产业 i 购买的服务中间投入品 j 的数量，j 为交通运输及仓储业，邮政业、信息传输、计算机服务和软件业等 16 个服务部门；Y_i 表示 i 部门的全部中间投入，包括所有购买的工业、农业、服务业的中间投入以及固定资本投入和人力投入。利用 2002 年、2005 年、2007 年的投入产出数据，可以得到主要工业部门的服务外包度。

2. 所有制结构

所有制结构用国有企业及国有控股企业数占某工业产业部门总企业数的比重来度量，根据《中国工业经济统计年鉴》（2003，2006，2008）计算获得。

3. 出口强度

出口强度用出口交货值比工业销售产值衡量，根据《中国工业经济统计年鉴》（2003，2006，2008）计算获得。

4. 企业规模

企业规模的衡量有多种方式，包括中小企业数量占比，如 Carmen（2005）用员工数小于 20 人的企业占比来衡量行业企业规模；由于数据不可得，本书利用行业企业人员平均规模来衡量企业规模，即行业全年平均从业人员数比行业总企业数，根据《中国工业经济统计年鉴》（2003，2006，2008）计算获得。

5. 生产率

生产率特别是相对生产率是影响外包的重要因素。本书利用人均行业增加值（当年价格）来衡量行业的劳动生产率。相对生产率是某工业部门的劳动生产率除以服务部门劳动生产率，根据《中国工业经济统计年鉴》（2003，2006，2008）和《中国统计年鉴》（2011）计算获得。

6. 税收负担

税收负担仍然用相对实际生产税率来衡量。某行业的实际生产税率等于生产税净额除以总投入，某工业行业相对税率等于行业实际生产税率除以服务业生产税率，根据《中国投入产出表》（2002，2005，2007）计算获得。

7. 融资

由于融资难度和成本无法直接衡量，本书利用金融相对利用率衡量，具体讲是用某行业部门金融业中间使用比例除以服务业金融中间比例来衡量，根据《中国投入产出表》（2002，2005，2007）计算获得。

根据以上数据，考虑工业部门和服务部门的差异，建立综合回归模型：

$$out_{i,t} = a_0 + a_1 own_{i,t} + a_2 exp_{i,t} + a_3 sca_{i,t} + a_4 pro_{i,t} + a_5 tax_{i,t} + a_6 fin_{i,t} + \varepsilon_{i,t} \qquad (4-17)$$

式中，$out_{i,t}$ 为服务外包度，$own_{i,t}$ 为国有企业占比，$exp_{i,t}$ 为出口强度，$sca_{i,t}$ 为行业平均规模，$pro_{i,t}$ 为相对生产率，$tax_{i,t}$ 为相对实际生产税率，$fin_{i,t}$ 为相对金融中间使用比例，t = 2002，2005，2007，i = 1，2，…，22，分别代表表4-9中的22个行业，a 为系数，ε 为误差项。

为了从不同视角看影响服务外包的因素，我们可以建立制造业内部的回归模型：

$$out_{i,t} = a_0 + a_1 own_{i,t} + a_2 exp_{i,t} + a_3 sca_{i,t} + a_4 pro_{i,t} + a_5 tax_{i,t} + \varepsilon \qquad (4-18)$$

式中，$out_{i,t}$ 为服务外包度，$own_{i,t}$ 为国有企业占比，$exp_{i,t}$ 为出口强度，$sca_{i,t}$ 为行业平均规模，$pro_{i,t}$ 为工业部门生产率，$tax_{i,t}$ 为工业部门实际生产税率。

三、实证分析及结论

1. 综合回归

由于我们选取了工业部门的绝大部分行业，而时间只选取了2002年、2005年、2007年的数据，为了推断总体，因此在进行面板数据分析时，选取截面固定效应，而对时间采取随机效应估计。由于数据的量级不同，在取自然对数的基础上进行估计。利用 EViews 对式（4-17）进行估计，估计结果如表 4-10 所示。

表 4-10　式（4-17）的面板数据估计结果

Variable	Coefficient	Std. Error	t-Statistic	Prob.
C	-2.1440	0.1845	-11.6198	4.4887e-14
own	0.2102	0.0083	25.2281	2.4372e-25
exp	0.0977	0.0064	15.2611	8.5651e-18
sca	0.1375	0.0124	11.0953	1.7585e-13
pro	-0.0741	0.0073	-10.1435	2.2944e-12
tax	0.2200	0.0176	12.5073	4.8203e-15
fin	-0.0242	0.0481	-0.5038	0.6173
R-squared	0.9636	Mean dependent var		-3.3967
Adjusted R-squared	0.9378	S.D. dependent var		3.2712
F-statistic	37.2777	Durbin-Watson stat		2.8476
Prob（F-statistic）		6.5083e-20		

根据回归结果，方程在总体上是显著的，Adjusted R-squared = 0.9378，F-statistic = 37.2777，own，exp，sca，pro，tax 在 5% 的置信水平下显著，而 fin 不显著。

2. 工业内部因素回归

同样在进行面板数据分析时，选取截面固定效应，而对时间采取随机效应估计，由于数据的量级不同，在取自然对数的基础上进行估计。利用 EViews 对式（4-18）进行估计，估计结果如表 4-11 所示。

表 4-11　式（4-18）的面板数据估计结果

Variable	Coefficient	Std. Error	t-Statistic	Prob.
C	-0.09945	0.47506	-0.20935	0.83526
own	0.12936	0.00818	15.80535	0.00000
exp	0.09190	0.01871	4.91133	0.00002
sca	0.05639	0.02013	2.80071	0.00789
pro	-0.11001	0.03029	-3.63245	0.00081
tax	0.17257	0.02726	6.32980	0.00000
R-squared	0.93203	Mean dependent var		-3.45686

续表

Variable	Coefficient	Std. Error	t-Statistic	Prob.
Adjusted R-squared	0.88672	S.D. dependent var		2.48149
F-statistic	20.56976	Durbin-Watson stat		3.12615
Prob (F-statistic)	0.00000			

根据回归结果，方程在总体上是显著的，Adjusted R-squared = 0.88672，F-statistic = 20.56976，own，exp，sca，pro，tax 在 5%的置信水平下显著。

（1）国有企业比例对服务外包具有正向作用，无论是工业内部回归模型还是综合回归模型，own 的系数都为正，弹性分别为 0.12936、0.2102，而且都在 5%的置信水平下显著，这说明国有企业的效率差不仅抵消了动力不足的问题，而且还推动了工业服务外包的发展。

（2）出口强度对服务外包具有正向作用，无论是工业内部回归模型还是综合回归模型，exp 的系数都为正，弹性分别为 0.09190、0.0977，而且都在 5%的置信水平下显著，这说明外向型出口企业的服务需求相对较大。该结论支持了假设 2。

（3）企业规模对服务外包具有正向作用，无论是工业内部回归模型还是综合回归模型，sca 的系数都为正，弹性分别为 0.05639、0.1375，而且都在 5%的置信水平下显著，这说明大企业的服务外包倾向更高，并没有因"大而全"而减少服务外包需求，这与大企业的组织架构复杂、产品工艺比较复杂，进而购买专业服务提供商的专业资产有关。这从另一个层面反映了我国工业企业的平均规模较小，还没有达到有效的企业边界。

（4）相对生产率制约了服务外包，弹性分别为-0.11001、-0.0741，而且都在 5%的置信水平下显著，这说明工业部门的生产率比服务业生产率高得越多，服务外包强度越低；然而目前我国的工业部门生产率本身不高，若要提高外包强度，必须提升服务业生产率。该结论支持了假设 4。

（5）相对税率对服务外包具有促进作用，无论是工业内部回归模型还是综合回归模型，tax 的系数都为正，弹性为分别为 0.17257、0.2200，都在 5%的置信水平下显著。而且，在所有因变量中的弹性最高，这说明税收制度对服务外包具有非常明显的影响作用。该结论支持了假设 5。

（6）金融相对利用率的作用不显著，弹性为-0.0242，说明金融体系对工业服务外包具有一定的抑制作用。该结论支持了假设 6。

本章小结

　　本章利用波特的钻石体系分析了服务外包竞争优势的来源及其与制造业的区别，并利用 20 个国家 2000~2009 年的数据对影响离岸服务外包的因素进行了实证检验；同时，利用 22 个工业行业的投入产出数据对影响在岸服务外包的因素进行了分析。

第五章 离岸服务外包国际经验：
以印度为例

印度服务外包起步早、发展快，是全球服务外包承接的领先者，目前约占全球50%的市场份额。回顾印度服务外包发展的历史可以发现，政府支持、语言优势、劳动力充裕等是印度离岸崛起的主要原因。但是随着离岸外包规模的扩大，政府效率变得低下，基础建设落后，国内需求不足等制约了印度服务外包的发展。

第一节 印度服务外包发展的现状及特点

一、印度是服务外包产业发展的全球领先者

印度的服务外包业务主要包括IT服务、软件、产品与工程设计服务及研发、BPO等，而且服务外包规模不断扩大，如图5-1所示。2010年印度服务外包实现收入760亿美元，印度在全球离岸服务外包市场中所占份额由2005年的49%提高至2010年的55%，其中ITO占全球离岸市场份额的70%，BPO占全球离岸市场份额的34%。印度服务外包覆盖全球52个国家和地区，在全球设有500多个全球交付中心；750多家跨国公司在印度设立共享中心。同时，印度服务外包在国民经济中的作用也越发突出，IT-BPO产业收入占GDP的比重从2007年的5.2%上升到2011年的6.4%，上升了1.2个百分点，平均每年以0.24个百分点的速度在上升，如图5-2所示。

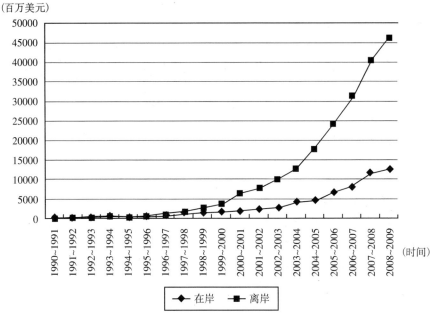

图 5–1 印度服务外包规模成长

资料来源：NASSCOM.

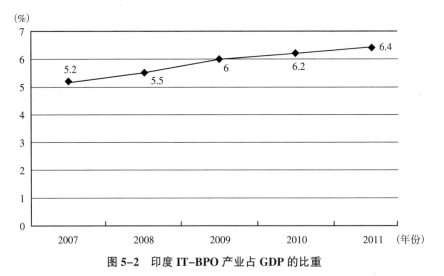

图 5–2 印度 IT–BPO 产业占 GDP 的比重

资料来源：NASSCOM.

二、以 IT 服务为主并逐渐向高端化发展

按照 NASSCOM 的分类，基于 IT 产业的服务（ITES）分为三类，即 IT 服务、BPO 和软件产品与工程服务。2003~2004 年，印度的 IT 服务达到 104 亿美元，占印度服务外包收入的 62.7%，其中出口收入 73 亿美元，占离岸服务外包总收入的 56.7%。2008~2009 年，IT 服务达到 352.3 亿美元，占印度服务外包收入的 59.2%，比 2003~2004 年下降了 3.5 个百分点，其中出口收入 269.1 亿美元，占离岸服务外包总收入的 57.2%，比 2003~2004 年上升了 0.5 个百分点。而 2003~2004 年印度的 BPO 达到 34 亿美元，占印度服务外包收入的 20.5%，其中出口收入 31 亿美元，占离岸服务外包总收入的 24%。2008~2009 年 BPO 达到 147.8 亿美元，占印度服务外包收入的 24.8%，比 2003~2004 年上升了 0.8 个百分点，其中出口收入 128.4 亿美元，占离岸服务外包总收入的 27.3%，比 2003~2004 年上升了 3.3 个百分点。而软件产品和工程服务则由 2003~2004 年的 29 亿美元增长到 2008~2009 年的 95.5 亿美元，见表 5-1。这说明，在印度的离岸服务外包中，BPO 正在扮演更加重要的角色；而本土需求中 IT 服务正在扩大。随着印度接包企业能力的不断提高，印度服务外包的升级趋势也比较明显，如知识流程外包（KPO）规模在不断扩大。按照 NASSCOM 计划，今后将继续致力于已确认的产业发展核心主题：多元化、转型、全球服务、创新和包容性及基于自有技术的服务。今后，印度 NASSCOM 将重点关注新兴垂直行业市场和消费市场，推动客户内部以创新为主导的业务升级和转型，提升客户内部的基本运营和管理模式。

表 5-1　印度服务外包分类情况

单位：亿美元

领域 ＼ 年份	2004	2005	2006	2007	2008	2009
IT 服务	104	135	177.8	233.8	309.8	352.3
其中：出口	73	100	133	178.5	231	269.1
国内	31	35	44.8	55.3	78.8	83.2
BPO	34	52	72.1	95.1	125.1	147.8
其中：出口	31	46	63	84.1	109.3	128.4

续表

领域＼年份	2004	2005	2006	2007	2008	2009
国内	3	6	9.1	11	15.8	19.4
软件和工程服务	29	38	53.3	65.4	86.3	95.5
其中：出口	25	31	40	49.4	64	72.9
国内	4	7	13.3	16	22.3	22.6
合计	167	225	303.2	394.3	521.2	595.6
其中：出口	167	225	303.2	394.3	521.2	595.6
国内	129	177	236	282	404.3	470.4

资料来源：NASSCOM.

三、印度外包主要集中在金融、高技术和制造业

按照 NASSCOM 的分类，将银行、保险、金融服务等列为一类，统称为 BFSI，高技术/电信为一类，制造业为一类；零售、医疗、多媒体、公用事业、交通等归为一类，统称为 Emerging Verticals。2006 年以来，印度 IT 服务和 ITES-BPO 业务在行业分布中基本保持稳定。BFSI 是 IT 服务和 ITES-BPO 的主要服务领域，2006~2011 年一直稳定在 40.8%左右，同样，高技术/电信业领域也保持稳定，在 15.6%左右，而制造业领域则有所下降，由 2006 年的 21.5%下降到 2010 年的 20.2%，到 2011 年进一步下降到 18.7%，而 Emerging Verticals 则由 22.3%上升到 24%，如图 5-3 所示。

四、龙头企业是印度服务外包的重要支撑

印度服务供应商、跨国服务供应商和买家自建共享中心，是印度服务外包产业发展的重要支撑，其中跨国服务供应商的收入占 10%~15%、买家自建共享中心的收入占 20%~25%、印度本土服务供应商的收入占 60%~65%。截至 2010 年末，印度有超过 5000 家大型、中型和新兴企业（小型企业），为全球和印度提供了跨多个垂直行业领域的服务，其中收入超过 10 亿美元的企业有 9 家、收入在 1 亿~10 亿美元的企业有 75~80 家、收入 1000 万~1 亿美元的企业有 300~350 家、收入少于 1000 万美元的企业在 3500 家以上。第四届全球外包大会组委会发布的 2011 年全球服务外包 30 强

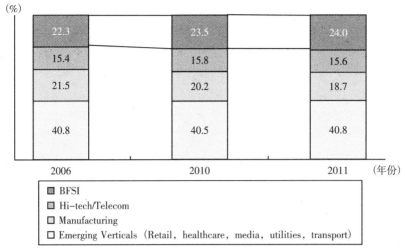

图 5-3 印度服务外包行业结构分布

资料来源：NASSCOM.

中，印度的塔塔咨询服务公司、威普罗科技公司、印孚瑟斯技术有限公司等企业名列前茅，其中塔塔咨询服务公司名列第四位，在发展中国家中排名第一，仅次于美国的埃森哲咨询公司、国际商用机器公司和法国的索迪斯集团。

专栏 5-1 塔塔咨询服务公司简介

印度塔塔咨询服务公司（Tata Consultancy Service，TCS）成立于1968年，目的是通过信息技术来有效解决印度工业中的管理问题。经过近40多年的发展，该公司已经成为印度软件业的旗舰。公司主要业务包括为各类大中小型企业（如金融银行业、保险业、电信业、交通、零售业、制造业和医药业等）提供相应的软件和咨询服务。

2001~2002 年实现收入 8.8 亿美元，2009~2010 财年实现收入 60 亿美元，在全球有 15 万名员工，具有世界级交付能力，24 小时开展业务工作，87% 的项目都能按时高效完成，目前在全球拥有 100 多个分支机构，向55个国家提供软件服务，在北京、上海、天津、杭州设立了分公司或交付中心。

TCS将其成功的原因归结于与学术界的紧密联系、工作场所专业化、注重内部培训和研究等。

五、科技园区是服务外包的重要载体

印度软件技术园区在奠定印度 IT 超级大国的地位中具有开创性的作用。印度科技园区是由印度信息科技部 1991 年成立的社会组织，其目标是促进软件出口，提供咨询、培训和实施服务。截至 2010 年，印度软件技术园区拥有提供离岸服务的会员单位 5814 个（见图 5-4），实现出口收入 205504.88 千万卢比，折合 449 亿美元（按照 2010 年平均汇率 44.74 折算），其中班加罗尔所在卡纳塔克邦市实现 6710 亿卢比（147 亿美元），占 1/3 左右。

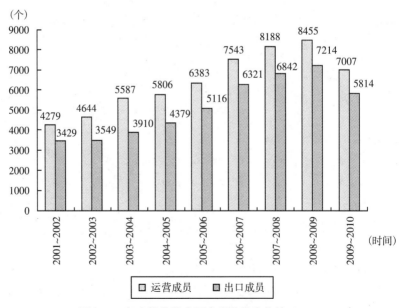

图 5-4 印度软件技术园会员单位变化情况

资料来源：Software Technology Parks of India Annual Report 2009-2010.

表 5-2 印度软件技术园出口收入分布（2009~2010 年）

单位：千万卢比

序号	名称	收入	序号	名称	收入
1	Andhra Pradesh	27665.85	11	Madhya Pradesh	214.93
2	Chandigarh	434.35	12	Maharashtra	45709.34
3	Chhattisgarh	4.5	13	Orissa	1116.83
4	Delhi	1892.49	14	Pondicherry	142.00
5	Gujarat	1035.00	15	Punjab	345.38
6	Haryana	14795.36	16	Rajasthan	520.36
7	Himachal Pradesh	1.69	17	Tamilnadu	26363.51
8	Jammu Kashmir	1.25	18	Uttar Pradesh	10590.43
9	Karnataka	67100.00	19	Uttrakhand	174.16
10	Kerala	1956.45	20	West Bengal	5441.00
总计			205504.88		

资料来源：Software Technology Parks of India Annual Report 2009–2010.

六、印度服务外包园区遍布全国

印度有 50 个地区有服务外包，几乎遍及全国。而印度服务外包的区域发展水平并不均衡。根据 NASSCOM 的分析，将这 50 个城市分为领导者（Lerder）、挑战者（Challenger）、跟随者（Follower）、上进者（Aspirant）。其中班加罗尔（Bangalore）、浦那（Pune）等 7 个城市处在领导集团，巴特那（Patna）、兰契（Ranchi）则发展水平较差，处在上进者行列。以知识储备、基础设施、生活环境、商务环境和政府支持作为评价标准，对这些地区进行评价，结果见图 5-5，尽管领导者总体得分较高，但是挑战者的政府支持力度最大，说明政府支持是发展服务外包的关键因素。

七、印度服务外包基于离岸外包展开

印度是在工业基础薄弱的情况下，大力发展软件出口和软件服务外包，依靠国外市场的拉动，进而发展成大产业，而且离岸外包规模所占的比重越来越大。2010 年印度服务外包收入为 760 亿美元，其中离岸收入为

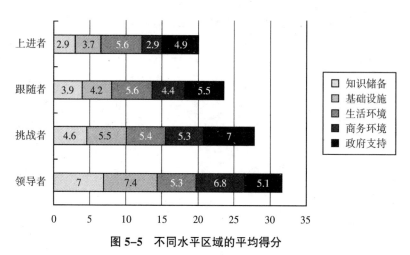

图5-5 不同水平区域的平均得分

资料来源：NASSCOM.

594亿美元，占到78%以上。这种模式有优点也有缺点。优点是在没有工业化的情况下，通过发展离岸服务外包，扩大了出口，带动了经济增长；而且离岸服务外包的能耗低、环境污染小，可以说以"低碳"的方式实现

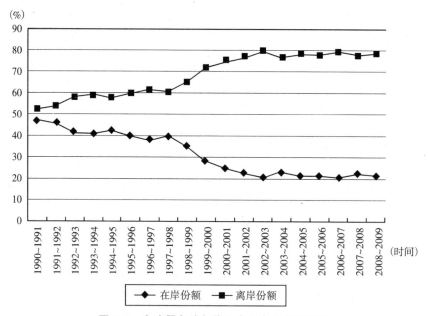

图5-6 印度服务外包收入中国内外市场份额

资料来源：NASSCOM.

了经济发展。同样，这种模式也存在缺点：一是本土市场需求不足制约了外包产业的进一步发展，制造业相对落后，造成本土市场狭小，难以支撑强大的软件产业与信息技术企业的迅速成长，而对国际市场的过度依赖给行业发展带来不确定性；二是产业技术溢出效应不明显，企业缺乏独立的知识产权与自主创新能力，服务外包产业发展对其他产业的技术渗透和带动效应难以发挥。

第二节　印度服务外包发展的主要政策及成效

一、人力资本是印度服务外包发展的原动力

1. 印度政府非常重视 IT 及 ITES 人才的培养

印度政府十分重视 IT 人才的培养，其 IT 行动计划（IT Action Plan Part-III Long Term National IT Policy）把人才培养作为一项长期的政策和任务，主要内容如下：

（1）鼓励 IT 企业在人才培养中发挥作用。为了鼓励企业加大人才培养力度，印度将 IT 人力资源开发（IT HRD，包括 IT 教育和培训）作为 IT 产业的组成部分，即将人力资源开发/教育/IT 培训服务视为 IT Service and IT Enabled Service，将 IT 培训材料/教材/自学/互动式辅导/计算机辅助学习以及相关软件和相关数据库视为软件服务，将远程学习网络/基于卫星、光纤电缆的（ETH）交付机制的教育/家庭服务教育/社区中心（协调中心）/数据广播系统和服务等列为网络建设的内容，园区提供 IT 人力资源开发相关服务可以享受科技园区的优惠政策，IT 软件和 IT 服务出口商合资/在海外设立机构的进行 IT 人力资源开发/教育/培训等可以与印度本土的企业享受同样的待遇。鼓励银行和财政部门为教育基金集资和投资，提供低息贷款和设立风险投资；国家的基础设施将加大用于教育目的的投入，并为 IT HRD 企业提供便利，鼓励 IT HRD 企业与国家大学及教育单位在 IT 教育和培训方面紧密合作，鼓励所有企业包括 IT 或非 IT 企业拿出6%的收入用于支持 IT 教育和培训，可以捐赠、资助教育单位的经常性费

用（如工资、奖学金、兼职教育费等）。同时，印度各州制定了人才培养计划和措施，概括起来主要有以下几个方面：拨地拨款建设印度信息技术学院 IIIT（Indian Institute of Information Technology），加强现有高等学校的 IT 教育，在中学引进 IT 教育，提供设备支持，对教师提供 IT 培训机会，网上远程教育和考试系统，建立信息资源网络，扩充学校的招生人数，建立新的培训中心，鼓励私人投资教育/培训，建立教育标准委员会，对经济落后地区的教育培训提供补贴，教育大纲和教材建设。

（2）加大 IT BRD 企业的支持力度。一是允许 IT HRD 公司使用卫星和有线电视网，专门提供广播教育和培训节目，将享受 IT BRD 企业的政策；用于 IT HRD 教育程序和服务的进口硬件设备和软件工具将列入 R&D 项目中，可以享受税收优惠。二是 IT HRD 应能让贫困和农村地区人员都支付得起学费；建立特殊程序支持/鼓励高级 IT 教育；IT HRD 企业可以通过与大学和教育机关合作获得学位授予权；鼓励国家主要单位，如 IIT 和 IIIT 建立虚拟机构，推进学位和继续教育程序。三是小规模的 IT HRD 公司，可接受大公司无上限的投资；所有对 IT HRD 公司的投资（包括股权投资），可享受与投资 R&D 公司一样的政策待遇，作为可抵扣费用；公司用于自己职工的教育和培训投资也可作为抵扣费用；政府部门对 IT HRD 单位提供软硬件捐赠，学生选修 IT HRD 课程，鼓励银行和财务部门优先提供低息贷款。四是允许职业妇女受家庭约束而不能正常上班时，通过远程通信与工作单位保持联系，公司可提供特殊贷款和财政津贴，帮助这些妇女购置必要设备；银行和财务部门设立专项财务拨款，支持职业妇女举办企业和建立家庭式的 IT 服务。

2. 多层次的培养机制

在印度有三个政府部门与 IT 人才培养有关，即教育部、人力资源开发部和信息技术部。同时，印度的技术教育体制包括分布各地的印度技术学院（Indian Institutes of Technology，IIT）、印度管理学院（Indian Institutes of Management，IIM）、印度科学学院（Indian Institute of Science，IIS），以及地区性的工程学院和专科学校（Regional Engineering Colleges，REC），还有私人开办的教育/培训学校和公司。

（1）印度的高等教育机构培养了大量人才。印度高等教育机构增长速度惊人，1947 年全国只有高等院校 720 所左右，2000~2001 年增长到 13062 所，2007~2008 年达到 23612 所；高等教育机构注册人数，1950~

1951 年为 17.4 万人，2000~2001 年增至 840 万人，2007~2008 年达到 1298 万人。在高等教育中，149 万人学习工程、信息技术专业。为了加快信息技术人才的培养步伐，印度政府增加对印度理工学院的投入，将全国 43 所地区性工程学院提升到印度理工学院的水平，并对大学计算机系统的升级换代给予支持；同时，在全国所有邦设立印度信息技术学院，以印度理工学院为借鉴，专门培养高水平的信息技术人才。目前，包括 6 所理工学院在内的 200 多所大学每年可以培养出约 20 万名软件技术人员。

表 5-3　印度高等教育状况

单位：人、所

时间	高等教育机构数量	高等教育在校生人数	工程、信息在校生人数
2000~2001	13062	8400000	
2001~2002	11418	9240000	942377
2002~2003	12080	9990000	1136786
2003~2004	12482	10380000	1145622
2004~2005	13921	12170000	1085236
2005~2006	17332	14320000	2358638
2006~2007	17554	15260000	2530362
2007~2008	23612	12980000	1490618

资料来源：印度统计局，http：//www.mospi.nic.in。

（2）民办和民营机构为印度软件人才培养贡献巨大。印度软件人才主要是通过职业教育而不是高等教育来培养的，印度每年约有 50 万新生软件人才，其中大学毕业的只有 7.4 万人，剩下的几乎全是通过职业教育与培训模式培养出来的。印度政府大力鼓励私人资本投资教育、培养人才，私立的软件培训学校有 10000 多所，每年在其中接受培训的人员超过 100 万人。这些私营机构利用发达国家最先进的教材和教学方法，使学生掌握最新的软件开发技术，同时还与微软等处于国际领先地位的软件公司结成联盟，培养企业需要的实用型人才，逐步成为印度计算机普及与培训的中坚力量。

专栏 5-2　印度 IT 培训巨头 NIIT

NIIT 成立于 1981 年，总部设在印度，是致力于信息技术（IT）的跨国公司。福布斯世界 200 家最佳软件培训企业评选中名列第一，全球唯一在知识解决方案上获得 SEI 5 级评估的 IT 培训公司；被 Microsoft 评为"全球最佳合作伙伴"和"最佳培训合作伙伴"；被印度政府授予"国际人力资源开发奖"。

NIIT 领航印度的 IT 培训事业，拥有近 50 万注册学生以及 33 个国家超过 300 万名毕业生，NIIT 是亚洲唯一一家荣登 IDC 全球前 15 位 IT 培训机构榜的培训机构，印度的每 3 名软件工程师中，就有 1 名出自 NIIT 培训。NIIT 的软件服务业务通过了 SEI 5 级认证并成功完成了软硬件技术平台上的 1000 多个 IT 项目。NIIT 在咨询顾问、系统集成和软件开发项目上在全球范围内为企业服务，如 AT&T、太阳微系统、索尼、世界银行、本田、丰田、IBM 等。

目前，NIIT 在世界 33 个国家和地区开展业务，包括美国、欧洲、中东、非洲、亚太地区、日本和澳大利亚等，在中国拥有 187 多家合作教育培训点。

（3）特殊教育为印度外包人才提供了重要支撑。在信息技术部属下，如国家软件技术中心（NCST）、先进计算培训学校（ACTS）、印度电子学设计和技术中心（CEDTI）等。NCST 是直属信息技术部的研究开发中心，其目标是确立印度在软件技术的领导地位，进行有实践影响的研究开发，提供对软件工业的支持，为高质量的 IT 人才教育培训做出了显著贡献。ACTS 重点开展 DAC、IT 意识教育、程序员和软件开发等培训。

3. 外包人才的培养模式是提升人才可用性的关键

一是以应用为目的，坚持产学研结合，学校充分利用企业的力量，引进企业到校园设立实验室，并随时根据企业和产业需要修改教学大纲、调整课程内容，使教学体系更加务实和灵活；坚持市场驱动教学，学校自己决定运作方式及收费标准；坚持实践教学，把传统教学顺序完全颠倒过来，先从"做"开始，学生在"做"的过程中如遇到问题，再以此为基础学习专业理论。二是软件产业三级（高、中、低）人才综合培养，印度重视中高级软件人才的培养，更加强调软件蓝领的培育。形成较为合理的金字塔形人才结构。三是注重人才综合素质培养，英语是印度的通用语言，受过高等教育的印度大学生，都能熟练地阅读英文文献和进行英语会话。同时，注重逻辑能力的培养，从中学开始，考试就很少有选择题，以培养学生完整的逻辑思考能力；强调工作态度、表达能力、团队精神等非技术素质的培养。

二、园区建设是印度服务外包的基础载体

印度软件产业的蓬勃发展得益于政府推动软件产业发展的优惠政策和软件技术园区的建立。1989 年，印电子工业部（现信息技术部的前身）制定了软件技术园区（STPI）计划。1991 年，印度政府在电子工业部下设专门机构印度软件技术园区中心，组织实施管理这项计划。软件技术园区的目标是：促进软件和软件服务出口，包括基于信息技术的服务（ITES）；通过软件科技园（STP），电子、硬件技术科技园（EHTP）以及其他计划向出口商提供法定服务和其他相关服务；提供数据通信服务，包括 IT 增值服务和 IT 使能服务（ITES）；在 IT/ITES 领域创建有利于微型、小型和中小型企业发展的有利环境。

软件技术园可由中央政府、邦政府、公共部门或私人机构独立或联合创建。一个软件技术园可以由一个或多个独立企业构成。软件技术园或软件技术园区成员企业可建在印度境内的任何地方。每个软件技术园都设立管理中心，部分行使政府职能，为企业提供全方位服务。主要服务包括：为企业提供单一窗口服务，快速审批项目，快速办理软件出口手续；以成本价格让成员企业优先使用政府投资建设的园内各种基础设施，包括通信、备用电力、办公室、厂房以及其他公共服务设施；为创业者提供孵化器服务。具体服务如下：

1. 数据中心和灾难恢复服务

STPI 可以为客户提供量身定制的解决方案，用户可以有效地利用本地环路数据通信连接排定在 STPI 的 DR 站点备份的时间。主要包括远程备份服务，远程磁带备份（FTP 和备份软件为基础），远程磁盘备份（FTP

和备份软件为基础），强化备份服务，托管跳马服务（更高安全要求的数据保护解决方案，STPI 将数据储存在磁带上后，将这些磁带从库中删除，然后放置在一个安全的异地位置，STPI 根据客户指定的时间计划管理这些磁带），远程 NAS 服务（数据保存在 NAS 设备的磁盘或磁盘阵列，作为一个本地驱动器，用户可以添加、删除、更改等，在灾难事件中，或 STPI 提供应用服务器、远程服务器服务（数据存储在 STPI 的磁盘列，当发生灾害时，用户或 STPI 提供应用服务器来读取磁盘列的数据提供给网络用户，同样的服务器被植入互联网，供全球客户访问），个性化服务〔以每个客户的 DR 计划为准，灵活决定数据的大小，数据可用性（即上线或近线或离线），可访问性（通过广域网或手册），恢复频率等〕。

2. 孵化服务

STPI 的孵化设施以满足中小型规模企业需求为主，1992 年以来，许多企业运营成功或者正在运营，其特点是用户可以立即启动，且非常适合15~20 名员工的团队，同时，经济性较高。

3. 网络服务（数据通信服务）

STPI 对软件出口部门的卓越贡献之一是提供高速数据通信（HSDC）服务。由 STPI 设计和开发的 SoftNET（国家最先进的网络）以很有竞争性的价格提供给客户。STPI 提供本地用户接入国际网关服务，而且是通过点对点、点对多点微波无线本地环路实现的，克服了最后一公里问题，使STPI 保持了 99.9% 高响应时间。当然在可行的情况下，也可利用地面电缆（光纤/铜）传输。STPI 提供通过其网络的以下 HSDC 服务：国际私人租用电路（SoftPOINT）共享的互联网服务（软链接）、微孔终端服务、合作定位服务等。

4. PMC 服务

STPI 还提供 PMC 服务。如为卡纳塔克邦财政部提供的国债管理项目，为税务部门提供增值税管理项目，欧洲之星通信系统的监测设备（CSME）等。

5. 法定服务

STPI 的计划是 100% 定位出口的计划，企业可以在印度的任何地区设立 STP，成员单位可以享受一站式审批、进口税收优惠等政策。

6. 培训

STPI 同时向企业提供专业知识，主要是在实行网络规划和咨询服务时提供的，包括可行性研究、项目管理、实施、培训、工艺开发等。此外，STPI 通过了 ISO9001 质量管理认证。

STPI 是一个非营利的实体，但是采取企业运营方式，STPI 在 2009~2010 年，总收入达到 158.09 亿卢比，支出 66.78 亿卢比，经营盈余 91.31 亿卢比，折旧 16.12 亿卢比。STPI 的收入从 1996~1997 年的 29.73 亿卢比上升到 2009~2010 年的 158.09 亿卢比，增长了近 5 倍。

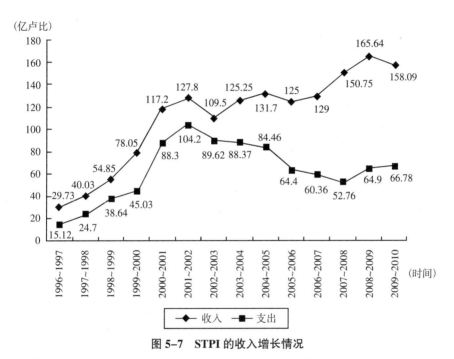

图 5-7　STPI 的收入增长情况

资料来源：Software Technology Parks of India Annual Report 2009–2010.

三、政府大力支持在服务外包发展中起重要推动作用

拉夫·甘地曾经说过，"印度已经错过了工业革命，绝不可再错过电子革命"，印度政府针对基础设施落后、资金缺乏、人力资源丰富的国情，制定了外向型软件发展战略，并制定了一系列鼓励措施。

1. 20 世纪 50 年代的政府政策——明确科技服务国家

1958 年，印度国会通过了"科学政策决议案"。这项决议案强调了科技在国家实现现代化进程中的关键作用，规定了指导印度科技工作的总原则及总方针，即尽一切努力推动基础和应用研究，造就大批高质量的科学家，完善科研体系和普及科技知识等六大目标。在这项政策指引下，印度进入了全面建设科技体系时期，建立了一大批大专院校、科研机构和国家实验室，为后来印度科技事业的发展奠定了基础。

2. 20 世纪 80 年代的政府政策——推动信息产业发展

为鼓励信息技术产业化，印度政府自 1981 年对在"自由贸易区"（堪达拉自由贸易区、桑塔克鲁茨电子出口加工区以及政府确定的其他地区）生产电子出口产品的企业取得的利润所得，实行连续 5 年免税的政策。

1983 年政府制定了《技术政策声明》，明确了科技与经济社会发展的关系，指出科技是发展经济的基础，同时提出实现技术的本土化，最大限度地创造更多的就业机会，降低能耗，保护环境，维持生态平衡，改善生活质量，推动科技与经济和社会发展相结合。

1984 年，拉夫·甘地出任印度总理，采纳了印度软件之父科利等科学家的建议，将电子工业作为国家的神经，决心要"用教育和电子将印度带入 21 世纪"，力争 10 年内使印度电子工业在某些领域走在世界前列，并制定了电子工业发展战略，扩大产品出口。同时，颁布了新的计算机政策，除外资占 40% 以上的企业外，微型计算机向所有印度人开放，取消生产能力的限制，简化进口程序，降低关税。在软件方面，设立软件发展促进局，以开拓国内、国际市场；降低软件进口关税。

1986 年，政府制定和颁布《计算机软件出口、软件开发和培训政策》，为软件的发展创造各种条件，如提供资金，包括外汇的方便、组织人员培训、简化投资和进口的手续、减免国内货物税，以及规定为生产全部用于出口的产品而需进口的设备可免纳关税等。

3. 20 世纪 90 年代的政府政策——推行软件大国战略

拉奥政府推动自由化经济政策，如取消工业许可证，使私营部门能进入更多行业，允许外资在印度企业中的占股超过 40% 甚至独资，改革汇率制，使印度货币向可自由兑换货币过渡；原则上取消进出口许可证、削减关税，扩大贸易，增加创汇，发展对外经济关系等。这些政策措施为计算机工业的增长和出口创造了有利的条件。

1991 年，实施《软件技术园区（SPT）计划》，为 IT 产业的发展推出了许多新的扶持政策。

1993 年，"新技术政策声明"，确定了印度科技发展的重点领域：微电子技术、生物工程、超大型计算机、新材料的合成与加工、传感器以及计算机软件等，力争在这些领域赶上世界先进水平。

1994 年 5 月，印度政府宣布了新电信政策（NTP94），主要改革措施有允许新进入者提供基本电话服务，确认私人企业是增值服务的主要供应商，鼓励能够带来新技术和管理经验的外资领先项目等。1999 年，印度再次出台新的国家电信政策（NTP99）。其要点包括：政府在 2000 年 1 月起完全开放印度电信部垄断提供的印度国内长途电话业务，允许自由竞争。

1994 年，规定从事计算机软硬件生产并且位于规定的"电子软硬件技术区"的企业，其利润所得在连续 5 个征税年度内可免税。

1994 年，印度议会对 1957 年的《版权法》进行了彻底的修订，于 1995 年 5 月 10 日正式生效。从内容上来看，该法是世界上最严格也是最接近国际惯例的版权法之一，它除了明确规范版权人及使用者的权利、责任、义务及利益之外，依据 WTO（世界贸易组织）中 TRIPS 的基本原则，对数据库知识产权、以源代码或目标代码表达的计算机程序、著作出租权的保护范围、权利限制与作品的合理使用等方面进行了重大调整，进一步向国际惯例和 WTO 的有关协议靠拢。更重要的是，该版权法对侵犯版权的行为规定了严厉的民事与刑事指控，根据其违法情节可处以 5 万~20 万卢比罚款，或 3 年以下、7 天以上的监禁。

1995 年，为促进技术开发与技术进步，印度政府还对部分电子信息企业的研究与开发投入实行税收抵免，同时大大放宽对计算机进口的限制，大幅度削减这类产品的进口关税，使印度企业在国内也面临外国企业的竞争。政府的这些措施对印度信息产业的发展起到了明显的推动作用。

1998 年，印度政府组建以国家总理为组长的"国家信息技术特别工作组"，向政府提交"印度信息技术行动计划"，在税收、贷款、投资等方面采取优惠措施，全方位推动 IT 产业的发展。

4. 2000 年以来的政府政策——建设全球服务外包基地

2000 年 6 月，印度政府颁布了《信息技术法》，规定向任何计算机或计算机系统传播病毒或导致病毒扩散，以及对电脑网络系统进行攻击或未经许可进入他人受保护的计算机系统等行为，都构成网络犯罪。为了打击跨国网络犯罪，2008 年印度政府对《信息技术法》进行了修订。

2001 年，印度政府制定了新的《科技政策实施战略》，包括重建科学研究系统，建立面向基础科学的新的投资机制，开发印度的科技人力资源，促进技术转移和传播，推动创新，促进企业的 R&D 活动，保护本土资源和传统知识，通过科技缓解自然灾害，加强知识产权管理，完善科技投入的规划与管理，提高公众对科学技术的注意，加强科技国际化。

制定"十五"计划（2002~2007 年）信息技术产业发展战略，重点发展软件开发、出口和集成服务，鼓励私人部门建立软件园、保障信息安全等。

2010 年印度制定《2011 年信息技术条例》（Information Technology Rules 2011）要求印度外包商或中间商在使用他们搜集来的敏感个人数据时，必须征得对方的书面同意。

四、金融支持是服务外包的重要支撑

印度的金融市场较为健全，小型私人企业容易融资。印度商业银行体系中，有 27 家政府银行、25 家私人银行、46 家外资银行，有非银行金融机构 47 万家，多为私营机构；商业银行的贷款方向，35% 是给国有企业，65% 是给私人和私营企业。印度企业上市融资，完全由市场配置，政府不设置任何额度、指标限制，目前印度资本市场的股票流通市值已占 GDP 的 80%。对于 IT 和 ITES 的发展，主要有以下几个渠道的金融支持。

1. 政策性银行的支持

印度进出口银行属印度政府所有，是成立于 1982 年的一流金融机构，主要职责是为推动和促进印度国际贸易的发展提供融资服务。该行在印度有 9 家分支机构，总部设于孟买。在海外设有 5 个代表处，分别是约翰内斯堡、布达佩斯、米兰、新加坡和华盛顿。旗下还拥有两家合资公司，即全球贸易融资公司（GTF）和全球采购咨询公司（GPCL）。印度进出口银行是第一个为软件行业提供融资和促进计划的金融机构，主要向软件出口企业在需要进口和出口相关的计算机硬件及附属软件时提供条件优惠的外币贷款，许多大型软件公司在起步阶段从印度进出口银行中均获益匪浅。印度进出口银行是世界银行在印度开展的"出口营销融资"计划的执行机构，旨在提高印度中小型企业的出口市场营销能力，在这个计划下，

1986～1992 年的两个阶段中，有超过 300 家公司包括约 50 家软件公司得到了资金和咨询服务，主要是质量认证（TICK IT，ISO9000，CMM），以及进口商访问印度等。

2. 风险投资

1986 年印度国会提出"科研开发税议案"，对所有用于国外技术引进的费用征收 5% 的税款，这其中的一部分收入（每年从大约 2.5 亿卢比中抽取 1 亿卢比）划归小型企业发展银行（SIDB）管理的风险投资基金（VFC），成立了第一家风险投资基金，1989 年印度在其"七五"计划中正式确立了风险投资体制，到 1990 年有四家公益性的基金开始运作，在印度证券交易所（DEBI）颁布风险投资公司注册和投资制度之后，大量海外风险投资基金和国内风险投资基金开始运作。同时，允许银行购买的风险基金比例增长到贷款总额的 5%。经过十几年的发展，印度已确立了以国外资金为主体（占印度风险投资总额 60% 以上，主要来自跨国公司及海外印裔科技企业家），以软件产业为重要投向（约占风险投资总额的 20% 以上）的国际化风险投资体系。可以说大部分印度软件公司创始人来自中产阶级，以技术知识或专业生涯作为智力资本，吸收国内外风险资金，通过不断创新，走上跨国经营的道路。

3. 资本市场支持

印度有 23 家交易所，形成了多层次的股票市场体系，整个市场机制非常完善，在交易所上市的企业超过 6000 家，涌现了一批能与欧美大公司竞争、从事最尖端的知识型产业的企业，如软件业巨头 TCS、Infosys、Satyam 和 Wipro 等，而且股票市场上有将近一半的资金是国外机构投资的。政府为软件公司进入国内外证券市场融资创造宽松的环境，允许信息技术企业注册 1 年内就可公开上市集资，大力吸引外资参与，允许外购国外软件企业，放宽了对前 20 大软件出口企业融资额度和收购额度的限制。维普罗技术公司（Wipro Tchnologies）1999 年在纽约股票交易所（NYSE）上市，2004 年市值超过 3700 亿卢比，它通过在国内外的 164 个服务中心、125 个站和 42 个地区办公室为 40000 名客户服务，在英美设立了全球指挥中心和网络运营中心。印度信息系统技术公司（Infosys）于 1999 年在纳斯达克上市，市值为 30 亿美元，2004 达到 120 亿美元，营业额从 1.21 亿美元增至 10.626 亿美元，外国投资者（包括外国基金和股票持有者）占其股份资本超过 50%。上市给 INFOSYS 带来多个转折点，股票期权留住了优秀的人才，上市资金用于建立"INFOSYS 校园"以吸引世界级的人才，并提高国外企业的信心。

此外，印度的商业银行对软件企业的发展也起到了非常重要的作用，软件和服务公司享有银行贷款的"优先权"；而且银行贷款从资产评估改变为合同评估。1981 年成立的 INFOSYS，6 个创始人毫无政治背景，仅几十万美元的收入，而贷款高达 100 万美元。

五、行业协会为服务外包保驾护航

印度软件奇迹创造的各个历史阶段，NASSCOM（全国软件服务协会）发挥了难以替代的引领者、推动者和组织者的作用。NASSCOM 的全称是全印软件业和服务公司协会，它既是印度最重要的贸易体，同时又是印度信息技术软件与服务行业的商业部门。NASSCOM 是全球贸易体，其参与成员达到 900 多个，在这些成员中，约有 160 多个来自全球各地，他们来自美国、英国、欧盟、日本以及中国。NASSCOM 的成员公司主要从事软件研发、软件服务以及信息技术业务流程外包领域的服务。

专栏 5-3　全印软件业和服务公司协会（NASSCOM）

NASSCOM 的全称是全印软件业和服务公司协会，它既是印度最重要的贸易体，同时又是印度信息技术软件与服务行业的商业部门。NASSCOM 是全球贸易体，其参与成员达到 900 多个，在这些成员中，约有 160 多个来自全球各地，他们来自美国、英国、欧盟、日本以及中国。NASSCOM 的成员公司主要从事软件研发、软件服务以及信息技术业务流程外包领域的服务。NASSCOM 成立的目的是便利软件和服务业的贸易，鼓励软件科技领域研究的发展。它是一个非营利组织（由所属成员出资赞助），依据 1986 年《协会法》成立。

NASSCOM 的目标

NASSCOM 的目标是在印度建成 21 世纪软件行业大国，并将印度定位为世界上软件和服务业的信息中心。NASSCOM 的主要奋斗目标是充当印度信息技术行业带动下发展软件业的驱动力量。其他目标包括：简化软件和服务领域的贸易、鼓励并推进研发、促进教育和就业、促进印度经济发展以及通过资源的全球分配使全球经济获利。NASSCOM 还致力于推进信息技术行业的发展、缩小印度数码鸿沟、使全民都能够享受信息技术带来的便利。

通过以下七条战略，NASSCOM 正在逐渐实现其目标：①与印度政府展开协作，制定信息技术行业政策和法规。与全球股东展开合作，促进该行业在全球市场的发展。②建立一个考虑周全的领导层，展开世界级的研究项目和战略，对行业和股东加大投资力度。③鼓励成员信守世界级的品质标准。④在成员中强调知识产权的重要性。⑤巩固各公司在印度的平等地位，使印度成为全球采购的首选之地。⑥增加印度知识人才的数量，提高其品质。⑦继续与各成员公司、股东展开合作，使发展战略呈现多样化，以此实现业界乃至全国共同追求的目标。

NASSCOM 的成员

NASSCOM 欢迎个人、公司以及法人到印度，也欢迎他们在印度注册。他们的到来将对印度乃至全球的信息技术软件和服务行业起到积极影响。成员公司必须遵守协会的行为守则。NASSCOM 的成员包括成员以及合作成员两大范畴。NASSCOM 成员有资格在协会中设立办公室，投票参与协会的任何决策。合作成员则可以享受所有的成员利益，不过，并没有参加决策制定的权利。

与政府的合作

NASSCOM 发挥的作用相当于软件与服务行业的顾问、咨询者以及协调人。NASSCOM 在印度政府的各个部门都有代表，其中包括信息技术部、商业部、财政部、电信管理局、人力资源发展部、劳资部以及外事部。NASSCOM 还为印度的许多州府担当咨询顾问。在印度政府制定有利于行业发展法规的过程中，NASSCOM 扮演了关键的角色。一直以来，NASSCOM 支持自由贸易，努力争取取消关税保护、加强知识产权与数据保护法律规章的完善，缩小国家对电信市场经济干预的范围、创建软件科技园区，鼓励私人经济成分进入教育领域。

这些措施大大地加速了信息产业的发展。NASSCOM 还与许多国外政府建立了合作关系，利用全球采购项目，建立起双赢的伙伴关系。在全球软件质量标准的制定、移民政策、世贸组织以及服务贸易自由化等问题上，NASSCOM 发挥了巨大作用，为下一代全球服务采购领域的健康发展打下了良好基础。

全球合作

在世界软件组织体系中，NASSCOM 扮演着积极的角色。它是亚太地区信息软件协会（ASOCIO）的成员之一。ASOCIO 是亚太地区计算产业的组织。其成员包括来自 18 个国家的代表。NASSCOM 还是世界信息技术与服务联盟的创始成员之一。该论坛包含来自 37 个国家的成员。此外，NASSCOM 与美国、英国、日本、德国、法国、斯堪的纳维亚诸国、中国、澳大利亚、南非以及以色列等国政府与贸易体建立了积极的合作关系。

研发领域的主导地位

NASSCOM 承担了印度本土以及世界信息与通信技术领域的调研项目，以此为其成员持续不断地提供最新的商机、全球领域的商务实践、业界增长带来的潜在压力，同时还可以为印度吸引额外的投资。NASSCOM 的调研具有相当的可信度，目前已经成为印度最可信赖的品牌，在国际市场上也逐渐得到了更多的关注。NASSCOM 以严密的方法论为后盾，采用专有的分析手段和步骤，与各领域一流品牌公司展开合作，从事商业、科技以及战略研究、咨询行业的工作。

产品和服务品质

NASSCOM 鼓励高水准的管理，以此树立公众对于其成员方以及行业的信任度。所有的成员必须坚守这一理念，遵守既定行为规范。NASSCOM 坚信，鼓励成员提供全球水准的产品和服务具有重要意义。通过举办与品质规范有关的研讨会以及相关项目，传播相关信息，协会帮助成员方取得国际品质证明。

知识产权

NASSCOM 在印度大力提倡知识产权。早在 1990 年，NASSCOM 曾发起过积极的公众教育项目，教育用户合法使用软件。协会开通了印

度第一条反盗版热线，以及印度第一条反盗版免费热线。NASSCOM
还成功地推动了印度反盗版法律的出台，帮助引入了网络法。它与印
度政府开展长期合作，进行 IPR 法律的修订，与世界知识产权组织以
及其他国际法律条约保持一致。此外，NASSCOM 还与商业软件联盟
（BSA）密切合作，贯彻《版权法》。

第三节　印度服务外包发展对我国的启示

印度服务外包对我国发展服务外包的启示主要包括以下几个方面：

（1）坚持在岸外包和离岸外包协同发展，促进服务外包长期可持续发展。

（2）重视科技园区的建设，将科技园区作为服务外包发展的重要载体。

（3）重视人力资本水平提升，创新人才培养模式和体制，培养适宜人才。

（4）创新金融支持方式，为服务外包提供必要的资金支持。

（5）推动行业协会发展，通过行业协会为服务外包发展提供支撑性平台。

（6）加大财政、税收、土地等政策优惠力度，降低服务外包成本。

本章小结

本章总结了印度服务外包的特点和成功经验，包括科技园区的建设、行业协会的支持、金融体系的扶持、人力资本的保障等，并总结出印度服务外包对我国的启示。

第六章　我国服务外包发展战略及公共政策取向

　　服务外包具有正外部效应，而且还是幼稚产业，需要公共政策进行扶持。另外，我国处于经济转型的关键阶段，客观上要求公共政策做出相应的变革。尽管我国出台了一系列推动服务外包发展的政策，但仍需进一步系统化。

第一节　公共政策介入服务外包的理论依据

一、服务外包对于生产率具有正外部效应

　　布坎南和斯塔布尔宾（1962）给外部性下了定义：只要某个人的效用函数或某一厂商的生产函数所包含的变量在另一个人或厂商的控制之下，即存在外部性。[①] 用公式表示为：$U_A = U_A (X_1, X_2, X_3, \cdots, X_n, Y_1)$，A的效用不仅受其所控制活动 X_1, X_2, X_3, $\cdots$, X_n 的影响，并且受 β 控制活动 Y_1 的影响。服务外包通过分工提升了制造业的专业化水平，进而提高生产效率，这与传统意义的正外部性不太相同，但是对于提升整个经济的效率具有重要意义。Thijs Ten Raa 和 Edward N. Wolff（2001）利用投入产出表数据将制造业生产率提升分解为产业组织变革、技术进步和服务投入分析发现，服务外包对制造业生产率具有正向影响；Mary Amiti 和

---

① Buchanan James and Tullock, Gordon. The Calculus of Consent; MI: University of Michigan Press, 1962, p.117–123.

Shang-Jin Wei（2005）利用生产函数分析发现，服务外包对于制造业生产率具有正向影响。

二、服务外包是解决就业问题的重要途径

1. 我国严峻的就业形势

为应对 20 世纪 80 年代初期的"婴儿潮"，我国高等院校开始扩大招生规模，经过 10 年的发展，我国高校毕业生总数从 2000 年的 107 万人攀升到 2013 年的 699 万人，增长了近 6 倍（见图 6-1）；但大学毕业生的初次就业率由过去的 90% 下降到 2013 年的 71.9%[①]，严峻的就业形势已经带来了一系列的社会问题，如北京等大城市出现的"蚁族"，这是大学生就业困难带来的社会问题。

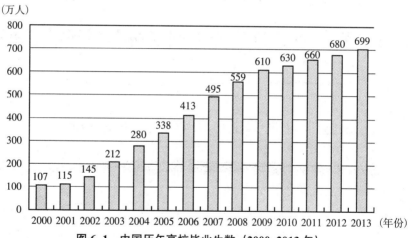

图 6-1　中国历年高校毕业生数（2000~2013 年）

资料来源：中国教育部网站。

2. 就业机会是公共产品，需要公共财政介入

公共产品的特点是"每一个人对这种产品的消费，并不能减少任何他人也消费该产品"；公共产品具有非排他性，即人们在消费公共产品时，无法排除他人同时也消费该产品，或者排除在技术上可行，但成本过高而

[①]《中国教育发展报告（2014）》。

使得排除没有意义；非竞争性（也称为公共产品消费时的合作性），即对于公共产品来说，新增消费的边际成本为零（Paul A. Samuelson，1958）。从某种意义上讲，就业机会具有公共产品的属性。首先，就业机会并不是稀缺的，因而是非竞争的。任何就业机会一旦被创造出来，就成为整个就业机会的一个有机组成部分。也就是说，社会多创造一个就业机会，不论是对某一个人来说，还是对全社会的人来说，增加的就业机会并不仅仅是一个，而是无数个。其次，就业机会具有非排他性。如果社会拥有无限的就业机会，就不可能阻止任何人利用它，而且机会对任何人来说都是公平的（冯彦明、夏杰长，2004）。就业机会属于公共产品范畴，根据公共经济学一般理论，在公共产品领域存在着市场失灵，即依靠市场的机制不能有效提供公共产品，政府必须介入。

3. 服务外包能够提供大量就业机会

发达国家的高智力人力资源相对比较多，而发展中国家非高技术的人力资源比较丰富，那么根据比较优势理论，发达国家高智力人力资源的成本相对比发展中国家高，同理，发展中国家非智力劳动力成本相对比发达国家要低。这样，为了发挥比较优势，发达国家将智力密集型环节留在本国，而将非智力服务环节外包到发展中国家，这样会增加发展中国家非智力劳动力的就业。一般来讲，智力型劳动力和非智力型劳动力的配置是成比例的，这样由于有了更多的非技术型劳动力配套，会扩大智力型劳动的需求。这样，通过服务外包，既增加了发达国家高智力劳动力的需求，也为发展中国家创造了更多非智力劳动的就业机会，实现了双赢。从主要服务外包承接国的实践看，发展服务外包带动了服务就业人数，同时就业比重大幅度上升。以印度为例，1990 年服务业就业人数为 1539.4 万人，2004 年增长到 1636.2 万人，增长了 6.3%，就业比重从 58.4% 上升到 61.8%，增长了 3.4%。同样，服务外包也带动了爱尔兰服务业就业人数的增长，从 1990 年的 65.5 万人增加到 2006 年的 126.5 万人，增长 93.2%，就业比重由 56.5% 上升到 67.5%，增幅达 11%。[①]

---

① 陈菲：《国际服务外包就业效应分析》，《特区经济》2009 年 6 月。

三、服务外包是幼稚产业

18 世纪末，美国第一任财政部长亚历山大·汉密尔顿提出了用关税保护国内"幼稚产业"的主张。幼稚产业的基本内容是：某个国家的新兴产业，当其还处于最适度规模的初创时期时，可能经不起外国的竞争，如果采取适当的保护措施，提高其竞争能力，将来可以具有比较优势，能够出口并对国民经济发展做出贡献。

1. 服务外包符合幼稚产业标准

判断一个产业是否为幼稚产业有很多标准。John Stuart Mill（1848）认为某产业由于技术经验不足、劳动生产率低下，产品成本高于世界市场价格，暂时不具有国际竞争力，但是在关税、补贴等保护政策的支持下，经过一段时期的发展，成本会迅速下降，从而获得国际竞争力。我国的承接离岸服务外包还处在起步阶段，成本优势并不明显，特别是国内服务外包市场还不发达，并没有形成服务外包的规模报酬，但是通过一定的政策支持、保护，在岸市场和离岸市场将会同步发展，外包的规模效应将会逐步显现，单位成本会不断下降，因此，服务外包产业符合 John Stuart Mill 的幼稚产业标准。

更进一步，C. F. Bastable 认为，一个产业是否属于幼稚产业，不仅要看将来是否具有竞争优势，还要在将保护成本与该产业未来所能获得的预期利润的贴现值加以比较之后才能确定，如果未来预期利润的贴现值大于保护成本，那么对该产业加以保护就是值得的。经济服务化是中国经济战略转型的方向，未来服务业应该成为中国的主导产业。但服务业发展和制造业发展有很大的区别，主要表现在制造业可以通过技术进步迅速提高生产率，而服务业的发展不仅依靠供给者的技术，还依赖于供给者和需求方的人力资本。依靠内生动力发展服务业，进程会非常缓慢。而服务外包是中国发展现代服务业的先导产业。这是因为，承接离岸服务外包可以解决需求质量的难题，同时还可以利用技术外溢效应培养人才，积累知识；而鼓励国内制造企业将服务环节外包，可以促进生产性服务的快速发展。而且，服务外包具有附加值大、资源消耗低、环境污染小、信息技术承载力高等特点，据统计，服务外包的增值幅度一般为制造业的 6~20 倍，而服务外包的能耗仅为制造业的 20%（杨玉华、蔡敏，2005）。可以说，通过发展服务外包推动中国的经济结构转型，这个收益是无法衡量的。

再进一步，Kemp's Test 认为除了将来的竞争力和收益外，还应考虑该产业的外部效应，如某种技术可为其他产业所获得，因而使得本产业利润无法增加，利润无法补偿投资成本，国家应该予以保护。发展离岸外包，势必会伴随着外商投资的进入，外商投资具有正的技术外溢效应，如人力资源竞争力的提高、信息通信基础设施和商务环境的改进等（UNCTAD，2004）。承接服务外包不仅仅是技术外溢效应，还包括人力资本流动效应、示范和学习效应、竞争效应、规模经济效应和关联产业带动等（江小涓等，2008）。王晓红（2008）通过对中国 80 家设计公司的分析，发现承接离岸外包可以给本土企业带来示范外溢效应，主要包括业务规模扩大、学习速度加快、本土制造企业服务能力提升、开拓国际市场能力增强等。

2. 在全球化背景下，服务外包需要新的保护方式

服务和制造有着很大的不同。服务提供者根据不同的个体需求为顾客提供"量体裁衣"的贴身服务，服务是伴随着顾客的消费过程而生产出来的，服务的生产与消费是同一的，是紧密联系的，而且服务生产的时间和地点具有独立性，如表 6-1 所示。

表 6-1　服务和产品的区别

产品	服务
实现目标的一种手段	本身就是目标（针对顾客问题的解决方法或过程）
更为相似或雷同	更为个性化
更加有形	更为无形
一般将生产与消费分离	多数是与顾客共同生产的（生产和消费是不可分离的）
可储藏（可存放在仓库）	容易过期（不可储藏）
象征技术	通过使用技术为顾客提供更多的支配权

资料来源：古斯塔夫松：《服务竞争优势：制定创新型服务战略和计划》，中国劳动社会保障出版社，2004 年版。

由于服务和制造的不同，影响服务外包竞争优势的因素也不同，如制造外包强调区位优势，特别是自然资源以及铁路、公路运输等基础设施等，而服务外包强调的是人才、信息通道、生态环境等，而且服务外包一般是基于信息技术网络传输的，传统的关税壁垒很难发挥作用，因此在保护服务外包这一幼稚产业时，必须创新保护手段。此外，在科技和信息革

命推动下，全球产业日益成为一种密不可分的全球产业网，因此幼稚产业保护的方法必须从设置壁垒向优化环境、提升要素转变，由单一方式保护向综合促进体系转变。

第二节 我国服务外包发展的战略目标

一、总体思路

我国服务外包的发展思路必须与经济结构转型目标相吻合，坚持在岸外包和离岸外包协调统一。而且以在岸外包为基础，离岸外包为突破口。

1. 推动产业融合和互动，大力发展在岸服务外包

制造业与服务业融合及互动的关键是制造业服务化，制造业服务化表现在两个方面：一是制造业投入的服务化，二是制造业产出的服务化。对于我国来讲，推进制造业服务化关键有三点：一是推动具有竞争力的大型企业转型，实现产出服务化。如海尔集团向整体家居集成服务商转型及其建成的"海尔物流园"向专业物流业进军等，即所谓的"大象跳舞"。二是推动制造业分离发展生产性服务业，浙江、山东、江苏等地在试点，即制造业将服务部分外置，形成新的服务产业，即"大象瘦身"。三是利用服务外包的模式推动加工制造企业提升研发、设计能力和建立营销网络，即"蚂蚁变大象"。

2. 坚持承接外包与自主创新相互促进，大力发展离岸外包

我国发展服务外包要避免制造外包的老路子，而是要通过服务外包提升自主创新能力，培育具有国际竞争力的产业。因此，要完善政策环境，利用并扩大服务外包的"外溢效应"。

3. 推动在岸外包和离岸外包协调发展

发展离岸外包既是经济转型的需要，也是缓解就业难题的需要，因此发展离岸外包需两者兼顾，既要承接高端业务外包，如研发、设计等高技术外包，同时也要承接如呼叫中心等劳动密集型业务。但是，在岸外包才是中国向服务经济转型的关键，因此不能厚此薄彼，要以离岸外包为突破

口，培养人才、提升技术水平，同时将促进离岸外包的政策扩展到在岸外包，扩大在岸外包规模。

二、目标

1. 我国服务外包发展的重点领域

总结目前我国服务外包发展现状和未来全球外包产业的发展趋势，我国服务外包应重点发展以下领域。

一是巩固发展基于 Web 1.0 的传统服务外包，即以更低的成本完成不愿意做的事。

二是大力拓展基于 Web 2.0 的知识服务外包，即战略性、选择性外包。

三是积极发展基于 Web 3.0 的云外包，即以云计算为基础的按需服务。根据 Forrester 的预测，2020 年全球云市场将达 2410 亿美元。云外包重点包括 SaaS（软件即服务）、IaaS（基础架构即服务）、PaaS（平台即服务）、BPaaS（业务流程即服务）等。

2. 区域布局

中国目前有 21 个服务外包基地城市，数十个服务外包园区，而服务外包的总规模仍然很小。服务外包的规模和园区规模不协调，这势必会带来基地（园区）之间的过度竞争，尽管这种竞争会在一定程度上激励地方政府出台更加有利于服务外包的政策，但也出现了一批为了享受优惠政策而不断搬迁的企业，这不利于外包基地持续竞争力的培育。此外，中国服务外包基地的城市经济发展水平、软件产业基础差别比较大，发展相同的产品不能发挥比较优势。为了发挥每个基地的比较优势，减少过度竞争，增强服务外包基地的可持续竞争力，必须走区域差异化战略，实现区域协调发展。

3. 培育龙头企业

打破行政分割、行业分割和地区分割，为企业网络化经营创造条件。推动产业融合和产业链延伸，鼓励企业从产品优势转向产业链、平台化优势，创造有利条件支持有实力的大企业抓住机遇，进行海购，并利用中小板、创业板的机会鼓励有潜力的服务外包中小企业上市，加速发展壮大，对于发展比较成熟的企业，要鼓励其到境外资本市场上市。鼓励培训机构邀请国际知名发包企业的相关负责人、服务外包行业专家和成功的接包企业的管理者，组织面向国内服务外包企业的管理者培训，特别是针对如何承接国际大单、采用新的业务模式、进行内部质量控制、实施流程管理、促进技术创新、强化人才培养、重视标准认证等领域的提升，加快本土接包企业与国际先进水平接轨，增强服务意识与国际竞争力。鼓励软件企业申请 CMMI/CMM 认证等国际资质认证，对获得 CMMI/CMM3、4、5 级认证或认证升级的企业，以及 PCMM、ISO27001/BS7799、ISO20000、SAS70 等认证的企业，政府要给予适当的补助。

第三节　公共政策变革促进服务外包：顺应时代发展的要求

一、知识经济与解决知识型失业

知识经济是建立在知识的生产、分配和使用（消费）之上的经济[①]。知识经济的特征：一是从要素上看，以人力资本、技术资源、品牌等无形资产为第一要素，对智力资源（人才和知识）的占有远比土地、石油等自然资源重要得多；二是从产业结构上看，以高技术产业（包括高技术制造业和知识密集型服务业）为支柱产业，并成为经济增长的主要动力；三是从消费结构看，高技术产品和新知识（服务）成为消费的主体及主要消费增长点。

我国的人均 GDP、城市化水平并不高，需要大量的知识型人才就业以提高效率和加快城市化进程。但是，目前出现了"知识型失业"，大量高校毕业生就业困难。发展知识经济的关键是知识型人才就业的扩大，而发展服务外包能增加大量知识型岗位。因此，发展服务外包是顺应知识经济的要求，增加知识型就业的重要途径。促进知识经济发展，财税政策的关键点是：加大财政对科技研发活动的支持力度，并创新模式和手段，提高企业研发积极性；加快推进科研体制改革，激活研发机构活力；加强科研

---

① OECD，The knowledge-based Economy，General Distribution OCDE/GD（96）102，1996.

人才培养，从机制上、待遇上激励优秀人才从事科研开发工作；支持风险投资发展，为高技术企业提供资金支持；政府购买优先选用自主创新产品（席卫群、席雪征，2008）。

二、可持续发展与低碳经济

改革开放以来，中国经济实现了快速增长，但也付出了资源过快消耗、环境问题日趋严峻的代价。2008年，中国消耗石油3.902亿吨，占全球消耗量的10%，消耗煤炭27.65亿吨，占全球消耗量的40.9%；而2008年中国GDP总量占世界GDP总量的4%。巨大的资源、能源消耗带来一系列环境问题，沙尘暴、酸雨等问题层出不穷。先污染、后治理的代价是巨大的，据统计，2008年，中国环境污染治理投资为4490.3亿元，增长32.6%，占GDP的1.49%[1]。低碳经济是低能耗、低排放的经济。服务业的能耗比制造业小很多，以北京市为例，2013年，第三产业万元GDP能耗仅为0.262吨标煤，而工业为0.716吨标煤（见表6-2），而北京市的工业发展水平还是比较高的。由此可以发现，大力发展服务外包是促进发展方式转变，打造低碳生产方式的关键。低碳经济除了低碳生产方式，还包括低碳生活方式，如戒除以高能耗为代价的"便利消费"偏好，树立节能环保意识，戒除使用一次性用品的偏好，推进低碳饮食等。

表6-2　北京市万元GDP能耗情况（2000~2013年）

单位：吨标煤

年份	2000	2002	2004	2006	2008	2010	2013
万元GDP能耗	1.311	1.024	0.848	0.750	0.605	0.581	0.436
第一产业	1.333	1.226	0.896	0.941	0.871	1.058	0.778
第二产业	2.347	1.932	1.437	1.265	0.935	0.853	0.624
其中：工业	2.792	2.277	1.640	1.466	1.091	0.967	0.716
第三产业	0.527	0.445	0.398	0.382	0.339	0.334	0.262

资料来源：《北京统计年鉴》（2013）。

---

[1]《全国环境统计公报（2008）》，http://zls.mep.gov.cn/hjtj/qghjtjgb/200909/t20090928_161740.htm。

促进低碳经济的财税政策应该从四个方面考虑：

（1）促进资源、能源节约。在资源、能源的开采环节征收资源税，在资源使用环节征收消费税，从生产和消费两个环节将资源使用成本内在化，激励所有社会群体节约使用资源。

（2）减少废弃物污染。在排放环节，征收排污税，增加排污成本，减少废弃污染物的排放；同时加大对废弃物的回收利用，对于环保服务业、废弃物回收产业、循环经济等产业给予税收优惠，加大对关键环保技术的财政补贴力度。

（3）开发替代资源、能源，对于新能源产业给予税收优惠，加大替代能源、替代资源技术的研发投入，寻求更加环保的、更加高效的可再生资源替代不可再生资源等，如太阳能、风能、氢能、生物质能等。

（4）对高耗能的消费方式征收消费税。[①]

三、后金融危机时代与经济发展模式转变

从美国次贷危机到全球性的金融危机，由虚拟经济危机到实体经济危机，被称之为百年一遇的大危机。本轮金融危机的诱因是金融的过度杠杆化，但是，中国金融体系的杠杆程度非常低，而且盈利能力非常强，据统计，2008 年中国银行金融机构资本回报率高达 17.1%，税后利润达 5834 亿元，增长 30.6%。可以说金融危机对实体经济的直接影响非常有限。但是，金融危机对中国经济的影响远比人们想象的要严重。从实体经济来看，金融危机爆发以后，我国经济的季度增长率从 2008 年第二季度的 10.4% 骤降到 2009 年第一季度的 6.1%（见图 6-2），从虚拟经济来看，中国 A 股上证综合指数从 2007 年 10 月的 6124 点下降到 2008 年 10 月的 1664 点。在金融危机爆发以后，我国出台了多项刺激经济的政策，如家电下乡、以旧换新等刺激居民消费的政策，加大铁路、公路等基础设施建设的投资政策，降低利率、准备金率的金融政策等。这些短期政策对于中国经济企稳回升起到了重要作用，也收到了明显的效果。但是金融危机对我国的影响依靠这些政策还难以彻底消除。

---

① 李光辉：《促进经济可持续发展的财税政策》，《理论前沿》2003 年第 11 期。

金融危机的教训是惨痛的，仅仅是因为全球性金融危机导致出口下降，我国的经济增长率就下降了4个百分点。因此，后金融危机时代要求我们必须改变依靠外需带动经济发展的模式，要着眼于依靠内需，着眼于构建现代制造业、现代服务业、现代农业融合互动发展的现代产业体系。而发展服务外包对于现代服务业发展具有重要意义，因此财税政策应该以内需为主，形成实体经济和虚拟经济相对均衡的经济体。因此，在发展服务外包中，必须以在岸服务外包为基础，承接离岸外包仅仅是手段和重要途径。在后金融危机时代，财政政策的着力点依然是提升我国长期竞争力。

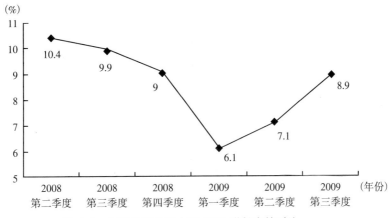

图6-2　金融危机前后中国 GDP 增长率的对比

资料来源：根据中国统计局网站数据整理。

第四节　我国促进服务外包发展的实践与评价

一、促进制造业在岸外包的实践及评价

　　国内试点推动制造业分离发展服务业的地区主要是山东和浙江。由于浙江的块状经济比较发达，但是生产性服务业的供给主体不够发达，因

此，在 2008 年试点推进制造业分离发展服务业的过程中，重点强调了研发、物流、信息等行业供给主体的培育。虽然，各个地方在执行过程中有所不同，但鼓励外包的领域大都集中在物流、安装、技术咨询、技术服务、技术研发以及物业管理和生活性服务业务等。如温州市鼓励外包范围包括："大中型工业企业的运输、仓储、包装、配送等物流业务符合分离条件的，可进行分离，设立专门的物流、运输、仓储公司，大中型工业企业的运输、仓储、包装、配送等物流业务由社会闲散车辆或外地车辆承担的，可由工业企业设立物流公司，统一管理运输车辆，实行集中配送；安装成本占比较高的工业生产企业，可将安装劳务分离出来，成立专门的安装企业；对于工业企业内部的技术咨询、技术服务、技术研发等业务，可单独剥离出来，成立相应子公司；对工业企业内部的维修、修缮、安保、洗衣、洗浴、卫生医疗、幼儿育养以及经营性质的餐饮、娱乐等业务，可分离出来，成立专门公司；对工业企业闲置的资产和剩余劳动力，可组建相应的租赁、物业管理和劳务服务公司等。"[1]

在财税政策的支持措施上主要包括：①所得税、营业税减免，如衢州市规定，"对从工业企业中分离设立的三产企业，其形成的营业税、企业所得税市级财政留成部分，在第 1 年给予 80%补助，第 2 年和第 3 年比上年增长部分给予 50%补助"[2]。②所得税税率优惠、研发费用抵扣、加速折旧等政策。如湖州市规定，"分离后设立的生产性服务企业，其所购得固定资产因技术进步等原因，可以实行加速折旧；分离后设立的属于研发、设计、创意等技术知识含量较高的生产性服务企业，可按规定认定为高新技术企业，享受相应的高新技术企业优惠政策；分离后设立的生产性服务企业，其研发新技术、新产品、新工艺所发生的研究开发费用，未形成无形资产计入当期损益的，在按照规定据实扣除的基础上，按照研究开发费用的 50%加计扣除；形成无形资产的，按照无形资产成本的 150%摊销等"[3]。③土地优惠。如衢州市规定，"从工业企业中分离设立的三产企业，需新供地的在供地安排上优先考虑，用地指标在符合条件的情况下优先予以

① 《温州市人民政府办公室转发市财政局市地税局关于财税支持我市企业分离发展服务业意见的通知》（温政办〔2009〕45 号）。
② 《浙江省衢州市人民政府办公室关于工业企业分离发展服务业的实施意见》（衢政办发〔2009〕3号）。
③ 《湖州市人民政府办公室关于进一步支持工业企业分离发展生产性服务业的若干意见》（湖政办发〔2008〕109 号）。

安排"①。

而山东是典型的"大象经济"，超大型、在本行业内规模数一数二的制造企业很多，出口比例较大，加工制造环节具有较强的竞争力，因此，山东在推进外包的过程中重点推进大型制造企业分离发展服务业。但是由于山东的此项工作是由工商局推动的，因此在财税政策方面并没有明确的规定。

从浙江和山东的实践可以看出，促进在岸服务外包的政策有了一个雏形：①明确鼓励分离服务范围，包括物流、建筑劳务、技术研发等领域；②剥离的方式一般采取成立子公司的方式；③优惠方式主要是税收、服务业引导资金、土地等。

这些政策在一定程度上激励了制造业分离服务部门。但是这些政策也存在一些不足：

一是给分离的服务企业优惠，对于原本从事这些业务的企业是一种政策上的不平等。如湖州市规定分离后设立的属于研发、设计、创意等技术知识含量较高的生产性服务企业，可按规定认定为高新技术企业，享受相应的高新技术企业优惠政策。那些本就从事研发、设计、创意的服务企业能否认定为高新技术企业成为关键问题，如果不能，就会造成政策的不平等。

二是将服务业务分离出来成立子公司，服务范围仍然是原来的制造企业，服务业的专业化、规模化效应并没有体现。分离发展服务业的目的并不是从形式上将服务业务和制造业务分离，分化的根本目的是实现服务业的专业化发展，提升整体劳动生产率。

三是优惠政策仅限于税收、土地等成本方面，并不能发挥生产性服务业促进制造业竞争力提升的作用。分离生产性服务业和制造业的根本目的是实现生产性服务业和制造业之间的融合与互动，提升制造业竞争力，并不仅仅是成本方面的因素。

二、促进离岸外包的实践及评价

近年来，我国加快推进离岸外包的发展，2006 年，推出服务外包"千

---

① 《浙江省衢州市人民政府办公室关于工业企业分离发展服务业的实施意见》（衢政办发〔2009〕3 号）。

百十"工程，选择服务外包产业发展基础好的城市设立"服务外包基地城市"和"示范园区"，确定服务外包基地城市 16 个。2009 年，国务院批准 20 个城市为中国服务外包示范城市。2010 年将厦门列为第 21 个服务外包示范城市。我国非常重视服务外包发包发展，出台了一系列政策。

1. 人才政策

国务院、教育部、人社部等部门出台了一系列关于人才培养的政策。《关于加强服务外包人才培养促进高校毕业生就业工作的若干意见》（教高〔2009〕5 号）指出：高校要根据服务外包产业所涉及专业的特点，采取灵活措施，按照国际先进技术和全球化的理念，探索多种模式培养服务外包人才；服务外包人才培训中心要认定符合条件的服务外包企业、社会培训机构和高校为服务外包大学生实训实习基地，高校要积极改革原有的实习模式，与服务外包企业共同制订实习方案，共同指导学生实习；对符合条件的技术先进型服务外包企业，每录用 1 名大专以上学历员工从事服务外包工作并签订 1 年期以上劳动合同的，给予企业不超过每人 4500 元的培训支持；对符合条件的培训机构培训的从事服务外包业务人才（大专以上学历），通过服务外包专业知识和技能培训考核，并与服务外包企业签订 1 年期以上劳动合同的，给予培训机构每人不超过 500 元的培训支持。《关于印发进一步鼓励软件产业和集成电路产业发展若干政策的通知》（国发〔2011〕4 号）指出"加快完善期权、技术入股、股权、分红权等多种形式的激励机制；高校要进一步深化改革，加强软件工程和微电子专业建设；按照引进海外高层次人才的在关要求，加快软件与集成电路海外高层次人才的引进"。《关于开展服务外包中高端人才培养工作的通知》（教高厅函〔2011〕68 号）则提出："鼓励有条件的高校与服务外包示范城市开展积极合作，通过在相关硕士专业学位领域举办服务外包方向的专业学位教育，或开设非学历教育研修班等形式，为地方政府培养具有卓越产业管理能力的人才、为企业培养复合型中高端人才、为高等教育机构培养高水平师资力量。各服务外包示范城市服务外包人才培训中心要主动发挥统筹、协调、服务作用，推进校企合作，联合举办服务外包中高端人才培养培训班，以促进我国服务外包产业快速发展。"

在各项政策的推动下，各部门加大了对服务外包人才的培养力度，2011 年全国服务外包产业新增受训人数 16.1 万人，截至 2011 年，全国服务外包产业受训人数达到 103.0 万人，如图 6-3 所示。

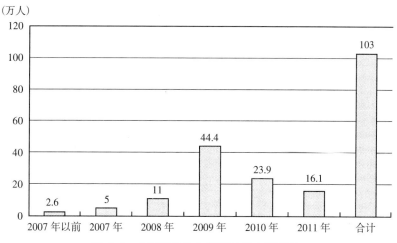

图 6-3　中国服务外包新增受训人数情况

资料来源：《中国服务外包发展报告》(2012)。

2. 税收政策

《关于在苏州工业园区进行鼓励技术先进型服务企业发展试点工作有关政策问题的通知》（财税〔2006〕第 147 号）指出：对苏州工业园区内经认定为高新技术企业的内外资技术先进型服务企业，暂减按 15% 的税率征收企业所得税。《关于技术先进型服务企业有关税收政策问题的通知》（财税〔2009〕63 号）指出：对经认定的技术先进型服务企业减按 15% 的税率征收企业所得税，离岸服务外包业务收入免征营业税。《关于示范城市离岸服务外包业务免征营业税的通知》（财税〔2010〕64 号）、《关于技术先进型服务企业有关企业所得税政策问题的通知》（财税〔2010〕65 号）则放宽技术先进型服务企业认定条件，将技术先进型服务业务占本企业收入的 70% 的比例降低到 50%，同时取消企业需获得国际资质认证的要求。上海市自 2012 年 1 月 1 日起，在部分现代服务业施行营业税改征增值税改革，研发与技术服务、信息技术服务（包括软件服务、电路设计及测试服务、信息系统服务、业务流程管理服务）、设计服务、知识产权服务等 KPO、ITO、BPO 主要业务均纳入了试点范围。地方政府出台了一系列税收优惠政策，如杭州市规定对离岸服务外包业务年收入在 100 万美元以上且独立纳税的服务外包企业，其离岸服务外包业务上缴地方财政收入比上年新增的地方分成部分，扣除当年企业获得的地方财政各类资助、奖励资金后，以项目资助的形式全额用于扶持企业发展；大连市对年销售额超过 4000 万元以上的企业，参照其当年实现的增加值、营业收入、利润总额形成的地方财力比上年（最高年份）增量部分，市财政和企业注册经营纳税地所在的区市县（先导区）财政分别按其留成的 100% 给予奖励。北京市对符合条件的软件企业高级管理人才和高级技术人才，按照其上年度已缴纳个人工薪收入所得税地方留成部分 80% 的标准予以奖励等。

3. 财政政策

《关于鼓励政府和企业发包促进我国服务外包产业发展的指导意见》（财企〔2009〕200 号）指出：发挥政府采购的政策功能作用，鼓励采购人将涉及信息技术咨询、运营维护、软件开发和部署、测试、数据处理、系统集成、培训及租赁等不涉及秘密的可外包业务发包给专业企业，不断拓宽购买服务的领域。从 2009 年开始，每年都发布关于做好支持承接服务外包业务发展资金管理工作的通知，对服务外包给予不同规模的资金支持，主要用于人才培训、企业认证、平台建设等方面。

4. 金融政策

《关于金融支持服务外包产业发展的若干意见》指出：积极发展符合服务外包产业需求特点的信贷创新产品，研究推动包括专有知识技术、许可专利及版权在内的无形资产质押贷款业务；探索推动适合服务外包产业业态的多种信用增级形式，加强与信用担保机构的合作，鼓励以地方政府出资为主的担保机构优先支持服务外包企业；深化延伸对服务外包产业配套服务的信贷支持，积极支持示范城市基础设施、投资环境、相关公共技术服务平台、公共信息网络平台的建设及运营，支持示范城市各类服务外包企业集中区域的开发建设。支持符合条件的服务外包企业境内外上市，积极推进多层次资本市场建设，创新融资品种，为符合条件的服务外包企业特别是具有自主创新能力的服务外包企业提供融资平台。积极通过各类债权融资产品和手段支持服务外包企业，鼓励现有符合条件的服务外包企业充分运用短期融资券、中期票据和公司债、可转换债券等直接融资工具满足企业经营发展的资金需求，探索发行服务外包中小企业集合债券。鼓励各类担保机构联合提供担保服务，提高集合债券信用等级。完善出口信用保险政策，加大对符合服务外包企业特点的保险服务支持，逐步建立服务外包企业产品研发、技术出口的保险保障机制，为服务外包企业"走出去"战略提供服务。鼓励服务外包企业发展离岸外包业务时采用人民币计价结算，简化服务外包企业外汇收支审核手续等。《关于印发进一步鼓励软件产业和集成电路产业发展若干政策的通知》（国发〔2011〕4号）指出：通过现有的创业投资引导基金等资金和政策渠道，引导社会资本设立创业投资基金，支持中小软件企业和集成电路企业创业；支持和引导地方政府建立贷款风险补偿机制，健全知识产权质押登记制度，积极推动软件企业和集成电路企业利用知识产权等无形资产进行质押贷款等。

在一系列融资政策的支持下，服务外包企业实现了多元化融资。据调查，银行贷款占到服务外包企业融资额的 28%，如图 6-4 所示。

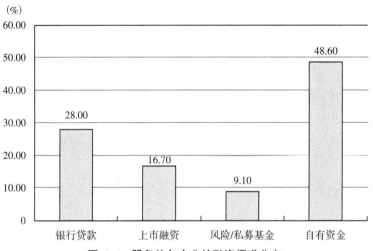

图6-4　服务外包企业的融资渠道分布

资料来源：《中国服务外包发展报告》（2012）。

此外，各基地城市，如大连、北京、深圳、上海等地也出台了许多关于发展服务外包的政策。这些政策主要集中在资金资助，即为企业的人才培训、研发、出口、参加 GMM 等技术认证、开拓国际市场给予资金补贴；建立公共服务技术平台、公共服务平台；召开论坛、峰会开拓市场；加强知识产权保护；加大交通、信息等基础设施建设等。

但是目前的政策也存在一些问题。

一是在投融资方面。如 2000 年 6 月 25 日国务院颁布的《鼓励软件产业和集成电路产业发展的若干政策》（18号文）及 2002 年 7 月 24 日发布的《振兴软件产业行动纲要（2002~2005年）》（47号文件）规定的由国家扶持的软件产业风险投资公司和投资基金至今尚未组建。

二是在税收优惠政策方面，现有优惠政策将软件服务业、软件产业孵化器、软件企业的分支机构以及国产软件的代理和分销商排除在外。

三是在人才培养方面，政府在实训基地建设、职业教育等方面发展不足等。

四是在公共技术服务平台方面重建设，轻运营，没有充分发挥功能。

五是不同基地城市出台的政策比较相似，特别是发展的重点领域雷同，这会导致同质竞争，不利于服务外包的发展。

第五节　我国促进服务外包发展的政策着力点

中国经济依靠现代制造业、现代服务业双轮驱动还有一个较长的过程，但最终要转向服务经济。公共政策体系是一个系统，不能为一个阶段性的发展目标而变得"千疮百孔"，而是应该建立普适性的公共政策体系框架，在局部对阶段性的发展重点给予优惠。对于未来中国公共政策体系框架，应该以服务经济体系为基本出发点，按照内生比较优势理论的政策框架，建立一个鼓励创新、鼓励分工，消除歧视、减少隔阂的可持续、一体化的产业政策体系。

1. 构建服务经济的公共政策体系框架

（1）提升人力资本水平。人力资本是现代服务经济的核心，是主要的驱动力。因此，现代服务经济的公共政策体系一定要以人力资本为重点，加大人力资本培养力度。

（2）提升创新能力。创新是现代经济的灵魂，推动自主创新战略是当前以及今后相当长一段时期内的重大战略。而且，我们需要的创新不仅仅是技术的创新，还需要组织创新，社会文化和制度的创新，因此现代经济的公共政策体系必须要利于创新。

（3）促进分工和专业化。分工和专业化是服务业提升效率的关键。因此，服务经济的公共政策体系必须减少分工成本，最大限度地减少交易成本，推动专业化。

2. 推动服务外包的特定政策方向

推动在岸外包的政策关键点是释放需求，鼓励企业将服务环节外置。重点是加快公有部门改革，解决服务外包发包动力问题；消除政策歧视，降低服务外包的交易成本；创新激励机制，解决服务外包的起步问题，将"补供方"改为"补需方"，即可以给那些将服务外包出去的发包方给予适当的补贴，加速服务外包的发展。

离岸服务外包的关键是提升供给，例如：加大人才培养力度，营造高端人才"宜居宜业"环境；提升服务外包园区功能，为服务外包提供良好的载体；加强服务业法制建设，降低司法成本等。

本章小结

本章从服务外包具有正外溢性，有利于增加就业，服务外包是幼稚产业等方面分析了公共政策介入服务外包的理论、现实依据；分析了我国服务外包发展的思路和目标，我国目前推动服务外包发展的政策实践；最后研究了我国公共政策体系的着力点。

第七章 促进服务外包的
投资政策选择

投资是资本形成的关键，是改变要素资源的手段，对于服务外包的比较优势具有重要意义。我国投资率相对较高，但是投资结构偏重于"铁公基"等硬件的投资，忽视了软实力投资。为推动服务外包发展，我国应加大信息、数据库、园区等软性基础设施的投资。

第一节 投资与服务外包比较优势

根据动态比较优势理论分析，资本和要素是决定产业竞争优势的关键因素。投资不仅改变了资本和劳动的比例关系，从而改变了二者的比价，进而改变了企业的生产技术；同时，投资，特别是长期性投资，对于改变产业发展的要素具有重要意义，如公共技术平台建设、基础设施建设等。

一、投资是资本积累的主要手段

储蓄是资本形成的物质基础，是资本形成的供给力量，但是储蓄本身并不能确保转变为资本，只有当储蓄有效转变为投资时，才能给经济提供资本支持。[①] 投资作为储蓄转化为资本的手段，包括投资体制、投资渠道等内容，储蓄转化为投资的机制也是资本形成机制。资本形成机制包含三个层面的内容：储蓄、投资需求、储蓄转化为投资的渠道和形式。Solow（1957）在不变的规模报酬、外生的技术进步和竞争市场的假设下，将每

---

① 参见百度百科。

人平均产量的增长分解为每人平均资本增长的贡献和索洛剩余。中国是一个人口大国，劳动力供给比较充裕，而且工业化的时间相对较短，人均资本拥有量远远低于发达国家，只要资本的形成能够吸引并匹配更多的劳动，经济增长的空间仍然会很大。因此，在目前中国经济发展阶段，通过投资实现资本形成，扩大资本总量，对于产业发展非常重要。

二、投资改变服务外包要素优势

投资作为资本积累的手段是一个比较抽象的概念，但在多元化的经济中，投资是非常具体的。从大的方面讲，投资可以分为固定资本投资和无形资本投资，固定资本投资如道路、通信等基础设施，机器、厂房等生产设备，无形资本投资如技术投入、人力资本投资等。服务外包仅仅是众多产业中的一种，对于固定资本和无形资本的需求既有和其他产业相同的地方，同时也有独特的需求。

1. 投资与基础设施

可以说，基础设施唯一来源就是投资，一个国家将投资投向哪个领域，哪个领域的基础设施水平就可以快速改善。印度在没有完成工业化的情况下，加大对服务外包基础设施投入，特别是通信基础设施的投入，印度的通信基础设施水平迅速提高，对服务外包的强势崛起起到了至关重要的作用。因此，通过投资可以改善服务外包所需基础设施，推动服务外包的发展。

2. 投资与知识资本

知识资源的本质是不断地创新、总结，或者说通过 R&D 活动得来的，这也是内生增长理论的核心思想，知识的开发和积累是一个长期的过程，需要大量的投资。Romer（1996）认为经济增长中有一个显性研究开发部门，这个研究开发部门的产出是资本、劳动和技术的函数，而且产出与投入正相关。何况，服务外包需要的知识大多是流程、组织以及软性知识的创造，因此加大这方面的投入可以加快服务外包相关知识积累。

3. 投资与人力资本

人力资本是指存在于人体之中的具有经济价值的知识、技能和体力（健康状况）等质量因素之和，人力资本的价值由人力资本的各项开支所构成，但人力投资的成本计量除这些实际费用支出外，还必须计算机会成本，人力资本是正规教育、在职培训、健康、卫生投入的综合产出。①

4. 投资与产业载体

服务外包的发展离不开外包园区，综观国内外实践，外包园区在服务外包，特别是离岸外包中具有非常重要的作用，是服务外包发展的重要载体，外包园区的建设需要大量的固定资本投资和软性投资。通过加大外包园区的投资、优化投资结构，可以提升园区竞争力。

5. 投资与企业发展

企业的发展离不开设备、场地等，在高端外包环节还需要技术和知识的支持，必须加大投资，才能提升业务承接能力。

第二节　中国投资的特点

一、中国资本形成比例呈现波浪式上升的趋势

在国民经济核算中，投资率等同于资本形成率。1978 年，中国的资本形成率为 38.2%，之后经历了一个逐步下降的过程，到 1982 年下降到改革开放以后的最低点 31.2%，之后又开始上升，1985 年达到一个波峰，之后开始下降，到 1991 年达到一个波谷。如此循环，改革开放之后的 30 多年中，共有四个波浪出现。但是，中国的投资率总体呈现出一个上升的趋势，从 1978 年的 38.2% 上升到 2012 年的 47.8%，如图 7-1 所示。

二、中国资本形成比例明显高于其他国家

从全球的资本形成比例来看，从 20 世纪 90 年代到现在，资本形成率基本保持稳定，1990 年世界平均投资率为 23.5%，到 2007 年略有降低，为 22.1%，而且中等收入国家和中低收入国家的投资率比高收入国家和低收入国家高，低收入国家的最低。美国、英国的资本形成率一直维持在

---

① 关于人力资本的问题比较复杂，将会在第八章详细论述。

图 7-1 中国资本形成率趋势（1978~2012 年）

资料来源：《中国统计年鉴》(2013)。

20%以下，印度的投资率则呈现出上升的趋势，从 1990 年的 24.2%上升到 2009 年的 34.5%。中国的投资率远高于世界平均水平，更高于发达国家水平，如表 7-1 所示。

表 7-1 世界主要国家资本形成比例的比较

单位：%

年份 国家和地区	1990	2000	2005	2007	2008	2009
中国	36.2	35.1	43.6	41.7	42.6	44.8
世界	23.5	22.3	21.7	22.1	—	
高收入国家	23.0	22.0	20.6	20.8		
中等收入国家	26.0	24.0	27.2	28.5	29.1	28.3
中低收入国家	25.8	23.9	27.1	28.4	28.9	28.2
低收入国家	17.5	19.4	22.3	23.9	24.4	
印度	24.2	24.2	34.3	37.6	35.6	34.5
日本	33.1	25.4	23.6	24.1		
菲律宾	24.2	21.2	14.6	15.4	15.3	13.7
美国	17.7	20.5	19.3	18.0		
巴西	20.2	18.3	16.2	17.3	18.2	16.6
法国	22.5	20.5	20.3	22.2	22.2	

续表

年份 国家和地区	1990	2000	2005	2007	2008	2009
德国	23.2	21.8	16.9	18.2	19.3	
俄罗斯	30.1	18.7	20.1	24.2	26.2	22.7
英国	20.2	17.7	17.2	18.3	16.8	

资料来源：《国际统计年鉴》(2011)。

三、中国固定资本形成中主要是建筑安装工程投资

中国的固定资产投资中，建筑安装工程投资虽然有下降的趋势，但仍然占主体地位，1981 年建筑安装工程投资的比重超过 70%，达到 71.8%，之后经历了一个逐步下降的过程，2005 年降到 60.1%，但随后又开始上升，2012 年达到 65.0%。而设备工具器械投资的比重尽管有一些波动，但总体保持稳定，1981 年设备工具器械投资的比重为 23.3%，2012 年为 20.7%，最高的一年是 1985 年，达到 28.2%。但是其他费用则呈现上升趋势，从 1981 年的 4.9% 上升到 2012 年的 14.2%，说明固定资产投资中软性费用在逐渐上升。

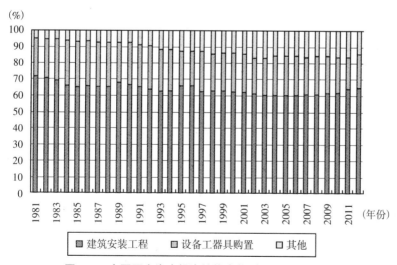

图 7-2　中国固定资产投资结构变化（1981~2012 年）

资料来源：《中国统计年鉴》(2013)。

四、固定资产投资中三次产业投资中工业占主要部分

2003 年第二产业投资占总投资的比重为 36.3%，而第三产业为 38.3%，但是之后第二产业的比重逐渐上升，而第三产业（不含房地产）的比重则出现下降，到 2010 年第二产业投资的比重上升到 41.8%，上升了 5 个百分点，而第三产业的比重则下降了 5 个百分点。第二产业投资在投资中占主导地位（见图 7-3）。但与之不同的是，美国从 1948 年开始，服务业投资的比重开始上升，而制造业的比重则开始下降，到 2005 年，服务业（不含房地产）投资是制造业投资的 4 倍，如图 7-4 所示。

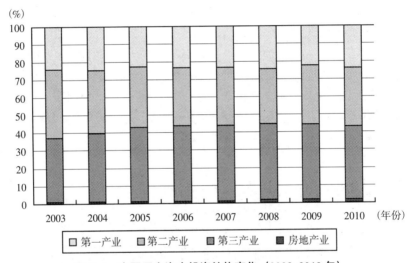

图 7-3　中国固定资产投资结构变化（2003~2010 年）

资料来源：《中国统计年鉴》（2011）。

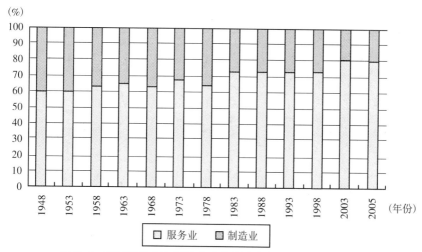

图7-4 美国服务业和制造业产业投资变化（1948~2005年）

资料来源：Bureau of Economic Analysis.

第三节 中国投资的重点领域及方向

对于服务外包乃至服务业发展来讲，中国的投资存在一些问题，主要表现：一是投资"重硬件，轻软件"，即投资主要投向"铁工基"等硬件设施，而对于信息、数据库、制度平台的投资较少；二是投资"重建设，轻运营"，即建设投资很大，但建成运营投入不足，设施/平台的功能发挥不完善；三是投资"重工业，轻服务业"，大量投资主要是投入工业领域或者是工业配套领域，服务业投资较少。

一、加大信息基础设施投资

服务外包主要是基于信息技术的外包，信息基础设施是服务外包的通道。如印度非常重视信息基础设施，于1991年投资兴建了可高速传输数据的微波通信网络Soft Net，这在当时是个创举，并为50多个园区建立了卫星通信网络。服务外包重点关注信息基础设施的可及性（接入方式及便利性)、传输速度、网络容量、使用成本、兼容性以及交互性等。

美国副总统戈尔强调,建设信息高速公路是美国掌握未来世界竞争先机的枢纽。美国在 1993 年发表《国家信息基础设施行动动议》(The National Information Infrastructure:Agenda for Action)(以下简称《动议》),《动议》提出要建立国家信息基础设施(National Information Infrastructure,NII),具体内容包括五个方面:①一系列不断扩展的仪器设备,包括摄像机、扫描仪、键盘、电话、传真机、计算机、交换机、高密度磁盘和光盘、声像带、电缆、电线、通信卫星、光纤传输线路、微波通信网、电视、监视器、打印机等;②信息,信息可以通过电视节目、科学或商业数据库、影像、录音、图书馆档案及其他媒体等形式体现;③各类应用程序和软件,用户能借助这些程序和软件去访问、处理、组织和提炼那些由 NII 设施提供的、随时可用的大量信息;④各种网络标准和传输编码,依靠它们实现网络间的互联和互操作,确保个人秘密和网络的安全与可靠;⑤人,人的工作是挖掘信息,开发应用程序和服务、组建设备、培训其他人员等。美国建设国家信息基础设施是 20 年前的事情,今天信息技术已经发生了翻天覆地的变化,信息基础设施建设的内容和范围远远超过了《动议》中涉及的内容。

我国要从知识经济、服务经济的大局出发,加快建设信息基础设施,既为服务外包发展提供通道,也为整个国民经济发展提供"动脉"。具体来讲,信息基础设施建设应该主要从以下几个方面着手。

1. 从经济社会发展全局出发,推进下一代信息通信网络基础设施建设

一是加快发展下一代互联网,发展更大容量、高可靠性、智能化、多业务承载能力的光传输网和 IP 承载网,推进 IPv6 商用建设、网络过渡、业务迁移和规模部署。

二是加快无线网接入进程,推进无线接入网向网络架构扁平化、接入手段多样化、承载 IP 化、传输速率高速化方向发展,建设无线高速宽带网。

三是推动云计算基础设施建设,以应用需求为导向,统筹布局云计算基础设施,推动电信运营商和其他第三方数据中心向云计算基础设施服务商转型。建设云计算管理与支持平台,构建具有资源管理、资源调度、计费等功能的云计算管理平台并实现产业化,开发软硬件一体化的云存储平台、云中间件技术等。

2. 构建立体化的通信网络

一是实施宽带计划。借鉴美、日等发达国家的经验，实施国家级的专项宽带计划，加快推进光纤入户工程，发展移动宽带、无线宽带与固定宽带，让更多的企业、居民真正享受到廉价、便捷、高效的宽带网络。

专栏 7-1　发达国家宽带战略

韩国——《IT 韩国未来战略》

韩国 2009 年发布《IT 韩国未来战略》，决定未来 5 年内投资 189.3 万亿韩元发展信息核心战略产业，以实现信息产业与其他产业的融合，为韩国经济发展创造动力。2010 年，韩国政府推出一项计划，计划到 2012 年在全国普及 1000Mbps 宽带。

日本——《i-Japan 战略 2015》

2001 年以来，日本宽带发展战略经历了"e-Japan"、"u-Japan"、"i-Japan"等不同阶段。2009 年，日本政府 IT 战略本部制定了《i-Japan 战略 2015》。该战略旨在到 2015 年实现以人为本，"安心且充满活力的数字化社会"，让数字信息技术如同空气和水一般融入每一个角落，并由此改革整个经济社会，催生出新的活力，实现积极自主的创新。

美国——《国家宽带计划》

2010 年，FCC 即向国会提交了国家宽带计划（National Broadband Plan）。该计划拟从多个方面着手，实现 4 个长期目标：①至少 1 亿美国家庭能支付得起实际下载速度至少为 100Mbps，实际上传速度至少为 50Mbps 的宽带网络服务。②依靠速度最快的、覆盖范围最广的无线网络，使美国引领世界移动创新领域的发展。③使每一个美国人都支付得起宽带网络服务，并按他们所掌握的方式和技能订阅这些服务。④每个社区都能够支付得起接入大于等于 1Gbps 的宽带服务，以访问学校、医院和政府等机构等。

二是发展服务外包专用卫星通信网络。借鉴印度经验，建立国家虚拟软件园区，通过微波中继、卫星通信和光缆，构建连接各企业自建园区的低成本国际通信网络。

3. 加强融合和基础设施智能化建设

一是继续深入推进三网融合，实现电信网、广播电视网、互联网"三网融合"，构建宽带、融合、安全的下一代国家信息基础设施。

二是大力发展物联网，建设物联网服务平台，加快推动物联网的应用示范，建设集研发、中试、小批量生产和测试于一体的物联网公共技术服务平台和公共测试服务平台。

三是加快现代基础设施的智能化改造，推进智能基础设施建设，如智能交通、智能电网等。

4. 降低信息通信资费

据《全球信息技术报告 2009~2010》提供的数据，2008 年互联网普及率超过 75%的前 10 个国家，固定宽带费占人均 GDP 的比重都在 1%左右，而中国的这一比重为 7.4%，在所比较的 99 个国家中，属于资费水平最高的 30 个国家之一。而《中国信息社会发展报告 2010》称，2008 年，我国上网接入速率约为 1.8Mbps，远远低于日本的 63Mbps、韩国的 40Mbps 以及中国香港的 20Mbps。2008 年，我国宽带用户平均月资费 83.8 元，相当于每 Mbps 每月 46.6 元（约合 6.7 美元），是韩国宽带价格（0.37 美元）的 18 倍、日本（0.13 美元）的 51.5 倍。我国必须采取措施，加大通信基础设施领域的竞争力度和技术开发力度，降低通信资费。

二、软性基础设施

服务无形性导致服务外包和制造业外包不同，服务外包的发展更加依赖软环境，如信用水平、共性服务平台、数据库以及法治环境，等等。

1. 加大公共技术服务平台建设

为服务外包企业提供专业化软件和技术开发环境、软件测试、科学计算、云计算服务、医药研发外包服务等技术服务或提供专业设备设施、数据存储、软件共享等资源共享服务的综合技术公共平台。主要包括软件质量管理平台、软件开发实验平台、软件测试平台、软件工具库、开放源码库、软件构件库、软件过程基准平台、下一代互联网平台等。具体来讲，主要是软件开发实验平台，建设配套齐全、服务完善的综合实验室和署名实验室，为软件企业提供良好的软件开发、测试境、实验、模拟等环境；

软件测试平台，建立综合测试实验室、对比测试实验室、兼容测试实验室、网络测试实验室、NC 测试实验室等功能性测试实验室，帮助软件企业把好质量关；软件工具库，建立管理工具、需求分析工具、设计建模工具、软件过程管理和控制工具、质量管理工具等软件工具库，为软件企业提供工具软件检索、下载（对于免费软件）等服务；开放源代码，建立原创源码库和成熟源码库，帮助企业提高开发效率、降低开发成本、缩短项目的开发周期，并提供相应的技术支持、培训、咨询、信息服务、项目合作等；软件过程基准平台；建立面向领域的软件过程及产品基准库，确定企业软件开发水平和软件产品质量在行业中的准确定位，帮助软件企业建立核心竞争力，开拓软件国内、外市场；构件库，通过对可复用构件的分类、管理、存储和检索，为软件企业的软件开发过程提供全面的支持。

同时，要改变过去平台建设"重建设、轻运营"的局面，在建设前期要充分考虑到公共技术平台运行的资金规模以及可能来源。公共服务平台建设要引入市场力量，最大限度地贴近市场，提高公共技术服务平台的使用效率。

2. 加强服务外包数据库建设

数据库是企业和政府部门决策的依据，数据库的完整性、准确性，直接决定决策的科学性，进而关系到企业的存亡。数据库的建设，包括以下几个功能：

一是整合功能。数据库要整合服务外包领域的中外文期刊、图书、学位论文、会议论文、产业动态、统计数据、企业名录、专家人才、政策法规等，而且要动态更新，保持数据库的新颖性，方便用户检索、下载和利用。内容要涉及物流外包、SaaS、PaaS、动漫研发外包、呼叫中心、嵌入式软件外包、研发外包、工业设计外包、行业解决方案外包、金融后台服务外包等所有服务外包的重要领域。

二是分析功能。服务外包数据库不仅要整合现有的数据，而且要对现有的数据进行整理、归纳、分析，为企业、政府、学者以及其他相关群体提供更加全面、清晰的数据服务。同时了解企业、政府、学者以及其他相关群体对服务数据的需求，并与数据库中的资源进行比对，对于缺失的数据资源及时进行补充。

三是研发功能。建立专业的数据库管理队伍，进行数据收集、整理，并建立数据补充收集机制、渠道和经费保障机制。

四是服务功能。为企业提供商情信息发布、招聘求职信息发布、企业形象与产品展示、交流与协同平台、竞争情报服务、定题信息服务、文献传递服务、文献编译服务等。

3. 建立知识产权保护和征信平台

知识产权保护和数据隐私保护是服务外包发展中的难题，特别是在我国目前知识产权保护机制不健全、社会总体信用水平较低的情况下，知识产权保护平台和征信平台的建设显得更加重要。

一是形成政府科学决策机制，建立政府信用平台。政府要建立道德责任、政治责任、行政责任、诉讼责任和侵权赔偿责任意识，推进依法行政；同时建立良好的政府信息渠道，全面推进政务公开，通过听证会、电子政务网络等途径，政府机关将自身的活动、公共信息及公共政策向社会公开。

二是建立社会信用平台，对市场主体的资信状况进行系统调查、收集、加工、评估和保存。征信数据的开放与信用数据库的建立是信用制度体系的基础。要健全征信制度，应该通过立法，明确规定可以被征集的信用范围、征集的方式、信息共享的条件和范围以及有关的法律责任；加快企业和个人信用信息基础数据库的建设步伐，完善信用信息基础数据库的系统查询、异议处理、统计、纠错等功能；提高数据库的数据质量，建立多渠道的数据质量检查制度和快捷的纠错机制。加快征信立法建设，必须同时做到既能使信用信息最大限度地为社会所用，又能对政府的国家秘密、企业的商业秘密和公民个人的隐私加以有效的保护。

4. 建设服务外包信息自由港

目前在服务外包相关业务中，特别是数据库和研发服务外包中，由于信息涉及企业的机密，因此很多企业不愿意接受信息监管。建议建立数据通信出口港，借鉴发展制造业外包建立保税区的做法，只要数据来自国外，而且在加工处理过程中以及完成后不在国内传播，就可以免于监管。

三、加强服务外包园区建设

服务外包园区是服务外包的载体。截至 2010 年底，我国共有 84 个服务外包示范园区，与服务外包相关的园区超过 300 个，服务外包园区成为我国服务外包产业"示范城市+示范园区"两级发展体系的核心元素，是推动服务外包产业发展的关键点及着力点。但是中国的服务外包园区发展总体实力薄弱，发展状况极不均衡，在定位、发展导向、园区管理等方面存在五个问题：①园区主导产业定位不清，专业型园区相对缺乏。目前，我国的服务外包园区大都是混合性园区，而且园区内企业的依存关联度较低，园区仅仅是企业物理空间上的集中，在产业上的业务往来相对较少，没有形成良好的生产互动关系，没有形成良好的产业集群。②外包产业龙头企业的珍稀性造成其在招商时成为各地发展的重点，园区却忽视了本地原生企业的培育。③园区往往将着力点放在中低端操作性人才的培养上，而忽视了高端人才的引进，虽然多数园区已认识到人才对于服务外包产业发展的重要性，但在相应的推动举措等方面仍然局限在中低端人才的培养，而在中高端人才聚集及培养，尤其是创业型领军人才的引进方面办法不多。④优惠政策仍然是招商引资的主要手段，"经济候鸟"和"政策寻租"现象普遍。⑤外包园区主要提供基础行政性服务，园区生活、管理、服务的质量和水平有待提高，目前大多数园区还是"房东"的角色，主要提供基础行政服务。

园区是服务外包载体的关键是集中提供理想的软件研发基地、良好的成果孵化环境、相当规模的软件流动市场、设施完善的人才培训场所、便利的交通与生活设施、良好的休闲娱乐场所等，因而能够充分发挥软件园区的群体优势和规模效应。据统计，美国的软件企业在通常环境下的成功率为16%，而在硅谷软件园区中，软件企业的成功率达到60%。中国要加大投资力度，为服务企业的发展建立适宜的微观创新机制，关键是管理机制、融资机制和创新机制，提升服务外包园区的竞争力。

1. 建设"创新园区"

创新园区建设的关键是形成创新集群，创新集群是由企业、研究机构、大学、风险投资机构、中介服务组织等构成，通过产业链、价值链和知识链形成战略联盟或各种合作，具有集聚经济和大量知识溢出的技术——经济网络[①]。2006年11月召开的欧洲第一届再创新（Re-innovating）会议上，欧盟企业与工业理事会（Directorate General Enterprise and Industry）指出，集群在创新驱动和经济增长中起着关键的作用，它能为新企业的建立提供理想的环境，并与其他企业、投资者、高等院校

---

① 钟书华：《创新集群概念、特征及理论意义》，《科学学研究》2008年第2期。

和科研机构形成捆绑机制。创新集群的培育与成长，推动了发达国家部分产业快速实现升级，在发达国家经济摆脱 20 世纪 80 年代的经济萧条中发挥了巨大作用；同样，培育创新集群是发展中国家改变本国在"雁形模式"下发展产业的局面，逐步摆脱"国际分工陷阱"，走上高端化道路的重要途径（王福涛、钟书华，2009）。建设创新园区的关键是集聚创新服务机构、大学和研究机构等创新力量（见图 7-5）。从国内外创新集群的形成看，主要有两种途径：一是以美国硅谷为代表，围绕斯坦福大学创办的斯坦福工业园，逐步布局信息、软件产业；二是以印度的班加罗尔为代表，是将斯坦航空制造有限公司、印度航天研究机构、印度重型电子有限公司、印度电话工业公司、印度地球起重有限公司等迁往拥有印度科学院、Tata 学院、印度管理学院等一流高校和科研机构的班加罗尔而逐步形成的。中国建设创新型服务外包园区，就是要加大投资力度，在服务外包园区内建设高等院校的分校、科研机构的实现室、孵化器等。

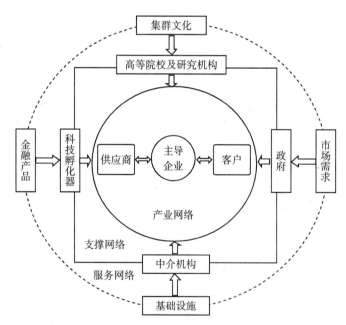

图 7-5　创新集群（园区）构成要素

资料来源：肖泽磊等（2010）。

2. 建设"智慧园区"

智慧园区建设已经成为园区管理机构破解可持续发展难题、加速经济转型升级、提升园区吸引力的重要手段。IBM 公司认为，智慧园区建设的主要目标：一是直接为园区管委会服务，进一步提升园区内部的行政管理和公共服务能力，增强园区在推动企业创新上的服务能力；二是间接为园区内的企业服务，通过综合主题园区和虚拟园区，为企业做宣传推广，并提供更高层次的管理决策支撑。其关键点是"智慧"：①它在现实的园区环境之外，通过网上虚拟园区等技术手段，加强园区内部的互动沟通和管理能力，在更加广阔的范围内提高园区的知名度。②它更强调增强园区管委会政府、园区企业等各个方面的资源整合能力，把园区内各方的专长资源加以整合推广，为该园区打造一个整体的强势品牌。"智慧园区"的核心内容包括虚拟园区、主题园区、政务联动云、企业管理云等方面。[①] 建设服务外包智慧园区的关键是，加大投资力度，提供服务平台，整合资源。①建设云平台，通过云平台的整合，以云平台为枢纽，形成一个紧密联系的整体，获得高效、协同、互动、整体的效益；重点建设桌面云服务平台、虚拟资源租用服务、中小企业软件云服务平台。②促使园区与物联网深度融合，实现对物理城市的全面感知。③建设智能园区资源管理平台，对人力、物资、设备、物料、车辆、房屋等进行管理。④建立园区对外交互平台，统一网上交易中心、外部交流咨询与招商推进、园区活动宣传与交流互动管理等。

3. 建设"生态园区"

推进园区城市化，以良好的公共服务设施、生态环境、生活环境提升园区人才吸引力，进而提升园区竞争力。因此，要加大园区的生态环境改善，医疗、教育等公共服务设施建设，以及休闲、娱乐等高端生活设施的建设。

---

① IBM：《IBM 智慧园区解决方案》。

专栏 7-2　中国服务外包园区的发展趋势

趋势一：园区产业环境建设从基础设施向构筑产业共生体系升级。传统园区基础设施的提供已经不能满足园区发展的需要，通过构筑产业共生，可以真正实现园区间和园区内的资源共享、协作共生，促进中国服务外包园区从传统模式向新型模式升级。

趋势二：产业园区化模式成熟，并向园区城市化方向发展。园区城市化有利于打造良好的宜居环境；有利于提高园区的品位和竞争力；有利于吸引并留住人才；有利于营造良好的营商环境；有利于将园区打造为城市发展新的高地，提升城市魅力和吸引力，进而增强园区的吸引力。

趋势三：从物理园区到立体园区的发展趋势。在外包园区竞争发展的3.0时代，外包园区作为载体，单纯靠土地运营和基础设施打造的物理园区已经无法成功吸引客户。外包园区的软环境成为竞争发展的关键成功因素，外包园区立体化发展是未来的必然趋势。即向以物理园区为基础、网络平台为补充、服务体系为特色的"三位一体"的立体化园区转型。

趋势四：云平台将成为园区公共服务平台的核心。计算机和网络作为工作、通信和信息源载体，成为服务外包企业必备的工具。随着云计算的诞生、应用和流行，基于云计算中心衍生出的云平台将成为外包园区公共服务平台的核心，园区要提供基于云端资源的个性化解决方案，深入企业发展环节，打造嵌入式服务体系。

趋势五：大学校区、科技园区和公共社区三区融合，联动发展。把大学校区的人才培育与知识创新，科技园区的科技孵化与技术创新，公共社区的公共服务与社区环境建设系统有机地统一起来，构造以知识为桥梁，价值创造为纽带，资源集聚共享为特征，校区、园区和社区紧密结合、共同发展的城区发展模式。

摘自：天津鼎韬外包服务有限公司：《中国服务外包园区未来发展十大趋势》，《中国经贸》2011年第2期。

本章小结

投资对于资本积累、基础设施形成乃至企业的发展具有重要意义，本章从投资影响服务外包的机理出发，分析了我国投资的现状和特点，并从信息基础设施建设、软性基础设施建设、园区建设等视角分析了改善投资的措施建议。

第八章 促进服务外包的人力资本政策选择

与制造业不同，服务外包产业的核心资本是人力资源。一般来讲，服务外包企业收入的约 65% 通常会被用于支付劳动成本，10%~15% 用于支付物业租金和办公费用，余下的是利润；而且影响服务外包区域布局的关键因素也发生了变化，服务外包一般注重人力资本、信息通道、成本等，所以，人力资本成为获得服务外包比较优势的关键。

第一节　人力资本与服务外包比较优势

Shailey Dash（2006）利用 Hecksher-Ohlin（H-O）模型分析了服务外包的比较优势，不同的国家由于固有的地理、历史和文化遗产要素而禀赋不同。发展中国家有丰富的人力资源，发达国家如美国、日本、加拿大等国家有丰富的资本，中东国家则有丰富的文化资源。服务业是典型的劳动密集型产业，更确切地说是熟练劳动力密集型产业。服务部门的劳动生产率提升，更加依赖于人力资本的质量而非物质资本。而技术的扩散和可及性缩小了发展中国家和发达国家之间的劳动力技能差异。这样使得发展中经济体如印度能够以低于美国的工资提供高品质熟练劳动力，美国将 IT 战略和其他服务外包到国外。

景瑞琴（2006）分析了 28 个接包国人力资本和服务外包接包规模之间的关系，分析发现高等教育在校生规模（用来衡量人力资本水平）与服务外包之间有着明显的正相关关系，并通过对服务外包承接国的比较发现，人力资本对一个国家承接国际服务外包的能力具有重要影响。而且对于一个发展中国家来说，其人力资本优势取决于该国熟练劳动力的绝对数量，而不是熟练劳动力在该国总劳动力数量中所占的比例（Shailey Dash，2006b）。例如，虽然印度与中国受过高等教育的人数占受教育的人口总数的比例很低，但其熟练劳动力的绝对数量却仅次于美国。因此，与发达国家相比，尽管这两个国家的人力资本水平不高，但仍旧是主要的服务外包承接国。

Pol Antra's 等（2006）建立了知识经济下的外包模型。他们假定低技能劳动者从事简单任务，而高技能劳动者从事知识密集型任务（如管理），相比低技能的管理者，高技能的管理者可处理团队遇到的复杂问题，因而管理同样的团队可以获得更高的生产率；同时高技能的劳动者可以独自解决更加复杂的问题，因而同样的管理者可以管理更多的高技能劳动者。世界由两个国家（北方与南方）组成，每个国家都拥有两种不同人力资本水平的劳动者，即高技能者与低技能者，而且生产同样的产品。如果不发生国际外包，北方的高技能者只能与本国的低技能者组成生产的两层团队；而当国际外包成为可能时，北方的高技能者可以在国际劳动力市场上寻找到南方的高技能者与低技能者，从而形成生产服务的三层团队。所以，当企业决定把某些生产环节外包到其他国家时，就会引起生产结构的变化。与两层团队相比，三层团队能够利用国际劳动力的技能差异，通过进一步的分工而获得更大的收益；有效的三层服务外包生产团队要求外包承接国拥有较高人力资本水平的高技能者，因此，服务外包承接国高技能者的人力资本水平是吸引国际服务外包的关键因素。[1]

人力资本水平不仅仅决定了一国服务外包的竞争优势，同时还会影响服务外包对承接国的效应。我们知道，承接服务外包的目的绝对不仅仅是为了获得一些订单，其根本目的是通过承接国际服务外包，推动本国的技术进步、劳动生产率提高。服务外包对于承接国技术进步的影响主要是技术外溢，而技术外溢主要取决于吸收能力。[2] 技术外溢效应与人力资本水平息息相关，主要体现在三个层面：一是获取技术学习与模仿的机会；二是学习、模仿新技术的能力；三是在实际生产中运用和创新技术的能力。[3]

① Pol Antra's, Luis Garicano and Esteban Rossi-Hansberg, "Offshoring in a Knowledge Economy", *The Quarterly Journal of Economics*, Vol.121, No.1, 2006, p.31-77.

② Eller W., "Absorptive Capacity: On the Creation and Acquisition of Technology in Development", *Journal of Development Economics*, Vol.49, No.1, 1996, p.199-227.

③ 阙澄宇、于清：《服务外包中人力资本投资对技术吸收能力的影响》，《大连海事大学学报（社会科学版）》2008 年第 6 期。

此外，服务外包和人力资本之间是相互影响的，人力资本水平决定了服务外包的比较优势，但服务外包的发展又会推动人力资本水平的提升。主要表现在三个方面：①

　　一是信号效应。在劳动力市场上，就业机会和报酬水平具有信号功能和预期效应，能够影响潜在就业者的人力资本投资决策。离岸服务外包要求承接国具备人力资本禀赋上的比较优势，所提供的大多是人力资本密集型岗位，且当前发展趋势是向服务产业的高端价值链延伸，岗位工资报酬较高并呈上升趋势。离岸服务外包提供给具有较高技能水平的劳动者众多就业机会和高薪报酬，并使他们的预期收入提高，从而促使人们加大人力资本的专业教育投入，并带动包括基础教育在内的所有教育投入增加，最终促进一般人力资本积累。

　　二是教育与培训效应。发包企业主动通过更新教学设备、设立奖学金和研究基金等方式资助承接国的正规教育，而且为了提升劳动者技能，通常要采取多种形式的培训。这些培训有利于人力资本水平的提升：①承接企业员工自身技能的直接提升；②行业水平溢出，即发包方对承接企业人员进行培训，转移的先进技术和经验可能会向接受培训企业的当地同行企业溢出，进而提升该行业的总体人力资本水平；③劳动力流动，当承接企业的雇员跳槽或者自己创业时，其在原企业所积累的知识技能和管理经验就会被带到新的企业中，并在新企业中迅速扩散。

　　三是积累经验。Arrow（1962）提出，经验的积累在生产力提高中有重要作用，这就是著名的"干中学"（Learning by Doing）理论，"干中学"是提升人力资本水平的重要途径之一。在承接服务外包的过程中，个体服务者重复地提供某一项服务，由于业务逐渐熟练，或者逐渐摸索到一些更有效的技巧后，服务质量和服务效率都将随之提高，同时也增加了劳动者本身的人力资本水平积累。

---

① 张婷婷：《承接国视角下离岸服务外包的人力资本效应》，《商业时代》2009 年第 6 期。

第二节　中国人力资本特点

人力资本的基本要素是劳动者体力、知识和技能等，这些要素并不是与生俱来的，而是通过各种投资后天形成的。舒尔茨（1961）把人力资本投资概括为：正规的学校教育、在职培训、成人教育、卫生保健和服务、个人与家庭迁移等。由此可见，衡量人力资本水平有两个方面：一是存量；二是流量。流量主要是教育和培训体系，由于存量是"过去时"，因此我们的分析重点放在流量上，即教育和培训体系上。而且，具体到服务外包，人力资本的关键是智力和知识，因此本书的讨论将集中在教育、技能等相关问题上。

一、人力资本潜力巨大

我国是人口大国，2012 年人口规模为 13.61 亿人，占世界人口的 1/5 以上，比人口第二多的印度（11.71 亿人）还要多出 1.9 亿人①。当然，人口大国不等于人力资本大国，更不等于人力资本强国。从人力资本的形成来看，15~24 岁的识字人口最有可能形成服务外包所需的人力资本。2009 年，中国 15~24 岁人口识字率为 99.37%，高于中等收入国家的平均水平近 10 个百分点，与高收入国家基本接近。亚洲服务外包主要承接国菲律宾、泰国等国家的 15~24 岁人口识字率分别为 95.09%（2000 年）、98.05%（2005 年），从这项指标来看，中国的优势优于这些国家，人力资本潜力巨大，如表 8-1 所示。

表 8-1　15~24 岁人口识字率的国际比较

单位：%

国家	1980 年	1990 年	2000 年	2005 年	2009 年
高收入国家	—	99.25	99.39	—	99.50
低收入国家		59.17	67.54		71.57

① 数据来自 WDI data。

续表

国家	1980 年	1990 年	2000 年	2005 年	2009 年
中等收入国家	—	83.81	88.22	—	90.83
马来西亚	87.97	—	97.24	—	98.55
菲律宾	91.79	96.58	95.09	—	—
俄罗斯	—	—	—	—	99.69
泰国	96.87	—	97.98	98.05	—
越南			94.84	—	96.88
巴西	83.91		94.18		
中国		94.28	98.86	—	99.37
老挝			80.60	83.93	

资料来源：WDI data.

二、从业人员人力资本水平偏低

可以用从业人员的受教育程度衡量人力资本存量水平，但我国在 2000 年之后就没有统计从业人员受教育程度的数据。从 2000 年的数据来看，中国的人力资本水平还是偏低的，如 2000 年，我国从业人员中高等教育比重为 12.7%，而日本、美国等发达国家的比重超过 30%。但是，近年来我国高等教育快速发展，从 2010 年中国第六次人口普查数据来看，2010 年中国每 10 万人中具有大学文化程度的为 8930 人，占比不到 10%，是 2000 年的 2.47 倍。假设从业人员中高等教育的比例与具有大学文化程度的人成正比，那么 2010 年我国从业人员中高等教育的从业人员可能达到 30%，但明显低于美国的 61.1%、俄罗斯的 52.5% 以及日本的 39.9%，和菲律宾、越南等国相当，如表 8-2 所示。

表 8-2　从业人员受教育程度的国际比较

单位：%

国家和地区	初等教育		中等教育		高等教育	
	2000 年	2007 年	2000 年	2007 年	2000 年	2007 年
中国			17.3		12.7	
印度尼西亚		55.7		20.6		6.5
日本	17.2	60.1	47.7		35.0	39.9
韩国	32.5	23.0	43.5	42.0	24.0	35.0

续表

国家和地区	初等教育		中等教育		高等教育	
	2000 年	2007 年	2000 年	2007 年	2000 年	2007 年
马来西亚		19.3		56.3		20.3
菲律宾		31.7		38.7		27.7
泰国			19.0		32.2	
越南			12.4	17.4①	22.3	24.7①
美国	13.7	9.5	51.5	29.4	34.8	61.1
巴西		42.9②		28.9②		8.6②
法国	28.6	26.0	46.0	44.3	25.4	29.4
德国	17.8	17.0	58.0	59.0	24.2	23.9
俄罗斯		6.4		41.1		52.5
英国	17.8	21.5	47.4	45.9	26.1	31.9

注：①为 2004 年数据，②为 2006 年数据。
资料来源：《国际统计年鉴》(2011)。

三、人力资本投资力度加大

衡量人力资本投资力度的主要指标包括教育入学率，特别是高等教育入学率以及教育投入。

1. 教育入学率指标和中等发展水平国家持平

从小学入学率来看，大部分国家都超过了100%，说明小学入学问题在全球范围内已经不是问题。从中学入学率来看，2008 年高收入国家基本达到100%，中等收入国家为 67.82%，中国为 76.09%，超过了中等收入国家水平。我国的高等教育入学率为 22.69%（2010 年达到 26.5%），略低于中等收入国家水平，与美国、日本、俄罗斯，甚至泰国和巴西还有一定的差距。对于服务外包来讲，由于服务外包是知识、技能密集型的产业，因此大学入学率是非常关键的指标，这一点中国不具有优势。从高等教育在校生规模来看，2010 年，各类高等教育在校生总规模达到 3105 万人，居世界第一位，如表 8-3 所示。

表8-3　教育入学率国家比较

单位：%

国家和地区	大学生入学率		中学生入学率		小学生入学率	
	2000 年	2008 年	2000 年	2008 年	2000 年	2008 年
世界	18.73	26.42	59.92	67.02	98.76	106.52
高收入国家	55.74	67.23	98.96	100.06	100.29	101.26
中等收入国家	15.07	24.22	59.34	67.82	102.78	108.76
低收入国家	3.91	5.93	29.36	37.69	80.16	103.71
中国	7.80	22.69	61.10	76.09		113.20
印度	9.57	13.49[1]	46.16	57.04[1]	94.15	113.06[1]
日本	47.69	58.04	101.46	100.90	100.35	101.89
老挝	2.72	13.37	34.49	43.86	110.88	111.85
马来西亚	25.91	32.11[2]	64.99	68.19[2]	97.04	96.61[2]
菲律宾		28.70		82.47		110.09
泰国	36.75	44.66		74.32	94.22	93.44
越南	9.60		64.62		106.38	
美国	67.50	82.92	92.91	94.12	99.87	98.78
巴西	16.06	34.45	104.16	100.79	150.51	127.48
俄罗斯		77.20		84.81	106.14	96.84

注：①为 2007 年数据，②为 2006 年数据。

资料来源：《国际统计年鉴》(2011)。

2. 教育投入快速增长，但总体投入不足

1992~2009 年，我国教育经费投入快速增长，由 1992 年的 867 亿元增长到 2009 年的 16502 亿元，增长了 20 倍，2009 年教育支出占 GDP 的比重为 4.83%（见图 8-1）。但从教育支出（不含固定资本）来看，2009 年，中国仅占 GNI 的 1.81%，远远低于世界平均水平，甚至低于泰国、巴西等发展中国家，如表 8-4 所示。

四、人力资本培训体系不合理

1. 基础教育以应试为主，创新能力和团队协作能力培养不足

在我国高等教育资源供不应求、就业途径单一的社会背景下，基础教育成为高等教育的"蓄水池"，而升学率也自然成为基础教育的主要目标，再加上升学选拔机制不合理，基础教育自然就成为应试教育。应试教育模式与考试方法限制了学生能力的充分发挥，创新能力被扼杀。

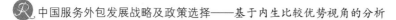

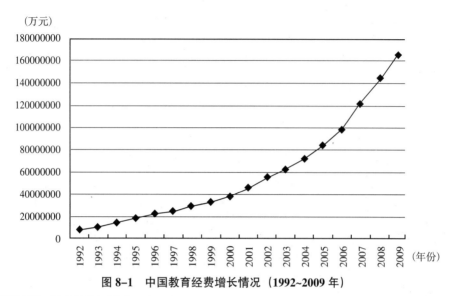

图 8-1　中国教育经费增长情况（1992~2009 年）

资料来源：《中国统计年鉴》(2011)。

表 8-4　教育支出（不含固定资本支出）占 GNI 的比重

单位：%

项目 ＼ 年份	1970	1980	1990	2000	2005	2009
世界	5.21	5.00	4.39	4.32	4.30	4.16
高收入国家	5.74	5.43	4.62	4.52	4.56	4.55
中等收入国家	2.77	3.30	3.19	3.45	3.31	3.19
低收入国家	2.43	2.72	3.09	2.47	2.87	3.11
中国	**1.61**	**2.08**	**1.79**	**1.81**	**1.81**	**1.81**
德国				4.31	4.31	4.33
法国	3.09	4.66	5.05	5.21	5.07	5.04
英国	4.49	5.22	4.67	5.33	4.94	5.09
美国	7.45	6.65	4.75	4.79	4.79	4.79
日本	2.87	3.92	4.08	3.19	3.19	3.19
巴西	3.60	3.60	4.63	3.88	4.32	4.82
印度	2.47	2.95	3.88	4.42	3.14	3.07
马来西亚	5.01	5.01	4.22	4.29	5.51	4.03
菲律宾	2.76	1.65	2.25	3.03	2.37	2.45
俄罗斯				3.54	3.54	3.54
泰国	2.35	2.42	3.00	4.18	4.79	4.65
越南				2.81	2.81	2.81
老挝				0.90	1.09	1.09

资料来源：WDI data.

在制造业发展中已经暴露出我国创新不足的弊端，但是制造生产是固定程式的，我国培养的人才还能够勉强胜任，但是对于服务来讲，由于其具有无形性、同步性，与人力资本水平密切相关，而且服务外包大都是知识密集型的外包，需要高等教育人才，而以升学率为目的的基础教育输送的人才创新能力、团队协作能力等严重缺乏，限制了服务外包乃至服务业的发展。

2. 高等教育以学术教育为主，理论和实践相脱节

目前，普遍存在这样的现象，一方面，每年都有大量的高校毕业生找不到工作，另一方面，企业岗位空缺却找不到合适的人。目前，中国的高等教育维持传统的计划经济培养模式"以产定销"，专业设置没有紧跟市场的发展和变化，尤其是无视与 IT 密切相关的新兴产业不断涌现的知识管理和人才结构变化的需求，造成专业设置和需求的严重错位。特别是最近出现的一些"升级热"，专科学校升级为本科学校，职业学校升级为专科学校，而且在学科设置上过于程式化，大部分高校以培养学术能力为主，工作技能培养不足，缺乏与实践的结合，使得培养出来的人只会死啃书本，不能在短时间内适应工作的需要。特别是对于服务外包这种新型行业，由于实践中的高端人才缺乏，再加上高校体制、待遇限制，高水平的教师很难保证，因此高等院校很难培养出适合服务外包需要的高端复合人才。另外，高等教育也没能摆脱基础教育应试教育的模式，培养了一批"高分低能"的学生，以英语教学为例，大学中不乏考试成绩好的学生，但是应用和沟通能力严重缺乏。此外，大学对于学生人格培育存在不足，并没有将应试教育带来的创新能力不足、团队协作能力不强的弊端扭转。而且学生就业心态也有问题，许多学生眼高手低，即使愿意招聘他们，企业也要付出很高的培养成本，加大了企业的负担。

3. 职业教育发展不健全

长期以来，我国对职业教育充满歧视，"重普教、轻职教"的问题普遍，重研究型人才、轻技能型人才的现象突出。这导致了以下问题：一是报考职业教育学校的学生较少，而且优秀的人才更少，至少从分数上看是如此。许多学生把上职业教育学校作为"无可奈何"的选择，只有考试分数不足以上一本、二本甚至更低的情况下，才会选择报考职业教育学校。二是在学生不认可的前提下，主管部门也向这种认识妥协，投向职业教育的资源越来越少，一些地方政府把职业教育学校升级为普通高校。这样导

致职业教育逐渐萎缩，在整个教育体系中起到的作用越来越小。而职业教育学校作为技能教育的主力军，在培养实用蓝领人才方面具有先天的优势。职业教育体系发展水平较低，导致服务外包所需的实用人才培养不足，目前只能由普通高等院校培养，有点"本末倒置"。

4. 社会教育和培训体系不健全

目前，服务外包人才主要依靠社会力量办学方式和关注大批编程技术员以及业务流程技术员的培训，这只能满足应急或临时人员的培训方式，无法满足服务业源源不断的、各类合格综合素质人才的旺盛需求。实际上，技能人才的培养，特别是高技能人才的培养，成本高、周期长，在不能保证员工忠诚度的情况下许多企业更愿意"挖墙脚"，希望从其他企业招聘，事实上导致了对高技能人才培养的不重视。同时，企业独自进行培养，难以发挥专业性、规模性优势，培训的成本高，效果不明显。需要社会化的协同网络来培养高技能人才，而且还要有风险规避，以及与收益相联系的长效机制，但是我国目前社会化的协同网络体系还不健全，如专业性的培训机构缺乏，实训基地不足等。

第三节　提升人力资本水平的对策

一、从服务管理的视角审视服务外包人力资本

我们跳出狭义的服务外包，从整个现代服务业的发展以及服务管理的视角分析服务经济人才的特点。前面已经分析过，服务具有无形性、同步性、异质性和不可储存性，由于服务具有这四个特殊属性，因此，从服务管理的角度看，需要具备这样素质的人才：①良好团队协作能力和服务意识。现代服务业是知识密集、技术密集型产业，服务涉及的内容日趋复杂，靠单个个体是无法完成的，因此必须依靠团队满足顾客需求，获得竞争力，因此团队合作精神和能力是现代服务业从业人员必须具备的能力。同时，现代服务业人才必须有服务意识，詹姆斯·赫斯克特在《服务利润链》中指出，要按照"态度第一、技能第二"的原则招聘员工。②良好的

沟通应变和实践技能。一般来讲，服务的生产和消费具有同步性，即顾客参与服务的生产过程，这样服务过程将会复杂多变，服务业从业人员必须具有良好的沟通应变能力；同时在面对面的服务提供过程中，服务人员的实践技能能够在服务提交过程的"关键时刻"提高顾客满意度。③复合专业知识。现代服务业依托电子信息等高新技术，以及现代经营方式和组织形式而发展起来，特别是许多新型业态都是产业融合的结果，因此现代服务企业的从业人员必须具有复合专业知识。④创新能力。现代服务业的创新无处不在，而且大都是渐进性创新，需要员工有敏锐的洞察力和创新意识，不断开发新服务，满足顾客的需求。

对于离岸服务外包产业来讲，需要的是跨学科复合型人才、理论与实践相结合、创新能力、国际交流能力。具体来说，服务外包对人才的能力和技能的需求是：英文水平、行业专门知识（如金融、财会等）、技术能力、咨询和业务拓展能力、项目管理能力、对细节的关注程度、动手能力、沟通与协作能力等。当然，不同的人才需要通过不同的途径培养，如软件研发、IT咨询、系统构架等高端人才的培养，必须走国际化道路，通过与国际著名公司的交流、培训、技术合作等多种方式培养；而"软件蓝领"的培养，则依靠高等院校、职业教育学校培养。

二、提升高等教育水平和质量

1. 加大高等教育投入，优化投入结构

对于服务外包来讲，基础教育培养的人才基本不能直接使用，高等教育和职业教育是培养服务外包人才的主要途径。随着高等教育的扩招，在校生规模不断扩大，原有的教学设施难以满足教学的需求，教学质量难以保证。从世界范围看，我国高等教育经费投入占 GDP 的比重是比较低的，2007 年我国高等教育投入占 GDP 的比重为 0.62%[1]，远远低于美国、法国等发达国家，同时，从金砖四国（巴西、俄罗斯、印度、中国）的比较看，4 个国家的投入差距不大，但我国最低（见表 8-5）。因此，要加大对高等教育的投入，提升教学质量。

---

[1] 不含固定资本支出。

表 8-5　高等教育投入占 GDP 比重的国际比较

单位：%

国家	2000 年	2001 年	2002 年	2003 年	2004 年	2005 年	2006 年	2007 年	平均
巴西	0.74	0.74	0.79	0.68	0.67	0.76	0.75	0.74	0.74
俄罗斯	0.47	0.54	0.65		0.65	0.79	0.85		0.66
印度	0.89	0.77		0.74	0.68	0.61	0.62		0.72
中国	0.57	0.61	0.65	0.65	0.63	0.61	0.60	0.62	0.62
日本	0.49	0.47	0.45	0.51	0.54	0.48	0.48	0.48	0.49
韩国		0.25	0.31	0.57	0.47	0.56	0.55	0.50	0.46
美国	0.88	0.95	1.21	1.26	1.08	1.04	1.02	1.01	1.06
英国	0.69	0.75	0.81	0.79	0.77	0.90	0.82	0.44	0.75
澳大利亚	0.76	0.77	0.76	0.75	0.75	0.71	0.70	0.71	0.74
法国		0.90	0.90	1.09	1.12	1.10	1.10	1.14	1.03
德国							0.89	0.89	0.89
意大利	0.92	0.70	0.72	0.65	0.64	0.63	0.67	0.61	0.66
发达国家算术平均值	1.02	1.04	1.08	1.10	1.09	1.09	1.04	1.03	1.06
发达国家数量	16	19	20	20	20	20	20	19	
发展中国家算术平均值	0.76	0.80	0.85	0.77	0.78	0.74	0.72	0.81	0.78
发展中国家数量	15	24	22	23	27	28	27	25	

资料来源：岳昌君：《高等教育经费供给与需求的国际比较研究》，《北大教育经济研究（电子季刊）》，2011 年第 3 期。

　　同时，由于近年来高等教育的投入主要用于硬件建设和规模扩张上，软件投入不足。对于服务业人才的培养来讲，软件投入至关重要。因此，高等教育投入重点要投向软件建设，如师资队伍建设，必须按照市场化的薪酬和体制吸引高质量师资队伍；同时还要加大实习、实验基地的建设力度，培养学生的创新能力和实践能力。

　　2. 调整高等教育专业，改变教学重点

　　（1）增加服务外包和服务业专业设置。根据产业结构变迁规律，调整高等院校的专业设置，增加软件、IC 设计、电信和以信息网络管理、现代物流、金融保险、文化创意等现代服务业发展的紧缺性专业。对于服务外包来讲，要建立服务外包学院，引进高水平的师资。开设嵌入式软件、数字媒体技术、动漫设计与制作、通信网络与设计等专业，课程体系设计要坚持面向职业岗群需求，从人才培养模式的改革与创新入手，将现代服务型人才具有的共性和面向的业务服务技能相结合；坚持职业特定能力、核心能力、社会能力协调发展，强化服务意识和服务能力、IT 技术基础能力和服务面向的业务能力，注重培养学生获取知识、综合运用知识及解决实际问题的能力；坚持理论与实践相结合，注重培养复合能力，以应用为重点，以实践教学和理论教学的一致性和连续性，培养学生的综合能力；坚持创新精神和提升岗位胜任力相结合，培养学生创造性解决实际问题的能力和团队合作攻坚能力。

（2）重视技能培训教育，培养复合型人才。调整目前高等教育以学术教育为重点的教学模式，注重培养学生的工作技能；同时要将学科中的应用精华抽取出来，提炼浓缩，开设适宜性课程，使学生在最短的时间内了解掌握学科的关键点，培养复合型人才。这里的关键还是师资团队建设，必须改变一些高等教育学校"重科研、轻教学"的观念和现实，将优秀的师资集中到教学中，建立合理的激励机制，将教师的精力集中到教学，要通过市场化的薪酬和机制，补充师资队伍，特别是服务外包的高端师资。同时，调整研究生教育的结构类型，将专业型学位研究生的比重扩大到60%~70%，并加快发展非全日制研究生教育，扩大现代服务业专业型学位研究生的教育规模。

（3）注重素质教育，培养"有知识、有文化"的人才。高等教学必须改变目前重视学生所谓"智力"的培养，而要注重培养学生就业、执业观念以及创新能力、沟通能力、团队协作能力等在工作中所需要的软实力。

当然，高等教育的转型也需要改善基础教育改革。但改善基础教育是一项长期性的工作，重点是由应试教育向素质教育转型，重点培养学生的创新能力、沟通能力、学习能力、团队协作能力等。

三、大力发展职业教育

1. 重新定位职业教育在教育体系中的作用

目前，虽然我国高等教育在校生规模非常高，高等教育的入学率为25%左右，与世界平均水平持平，但远远低于发达国家水平。可是，目前我国却出现了"知识型失业"，即大学生从毕业就开始失业，许多地方政府把大学生作为就业困难群体列入重点扶持对象。出现这一情况，许多人认为是大学扩招的结果，但是我国的大学生入学率在全球来看并不高，所以与其说是扩招的结果，还不如说是教育结构出了问题。因为，与大学生就业难并存的是企业用人难，经常有企业反应难以找到合适的人才。实际上，经济社会发展需要的是"橄榄型"的人才结构，即少量的高端人才和少量的低端人才加上大量的中间技能人才。但是，目前高等教育的目标和重点仍然放在培养高端人才上，而且还是以学术性教育为主，结果培养出来的学生缺乏实践操作能力，不能满足企业的需要。无论是现代服务经济（包括服务外包）还是高端制造都需要大量的技能型蓝领，但目前我国的教育体系中缺少培养主体。因此，要重新定位职业教育在现代教育体系乃至现代经济发展中的地位和作用，把职业教育作为培养中间技能人才的主要途径和载体，坚持普通学历教育、高等教育、专业化职业教育并重，提升职业教育的地位，培养大量技能型人才，这对于中国承接服务外包，向服务经济转型意义重大。

2. 扩大职业教育的规模

（1）转型一批普通高等院校为高等职业教育学校。一般说来，高等教育培养的是学术型、工程型的人才，用理论、规律、科学方法、科学手段研究这个世界，然后指导这个世界怎么去改造，怎么去创造出新的产品，向新的方向发展。目前，一些普通高等院校的师资力量、设施设备难以满足培养这些高端人才的需要，结果是培养出的学生"高不成、低不就"，既不能胜任学术、科学、工程等创新工作，也不能适应操作技能型工作的需要。同时，采取精英人才大众化教育的方式，导致精英教育鱼目混珠，教育的信号现实机制丧失。此外，目前我国经济社会发展的阶段，不需要也不可能培养出如此多的高端人才。因此，要把一部分普通高等教育学校转型为高等职业学校，明晰定位，盘活资源，以培养社会紧缺的实际操作型技能人才为目标。这样才能减少普通高等教育盲目发展带来的资源浪费和学生"牺牲品"。

（2）推动高等院校的独立学院向高等职业教育转型。目前，我国的很多名牌高校有大量的独立学院，但是独立学院存在一些问题。独立学院长期倚重母体高校的办学资源，绝大多数学校采用"拿来主义"，进行简单复制，独立学院继承了母体高校比较成熟的理论型、研究型人才培养的经验，专业设置和课程设置与母体高校非常类似，结果独立学院培养的学生在理论上竞争不过母体高校的学生，在实践能力上竞争不过高职院校的学生，处于夹缝当中的他们将来面对市场时一脸尴尬，最终沦为传统本科培养模式的"牺牲品"。① 而且独立学院依托的母校一般是以学术型教育为主，对于职业教育并不擅长。但是，推动独立学院向高等职业教育转型，必须进行制度创新和政策支持。首先，采取剥离、置换等方式，争取独立学院在地位上的真正独立，转型为真正的职业教育学校；其次，给予更多的办学自主权和创新发展空间，根据自身情况和社会需要更为灵活地调整专业设置和培养计划；最后，引入民营资本，加大财政支持等，提升办学实力。

（3）升级一批高等职业教育学校。一段时间以来，由于职业教育不被重视，一些职业教育学校发展困难重重，这些学校依靠自身的力量，很难扭转困局。因此，要采取多种方式，引入外部力量，进行重构，提升教学质量，树立教育品牌。其一，与国内外知名的职业教育机构合作，采取PPP 合作模式，对学校的运行机制、教学模式进行改革，对教学设施、师资队伍进行补充。其二，与高等院校的独立学院进行合作或合并，并成为独立的运营实体，实现优势互补，品牌共享。其三，与服务外包或其他科技园区合作，作为其实训基地。

四、培育培训机构，搭建实训公共服务平台

一是大力发展服务外包培训机构。大力培育民营服务外包、现代服务业培训机构，给民营培训机构税收、土地、资金等方面的支持，重点培训信息技术、动漫游戏、集成电路设计、现代物流、信息安全、客户服务、金融财会、设计研发、实用外语、项目管理等人才；积极引进外资培训机构，鼓励外资培训机构与高等院校合作，重点培养"外语+软件+专业"的复合型人才；创造条件，鼓励民营培训机构、外资培训机构参与职业教育学校的重构。培训的对象包括：服务外包新从业人员、在岗人员及企业中高层管理人员。

二是搭建实训公共服务平台。不管是高等教育改革还是职业教育的发展都需要一个过程，从短期来看，为了解决学校培养的人才不能满足企业操作型人才要求的现实困境，需要大力发展实训基地。实训基地是一个集

---

① 何煦：《独立学院向高等职业教育转型的三个视角》，《教育学术月刊》2012 年第 1 期。

场所、设备、技术、双师等职教资源综合化、集约化的机构系统，是应用型技术人才培养专业化、规模化、优势化的教学平台。实训基地应该包括机构、场所、设备、技术、实训师、课程、制度、标准、考核、评价等软硬件要素诸多方面。实训基地的建立可以依托职业技术学校，也可以依托企业。政府的关键是要建立实训平台，实训平台要按照"先进性、公益性、公共性"的原则，建设一批共享型、开放式的实训平台，要涵盖软件技术、动漫、集成电路设计、呼叫中心、物流、金融财务等行业。

五、完善企业培训体系，构建立体化培训体系

一是完善企业培训体系。加大对新上岗的应届毕业生的培训，鼓励企业成为院校的长期实习基地等。

二是建立立体化的培训体系。借鉴"双轨制"职业教育制度，学校负责基础教育，企业则负责学徒工的实际操作技能和知识培训，创新服务外包、现代服务业人才培训方式。可以对学生的培养采取"3+1"的模式，学生前3年的学习在学校完成，在课程设计、作业设计及考试等方面双方共同制订，企业方每学期安排管理人才开展讲座，并负责开始职业素质培训课程。第4年学生被安排到实训基地学习，让学生参与到企业的项目中，学生的毕业论文指导采取"双导师制"。

六、坚持培训和引进并重，加大人才引进力度

1. 吸引留学人员回国发展

服务外包产业，尤其是软件产业是高技术、高人力资本产业，特别是在促进软件出口，进入软件高端产业环节，吸引海外人才是关键。中国有着庞大的海外留学群体，通过吸引在国外学习先进软件研发技术以及由跨国公司的工作实践培养出来的软件人才回国发展，能够弥补软件高端人才不足的缺陷，而且越来越多的软件人才愿意并且选择回国发展。在引进软件人才中应该重点引进优秀的项目经理、系统分析师、软件研发人才和软件工程师，提升中国软件出口的人力资本水平。吸引海外留学人员回国发展要从简单"筑巢"到打造全方位的服务平台，为留学回国人员提供良好的发展环境。

一是建立绩效优先的人才选拔、激励机制，突出专家选拔、项目资助、职称评定、继续教育实施，强化公平竞争。

二是为归国人员提供购房购车补贴、周转公寓补贴、家属子女安排、子女中高考加分、保险衔接、出入境手续办理等方面的后续服务。

三是建立留学创业基金，专门用于吸引具有企业经营管理经验、经营风险投资经验和有专业技能的研发人员回国创业。

四是加大宣传，让海外留学人员了解基地城市软件产业发展前景以及政府为软件人才提供的优越条件。

2. 吸引外籍人才

软件人才的国际流动越来越频繁，据统计，美国 2005 年有 10.9 万名计算机人才为海外人才，预计到 2015 年达到 47.3 万人，但是各软件基地城市的海外软件人才引入不足。实际上在 20 世纪末，欧美国家就是凭借雄厚的经济实力、优越的科研和生活条件吸引国外技术人才，如日本主张对在日本的高中、大学、研究生院结业的外国人给予永久居住权；德国政府决定对技术人员发放特别签证；英国和法国表明要在信息技术等预计会出现人才短缺的产业领域放宽劳动许可证的发放限制等。而且多数国家将目光瞄向了软件大国印度，如德国政府敦促一些猎头公司到印度的高科技城市班加罗尔和海得拉巴去寻觅雇员，日本明确表示将从印度聘用 1 万名软件人才等。海外软件人才熟悉国外软件市场，对于离岸服务外包发展具有重要意义，因此要提高对国外软件人员的服务管理水平，如建立外国教育学校，解决海外人员子女上学问题，为外籍人才工作生活创造便利条件。

七、推进全民信息化工程

国内需求是出口的基础，扩大服务外包尤其是软件内需要重视三个方面：

一是促进信息服务向其他产业渗透。信息服务业和其他产业融合发展，是提升信息服务业整体需求的关键。

二是改变信息化过程中"重硬轻软"的观念。据统计，我国在硬件和网络上的投资与在软件和咨询服务上的投资比例为 6：4，而在发达国家这一比例为 3：7。"重硬轻软"的现象使软件的生产、销售和应用链条发生断裂，影响了软件产业的发展。

三是推进全民信息化工程。企业信息化需求中有很多是引致性需求，即消费者的需求加快了信息化进程，特别是在服务领域。然而，信息化普及面窄也会阻碍企业的信息化进程，进而减少软件的需求。要通过社区、民间培训、政府培训等方式推进全民信息化工程。可以将信息化教育作为促进内需的重要手段，如发教育券，或政府直接举办培训，以较低的费用向居民提供。

专栏 8-1　印度软件人才培养模式

重视软件人才的素质教育

印度从中学开始，考试就很少有选择题，以培养学生完整的逻辑思考能力。同时，以实用为主旨的人才培养模式使印度更加注重人才的工作态度等非智力因素的培训。软件人才技能水平并不单纯由工作成绩决定，其他许多非智力因素对工作成功同样重要。因此，印度特别强调工作态度、表达能力、团队精神等非技术素质的培养。印度培训机构经常要求学生演讲，培养学生的表达能力，以增强与客户的沟通能力，特别是不用体态语言正确地进行表达的能力，这种能力在人机对话中十分重要。同时，他们还非常重视直觉的训练，因为计算机中许多问题是无法通过逻辑所能解决的。

优化软件人才的结构

印度重视中高级软件人才的培养，更加强调软件蓝领的培育。软件蓝领之所以大量存在，是因为在印度，软件已经被软件设计策划人才设计出来，软件的结构在编写代码之前已经被分成很多的单一模块。印度较为合理的金字塔型人才结构保障了高中低人才合理搭配，形成了软件产业内部生产的价值链。

软件人才的职业教育

印度软件人才主要是通过职业教育，而不是高等教育培养的。印度大力推进教育标准化进程，关于教学内容，软件培训中心有严格规定，并建立统一标准。许多培训中心还引进了 ISO9000，实施全面质量管理。

软件人才培养以应用为目的

印度软件人才培养以应用为目的，体现在三个方面：

一是产学研结合的教学模式。印度软件教育的一大特色是产业、教育互动关系密切，教学和新技术发展不脱节。学生毕业后投身软件业，把所学的"养分"回馈产业，形成良性的产学配套和循环体系。学校的策略是利用产业界的力量，欢迎企业到校园设立实验室，并随时根据企业和产业需要修改教学大纲、调整课程内容，使教学体系更加务实和灵活。

二是市场驱动的教学模式。印度政府没有具体规定学校如何运作，学校可以自己决定运作方式及收费标准。这种模式决定了职业培训中心必须具有良好的质量，否则就招不到学员。可以说，市场决定了非正规教育不但要有质量，而且还要对技术变化反应快，能及时提供培训等。

三是强调实践教学。实践是印度软件人才培训的主要方式，即不是按照从基础理论到专业理论，再到实习的路径展开教学的，而是把传统教学顺序完全颠倒过来，先从"做"开始，学生在"做"的过程中如遇到问题，再以此为基础学习专业理论。

软件人才培养的国际化

从 20 世纪 80 年代开始，印度政府对软件产业实行了一系列政策优惠，创造了良好的投资环境，为海外留学或工作人员回国开办软件企业及从事软件开发工作大开"绿灯"。这些海外归国的软件人才具备了从事软件开发与服务的良好技能，积累了丰富的经验，也拥有一定的资金，特别是与海外同行有着十分密切的联系，他们当中每个人都形成了一张巨大的海外"关系网"，对促进印度软件外包起到了重要的作用。

根据全球教育网：《印度软件人才培养模式》整理。

本章小结

　　人力资本是服务经济竞争的关键，本章分析了人力资本对于服务外包竞争优势和服务外包技术外溢效应的重要性，并对中国的人力资本状况和人力资本培育体系进行了剖析，最后从高等教育、职业教育、终身教育等层面分析了提升人力的对策。

第九章 促进服务外包的税收政策选择

税收是决定竞争力的关键因素，税收对于直接成本、资源配置、国际资本流动以及企业固定资产投资决策具有重要影响，而这些因素直接或间接影响服务外包竞争力。

第一节 税收政策促进服务外包发展的机理

一、税收的替代效应与资源配置变化——哈伯格模型[①]

税收对资源配置的影响一般用哈伯格（1962）提出的模型进行分析。假设存在两个部门 X、Y，则成本函数可以表述为：

$$C_X = C_X(r, w, x)$$
$$C_Y = C_Y(r, w, y) \tag{9-1}$$

式中，r，w 为资本 K 和劳动力 L 的价格，假定 r，w 是外生给定的。假设规模报酬不变，我们可以把成本函数写为线性形式：

$$C_X = C_X(r, w)x$$
$$C_Y = C_Y(r, w)y \tag{9-2}$$

假定两种商品的价格为 P_X，P_Y，且：

---

① Harberger A., "The Incidence of the Corporationg Tax", *Journal fo Politial Economy*, Vol.7, No. 3, 1962, p.215-240.

$$P_X = C_X(r, \ w)$$
$$P_Y = C_Y(r, \ w) \tag{9-3}$$

要素需求是产品成本函数对要素价格的导数决定的。因此，部门对要素的需求可以表示为：

$$L_X = C_{Xw}(r, \ w)x$$
$$L_Y = C_{Yw}(r, \ w)y \tag{9-4}$$
$$K_X = C_{Xr}(r, \ w)x$$
$$K_Y = C_{Yr}(r, \ w)y$$

式中，C_{Xw}、C_{Yw}、C_{Xr}、C_{Yr} 分别是 C_X 对 w、C_Y 对 w、C_X 对 r 以及 C_X 对 r 的导数。

要素市场均衡的方程可以表示为：

$$\begin{cases} C_{Xw}(r, \ w)x + C_{Yw}(r, \ w)y = \overline{L} \\ C_{Xr}(r, \ w)x + C_{Yr}(r, \ w)y = \overline{K} \end{cases} \tag{9-5}$$

假设，$X(p_x, \ p_y, \ R)$，$Y(p_x, \ p_y, \ R)$ 均为马歇尔需求函数，所以两个产品市场的均衡可以写为：

$$\begin{cases} X(p_x, \ p_y, \ R) = X \\ Y(p_x, \ p_y, \ R) = Y \end{cases} \tag{9-6}$$

式中，R 是国民经济总收入，而且 $R = p_x x + p_y y = r\overline{K} + w\overline{L}$。

为了分析税收对资源配置的影响，进而影响服务外包的发展，我们假定对投入到不同部门的资本征收不同的税收 T_X，T_Y，为了分析简便，我们假设不对劳动力征税，且 $T_X > T_Y$，那么价格方程可写为：

$$P_X = C_X(r(1 + t_x), \ w)$$
$$P_Y = C_Y(r(1 + t_y), \ w) \tag{9-7}$$

要素市场的均衡条件变为：

$$\begin{cases} C_{Xw}(r(1 + t_x), \ w)x + C_{Yw}(r(1 + t_y), \ w)y = \overline{L} \\ C_{Xr}(r(1 + t_x), \ w)x + C_{Yr}(r(1 + t_x), \ w)y = \overline{K} \end{cases} \tag{9-8}$$

税收的变化导致生产要素的收益率发生变化，两个部门的生产要素必然会流动，课税高的部门的资源边际报酬变低，资本必然流出。在目前的情况下，服务外包处于起步阶段，成本竞争力不强，而金融、通信、房地产等领域的收益较高，资源必然会进入这些领域，政府应该通过对这些部门征收较高税率，对服务外包进行补贴，吸引资源转向服务外包领域。

二、税收与外包竞争力——拉姆齐法则的新解释

我们假定只有两个属于不同国家的企业，它们提供相互供替代的（相同的或相似的）服务，但它们面临着不同的环境，包括资源条件、税收制度等。在我们的分析中，重点分析当市场上对服务的需求增加时，两个企业都想获得市场份额的情况下，不同的税收制度对不同企业生产函数的影响以及税收变化对企业生产函数的影响程度等。为了分析这一问题，我们研究了下列关系。

1. 厂商生产

企业的生产函数中包括劳动力 L 和自然资源 R，而且生产函数是线性同质的，这样本土企业（D）和国外企业的生产函数（F）可以利用式（9–9）、式（9–10）描述。

本土企业的生产函数 $D = D(L_D, R_D)$ 　　　　　　　　　　（9–9）

外国企业的生产函数 $F = F(L_F, R_F)$ 　　　　　　　　　　（9–10）

我们假定两个企业具有规模报酬不变生产函数，企业根据利润最大化原理确定要素需求，如式（9–11）、式（9–12）所示：

利润最大化一阶条件为：

$$P_D^p \frac{\partial D}{\partial L_D} = P_{L_D}, \quad P_D^p \frac{\partial D}{\partial R_D} = P_{R_D} \qquad (9\text{–}11)$$

$$P_F^p \frac{\partial F}{\partial L_F} = P_{L_F}, \quad P_F^p \frac{\partial F}{\partial R_F} = P_{R_F} \qquad (9\text{–}12)$$

劳动力和自然资源的使用价格为原始价格和定量税的总和，如式（9–13）、式（9–14）所示：

劳动力的使用价格：

$$P_{L_D} = P_{L_D}^p + t_{L_D}, \quad P_{R_D} = P_{R_D}^p + t_{R_D} \qquad (9\text{–}13)$$

自然资源的使用价格：

$$P_{L_F} = P_{L_F}^p + t_{L_F}, \quad P_{R_F} = P_{R_F}^p + t_{R_F} \qquad (9\text{–}14)$$

式中，D、F 是本土企业和国外企业的生产函数，P_D^p、P_F^p 是要素的不含税价格，它决定于一国的资源禀赋和基本经济状况，P_{L_D}、P_{R_D} 是本土企

业的劳动力和自然资源的使用价格，P_{L_F}、P_{R_F}是国外企业的劳动力和自然资源的使用价格，$P_{L_D}^p$、$P_{R_D}^p$、$P_{L_F}^p$、$P_{R_F}^p$是本土劳动力、本土自然资源、国外劳动力、国外自然资源的不含税价格，t_{L_D}、t_{R_D}、t_{L_F}、t_{R_F}是本土劳动力、本土自然资源、国外劳动力、国外自然资源的税收。

2. 家庭消费

我们假定代表性家庭有固定的收入（Y）以及其他商品的价格不变，并且具有线性效用函数，这样我们可以把其他的商品积聚为一种商品。

效用函数：$U = U(Q_O, Q_F, Q_D)$ (9-15)

预算约束：$Y = Q_O P_O + Q_F P_F + Q_D P_D$ (9-16)

消费价格：$P_D = P_D^p + t_D$，$P_F = P_F^p + t_F$ (9-17)

家庭效用最大化的一阶条件为：

$$P_O \frac{\partial U}{\partial Q_O} = P_D \frac{\partial U}{\partial Q_D} = P_F \frac{\partial U}{\partial Q_F}$$ (9-18)

式中，Q_O、Q_F、Q_D分别为家庭对其他商品、本土企业服务和国外企业服务的需求量，P_O为其他商品的加总价格，t_D、t_F为国内服务和国外服务的消费税。

3. 均衡

对本国企业服务的需求取决于消费者的收入和相关服务的价格，即：

$$Q_D = Q(Y, P_O, P_F, P_D) = Q(Y, P_O, P_F^p, P_D^p, t_F, t_O)$$ (9-19)

前已述及，本书分析的重点是讨论税收对生产替代性服务的两个企业的影响，因此，我们用相对销售量指标（在本书中等同于市场份额）衡量企业竞争力。

$$C = Q_D P_D - Q_F P_F$$ (9-20)

4. 税收对企业竞争力影响的比较静态分析

（1）价格对相对销售量的影响。为了分析价格对相对销售量的影响，我们对相对销售量求价格的偏导数得：

$$\frac{\partial C}{\partial P_D} = \frac{\partial Q_D}{\partial P_D} P_D + Q_D - \frac{\partial Q_F}{\partial P_D} P_F - Q_F \frac{\partial P_F}{\partial P_D}$$ (9-21)

$$\frac{\partial C}{\partial P_F} = \frac{\partial Q_D}{\partial P_F} P_D + Q_D \frac{\partial P_D}{\partial P_F} - \frac{\partial P_F}{\partial P_F} Q_F - Q_F$$ (9-22)

利用价格弹性来改写式（9-21）、式（9-22）可得：

$$\frac{\partial C}{\partial P_D} = Q_D(1 + \eta_D) - \frac{\partial Q_F}{\partial P_D}P_F - Q_F\frac{\partial P_F}{\partial P_D} \tag{9-23}$$

$$\frac{\partial C}{\partial P_F} = \frac{\partial Q_D}{\partial P_F}P_D + Q_D\frac{\partial P_D}{\partial P_F} - (1 + \eta_F)Q_F \tag{9-24}$$

式中，η_D，η_F 为本土产品的价格需求弹性。

（2）税收对要素价格的影响。为了分析税收对要素价格的影响，我们回到厂商生产，改写式（9-11）、式（9-12）得：

$$P_D^p = P_{R_D}/\frac{\partial D}{\partial R_D} , \quad P_D^p = P_{L_D}/\frac{\partial D}{\partial L_D} \tag{9-25}$$

$$P_F^p = P_{R_F}/\frac{\partial F}{\partial R_F} , \quad P_F^p = P_{L_F}/\frac{\partial F}{\partial L_F} \tag{9-26}$$

根据式（9-25）、式（9-26）、式（9-13）、式（9-14）得：

$$P_D^p = (P_{R_D}^p + t_{R_F})/\frac{\partial D}{\partial R_D} , \quad P_D^p = (P_{R_D}^p + t_{R_D})/\frac{\partial D}{\partial L_D} \tag{9-27}$$

$$P_F^p = (P_{R_F}^p + t_{R_F})/\frac{\partial F}{\partial R_F} , \quad P_F^p = (P_{R_L}^p + t_{R_L})/\frac{\partial F}{\partial L_F} \tag{9-28}$$

根据式（9-27）、式（9-28）、式（9-17）得：

$$P_D = P_D(t_{R_D}, \ t_{L_D}, \ t_D, \ P_{L_D}^p, \ P_{R_D}^p) \tag{9-29}$$

$$P_F = P_F(t_{R_F}, \ t_{L_F}, \ t_F, \ P_{L_F}^p, \ P_{R_F}^p) \tag{9-30}$$

全微分可表示为：

$$dP_D = \frac{\partial P_D}{\partial t_{R_D}}dt_{R_D} + \frac{\partial P_D}{\partial t_{L_D}}dt_{L_D} + \frac{\partial P_D}{\partial t_D}dt_D + \frac{\partial P_D}{\partial P_{L_D}^p}dP_{L_D}^p + \frac{\partial P_D}{\partial P_{R_D}^p}dP_{R_D}^p \tag{9-31}$$

$$dP_F = \frac{\partial P_F}{\partial t_{R_F}}dt_{R_F} + \frac{\partial P_F}{\partial t_{L_F}}dt_{L_F} + \frac{\partial P_F}{\partial t_F}dt_F + \frac{\partial P_F}{\partial P_{L_F}^p}dP_{L_F}^p + \frac{\partial P_F}{\partial P_{R_F}^p}dP_{R_F}^p \tag{9-32}$$

根据式（9-31）、式（9-32）、式（9-23）、式（9-24）得：

$$dC = \left[Q_D(1 + \eta_D) - \frac{\partial Q_F}{\partial P_D}P_F - Q_F\frac{\partial P_F}{\partial P_D}\right]dP_D$$

$$+ \left[\frac{\partial Q_D}{\partial P_F}P_D + Q_D\frac{\partial P_D}{\partial P_F} - (1 + \eta_F)Q_F\right]dP_F$$

$$= \left[Q_D(1 + \eta_D) - \frac{\partial Q_F}{\partial P_D}P_F - Q_F\frac{\partial P_F}{\partial P_D}\right]\left[\frac{\partial P_D}{\partial t_{R_D}}dt_{R_D} + \frac{\partial P_D}{\partial t_{L_D}}dt_{L_D} + \frac{\partial P_D}{\partial t_D}dt_D\right.$$

$$+ \frac{\partial P_D}{\partial P_{L_D}^p} dP_{L_D}^p + \frac{\partial P_D}{\partial P_{R_D}^p} dP_{R_D}^p \big]$$

$$+ \big[\frac{\partial Q_D}{\partial P_F} P_D + Q_D \frac{\partial P_D}{\partial P_F} - (1 + \eta_F) Q_F \big] \big[\frac{\partial P_F}{\partial t_{R_F}} dt_{R_F} + \frac{\partial P_F}{\partial t_{L_F}} dt_{L_F} + \frac{\partial P_F}{\partial t_F} dt_F$$

$$+ \frac{\partial P_F}{\partial P_{L_F}^p} dP_{L_F}^p + \frac{\partial P_F}{\partial P_{R_F}^p} dP_{R_F}^p \big] \tag{9-33}$$

根据式（9-23）、式（9-24），(P_D, P_F) 的变化从两个方面间接影响企业的相对销售额：

1) 销售额 (Q_F, Q_D)。

2) 商品的价格需求弹性 (η_D, η_F)。

从式（9-24）可以看出，本土商品的需求与本土商品的价格呈负向关系，因为本土商品价格上升，会使得本土商品相比较于国外商品更贵。

价格对商品最终需求的影响取决于自身的价格需求弹性，若 η_D 大于1、等于1、小于1，则本土商品的销售量将相应减少、不变、增加。这就得出一个结论，对具有不可替代的服务出口征税，对价格弹性小的要素征税，均可以提升竞争力。

三、税收与国际资本流动

在影响服务外包的因素中，外商直接投资是非常重要的因素。在我国，外商直接投资企业承接的服务外包占据了半壁江山。此外，外商直接投资增加了发包方的信心，对服务外包具有重要意义。

Sasatra Sudsawasd（2007）分析了企业所得税、个人所得税、财产税、消费税和进口税五种类型的税收政策对外商直接投资的影响。

1. 家庭部门

代表性的家庭选择的消费需求、劳动力供给以及储蓄，且储蓄在政府债券和企业股票之间分配。假设 β 是时间折现率，则家庭最大化生命效用可表示为：

$$\int_0^\infty U(C, L) e^{-\beta t} dt, \quad U_c > 0, \quad U_L < 0, \quad U_{CC} < 0, \quad U_{LL} < 0, \quad U_{CL} < 0$$

$$\text{s.t.} : \dot{b} + S\dot{E} + (1 + t_{C_o})C = (1 - t_{PI})(wL + rb + D) + R \tag{9-34}$$

式中，C 是家庭消费，L 是劳动力供给，b 为政府债券，S 是股票产出视角下的相对价格，E 是股票，w 是工资率，r 是政府债券利率，D 是股票红利，R 是家庭一次性税收，t_{Co} 是消费税税率，t_{PI} 是个人所得税税率。

则消费者的最优条件是：

$$U_c = \lambda(1 + t_{Co})$$

$$U_L = -\lambda(1 - t_{PI})w$$

$$(1 - t_{PI})r = \theta，式中 \theta = \beta - \frac{\dot{\lambda}}{\lambda}$$

$$(1 - t_{PI})i + \frac{\dot{S}}{S} = \theta，式中 i = \frac{D}{SE}$$

$$\lim_{t \to \infty} \lambda b e^{-\beta t} = \lim_{t \to \infty} \lambda SE e^{-\beta t} = 0$$

式中，λ 是衡量财富边际效用的拉格朗日乘数，θ 是消费率的回报。

2. 企业部门

企业总利润最大化可以写为：

$$\pi = F(K, L, A, M) - wL - (1 + t_{IT})P_M M - (1 + t_{PT})P_A A \tag{9-35}$$

且 $F_y > 0$，$F_{yy} < 0$，$F_{yz} > 0$，$\forall y, z = K, L, A, M$

式中，$F(\cdot)$ 是一个新古典生产函数，K 是资本存量，M 是外部投入要素，A 是权益资产，P_M 是外部投入要素的价格，P_A 是权益资产价格，t_{IT} 是外部要素税率，t_{PT} 是权益资产税率。

企业利润受企业所得税税率 t_{CI} 影响，净税后利润总额要支付股息 D 以及收益资金 RE 投资。因此，净利润可以写为：

$$(1 - t_{CI})\pi = RE + D \tag{9-36}$$

此外，在新古典主义的投资模式，用投资涉及的费用来调整资本存量，其函数如下：

$$I + \Psi(I, K) = H(\frac{I}{K})K，\Psi \geq 0，H' > 0，H'' > 0，H(0) = 0，H'(0) = 1 \tag{9-37}$$

式中，I 是投资，Ψ 为新的资本存量的调整成本，H 是成本调整函数。因此，企业的财务约束为：

$$RE + S\dot{E} = H(\frac{I}{K})K \tag{9-38}$$

假定股息为留存收益与新投资的差，则公司的股票价值 V：

$$V = SE \tag{9-39}$$

引入时间变量 t：

$$\dot{V} = \theta V - (1 - T_{PI})\left[(1 - t_{CI}\pi) - H\left(\frac{I}{K}\right)K\right] \tag{9-40}$$

进一步写为：

$$\dot{V} = \theta V - \gamma(K, L, M, A, I) \tag{9-41}$$

式中，θ 是资本回报率，而且资本回报率等于消费回报率。

则公司资产价值最大化：

$$V = \int_0^\infty \gamma(K, L, M, A, I) e^{-\int_0^\infty \theta dt} \tag{9-42}$$

s.t.：$\dot{K} = I$，$K(0) = K_0$

最优条件为：

$$F_L = w$$
$$F_M = (1 + t_{IT})P_M$$
$$F_A = (1 + t_{PT})P_A \tag{9-43}$$
$$(1 - t_{PT})H'\left(\frac{I}{K}\right) = q$$

$$(1 - t_{PT})\left[(1 - t_{CI})\frac{F_K}{q} + \frac{I}{(1 - t_{PT})K} - \frac{H}{q}\right] + \frac{\dot{q}}{q} = \theta$$

式中，q 是协作状态变量。式（9-43）是静态最优条件与用于成本的资本回报率 θ 连接。

解可以从下式推出：

$$\dot{K} = I = \phi(q)K, \quad \phi'(q) > 0 \tag{9-44}$$

政府部门：

政府的预算约束可以写为：

$$\dot{b} = G + rb - t_{PI}(wL + rb + D) - t_{CO}C - t_{CI}\pi - t_{IT}M - t_{PI}A + R \tag{9-45}$$

式中，G 是政府支出。政府通过发行新的债券或通过 t_{PI}，t_{CO}，t_{CI}，t_{IT} 为政府支出以及对家庭的一次性转移支付筹集资金。

3. 均衡和税收政策变化影响静态分析

在均衡状态下，所有家庭和企业必须满足上述最优条件；而且政府预算约束和市场出清条件必须得到满足。均衡条件下，$\dot{K} = \dot{q} = \dot{\lambda} = 0$。因此，在稳定状态下，净投资等于零意味着公司的股票价值等于公司的资本存量，因此 q = 1。此外，对资本收益率 θ 等于消费回报率 β。

均衡状态下，K，L，A，M，C 的解可以从下式推出：

$$\frac{U_C}{1 + t_{CO}} + \frac{U_L}{(1 - t_{PI})F_L} = 0, \text{ 即：}$$

$$U_C(1 - t_{PI})F + U_L(1 + t_{CO}) = 0 \tag{9-46}$$

$$(1 - t_{PI})(1 - t_{CI})F_K = \theta = \beta$$

$$F = C + G - M$$

根据上面的分析，我们可以分析税收对 FDI 的影响。因为，在均衡状态下，税收对资本存量具有重要影响，而资本存量的变化必然会导致国际资金的进入。企业所得税税率（t_{CI}）提高，增加了税前资本边际报酬率，从而降低了资本存量，减少 FDI 的流入；同样，提高个人所得税税率（t_{PI}），提高资本边际物质产品，也降低了资本存量水平；增加消费税税率（t_{CO}），相当于降低劳动的边际产品，这会增加劳动力供给，进而增加对新的资本存量的需求，从而增加 FDI；增加进口税率（t_{IT}），提高了进口投入品的边际收益率，导致进口需求下降，由于进口和资本互为补充，导致了新资本需求的下降；财产税率（t_{PI}）增加，降低了财富，从而建设资本存量和投资减少，进而减少外商投资。

四、税收与企业长期资产投资[①]

对于服务企业来说，长期资产（高技术固定资产、智力、软件等无形资产）的及时更新是保持其技术水平先进性的必要条件，企业在是否进行长期资产更新的决策时，考虑的主要因素是该行为能够带来的经济收益以及需要付出的更新成本，税收则是影响更新成本的重要因素。假定企业要更新的固定资产的价格为 Q，融资利率为 r_1，固定资产的实际折旧率为

---

① ［美］安沃·沙赫：《促进投资与创新的财政激励》，匡小平等译，经济科学出版社 2000 年版。

δ_1，在没有税收的情况下，企业固定资产更新成本为：

$$C^* = Q(r_1 + \delta_1) \tag{9-47}$$

假设企业所得税税率为 t_1，δ_2 为折旧扣除现值率，r_2 为资本利息扣除现值率，收入为 R，则净收益为 P，且假设 P > 0，则：

$$P = [R - Q(\gamma_1 + \delta_1) - t_1(R - Q(\gamma_2 + \delta_2))] \tag{9-48}$$

对 P 求 t_1 的偏导，可得：

$$\frac{\partial P}{\partial t_1} = -(R - Q(\gamma_2 + \delta_2)) < 0 \tag{9-49}$$

可以看出，高税率会降低企业净收益，进而抑制企业长期资产投资。

下面我们讨论税率不变的情况下，其他政策变化对企业长期资产的影响。

企业长期资产的成本可以写为：

$$C = \frac{Q(r_1 + \delta_1)(1 - t_1 r_2 - t_1 \delta_2)}{1 - t_1} \tag{9-50}$$

对 C 求 δ_2 的偏导，可以得到折旧政策对长期资产投资的影响：

$$\frac{\partial C}{\partial \delta_2} = -t_1 \frac{Q(\gamma_1 + \delta_1)}{(1 - t_1)} < 0 \tag{9-51}$$

对 C 求 γ_2 的偏导，可以得到利率政策对长期资产投资的影响：

$$\frac{\partial C}{\partial \gamma_2} = -t_1 \frac{Q(\gamma_1 + \delta_1)}{(1 - t_1)} < 0 \tag{9-52}$$

由此可以看出，利息、折旧的抵扣率与成本成反比。

对于服务外包企业来讲，无形资产（技术、软件、安全系统）等也非常重要，因此在企业所得税的优惠中应该将无形资产费用纳入其中。

第二节　税收政策存在的问题

一、以流转税为主体的税收制度阻碍了分工

我国现行税种有 19 个，固定资产投资方向调节税停征，目前实际征

收的税种是 18 个。

2013 年，我国税收收入中的 54.6% 是流转税，只有 26.2% 是所得税，如表 9-1 所示。流转税是对交易行为征收的税种，加大了交易成本，不利于交易的进行，进而抑制了分工；而分工是服务外包的基础，没有分工的扩大就不会有外包的产生。发达的服务经济体美国在 20 世纪 30 年代就建立了以所得税为主体的税收制度。2008 年美国个人所得税、企业所得税两项合计占到总税收收入的 64.9%，而间接税的消费税仅占 1.9%，如表 9-2 所示。

表 9-1　中国税收收入结构

单位：亿元、%

税种	收入	比重		
		2009 年	2011 年	2013 年
税收总收入	110530.7	100	100	100
国内增值税	28810.13	31.05	27.05	26.07
国内消费税	8231.32	8.00	7.73	7.45
进口环节增值税和消费税	14004.56	12.99	15.11	12.67
关税	2630.61	2.49	2.85	2.38
外贸企业出口退税	−10518.85	—	—	−9.52
营业税	17233.02	15.15	15.25	15.59
企业所得税	22427.2	19.38	18.68	20.29
个人所得税	6531.53	6.64	6.75	5.91
证券交易印花税	469.65	0.86	0.49	0.42
房产税	1581.5	1.35	1.23	1.43
车辆购置税	2596.34	1.95	2.28	2.35
城镇土地使用税	1718.77	1.55	1.36	1.56
土地增值税	3293.91	1.21	2.30	2.98
耕地占用税	1808.23	1.06	1.19	1.64
契税	3844.02	2.92	3.08	3.48
其中：流转税	—	56.3	54.9	54.6
所得税	—	26.0	25.4	26.2
其他税	—	17.7	19.3	19.2

资料来源：财政部。

表 9-2　美国的税收收入结构（2007 年、2008 年）

单位：百万美元、%

税种	2007 年	2008 年	2008 年比重
总计	2691537557	2745035410	100
企业所得税	395535825	354315825	12.9
个人所得税	1366241437	1425990183	52
工薪税	849732729	883197626	32.2
不动产和赠与税	4717897	4938890	1.1
消费税	2420138	3280502	1.9

资料来源：Internal Revenue Service Data Book，2008.

二、所得税

从服务外包的发展看，所得税主要存在两个方面的问题。

一是折旧政策不利于服务外包企业进行技术创新。服务外包的承接企业一般是技术含量较高的服务企业，技术服务创新需要大量技术、软件等无形资产，而且这些资产的更新换代频率高、淘汰速度快。企业所得税法规定无形资产的摊销年限不少于 10 年，这样的折旧速度和折旧方式，提高了这些资产税收成本，不利用企业无形资产的更新。例如从事业务流程外包企业购买的大型软件，这些软件属于无形资产的范畴。而目前的软件基本上是半年一次更新，三年则彻底换代，根本无法使用到 10 年的折旧期。

二是企业所得税优惠普遍存在"重制造企业、轻服务企业"的倾向。所得税优惠税率存在地域差异。全国范围内需要重点扶持的高新技术企业均可根据条件认定高新技术企业（主要制造业），并享受 15% 的优惠所得税税率。但是对于技术先进型服务企业，仅适用于北京、天津、上海、重庆、大连、深圳、广州、武汉、哈尔滨、成都、南京、西安、济南、杭州、合肥、南昌、长沙、大庆、苏州、无锡 20 个中国服务外包示范城市，经认定后可以享受 15% 的企业所得税优惠税率。对服务性企业研发费用扣除的歧视。根据《企业研究开发费用税前扣除管理办法（试行）》（国税发〔2008〕116 号）第三条的规定，"研究开发活动是指企业为获得科学与技术（不包括人文、社会科学）新知识，创造性运用科学技术新知识，或实质性改进技术、工艺、产品（服务）而持续进行的具有明确目标的研究开发活动"，而服务企业的研究开发在很大程度上是基于人文、社会科学的研究开发，这些研发活动则不能享受"研发费用计入当期损益未形成无形资产的，允许再按其当年研发费用实际发生额的 50%，直接抵扣当年的应纳税所得额；研发费用形成无形资产的，按照该无形资产成本的 150%在税前摊销"的税收优惠。目前的一些新兴服务业如金融、证券、商务等行业的研究开发对于改善服务质量，推进服务创新具有重要意义，这种歧视性税收政策增加了创新成本。既然服务性企业不能享受这样的优惠，那么制造企业就不愿意将服务部门外置。

三、营业税

1994 年出台《中华人民共和国营业税暂行条例》（以下简称《条例》），规定营业税的征税范围包括交通运输业、建筑业、金融保险业、邮电通信业、文化体育业、娱乐业、服务业等应税劳务、转让无形资产和销售不动产；2008 年对《条例》进行了修订。总体来看，营业税的税制既采用传统流转税价内计征形式，保持了计算简单、便于征管的优点，同时部分税目又借鉴了增值税以增值额作为计税依据的做法，在一定程度上消除了重复征税的弊端。

但是营业税方面同时也表现出诸多的不足：

（1）在征税方式上，对于服务外包存在重复征税。现代经济的发展是建立在分工的基础上的，现代服务业的发展也不例外。可以说，服务外包是服务业分工的一种。目前营业税征税方式的设计，不利于服务业内部分工的发展。根据《条例》规定，纳税人的营业额为纳税人提供应税劳务、转让无形资产或者销售不动产收取的全部价款和价外费用；并规定了运输业务、旅游服务、建筑工程分包以及外汇、有价证券、期货等金融商品买卖业务将净收入作为应税劳务。但是，允许将净收入作为应税劳务的行业，大部分是传统行业，许多新兴的现代服务业并没有消除重复征税问题。如漫画产业。现在新出现的一种漫画分工，不仅不同的章节由不同的公司完成，就连同一个漫画人物的"头"和"身体"也是由不同的企业完成的，分工越细，营业税税负越重，这样不利于服务业内部的分工，即外包的发展。

（2）在税率设计上，没有突出应该鼓励发展的服务行业。比如，金融服务业、商务服务业是我国应该着力发展并努力提升其竞争力的行业，但与国内其他服务性行业相比，现行银行营业税率仍然偏高。目前，除娱乐业外，其他大部分营业税税目适用3%的税率，但是金融业实行5%的税率，并且金融机构一般在城镇，还要在营业税的基础上加征5%（或7%）的城市维护建设税以及5%的教育费附加，营业税负担较重。我们再深入地剖析一下营业税的税目结构。娱乐业适用税率5%~20%，但在娱乐业中有很多是依靠信息技术、多媒体技术的现代娱乐业，或许这些行业未来经济新的增长点税率偏高。而且在服务业中包括了许多新的业态，适用5%的税率可能会抑制新兴业态的发展，也不利于这些活动的外置。

表 9–3　中国营业税税目税率表

税目	税率
一、交通运输业	3%
二、建筑业	3%
三、金融保险业	5%
四、邮电通信业	3%
五、文化体育业	3%
六、娱乐业	5%~20%
七、服务业	5%
八、转让无形资产	5%
九、销售不动产	5%

资料来源：摘自《中华人民共和国营业税暂行条例》。

四、增值税

现行税制实行的是增值税与营业税平行征收的办法，前者主要涉及工业生产和商业流通，而后者主要涉及第三产业的其他领域。增值税对于服务外包的影响主要体现在增值税抵扣范围过窄，限制了服务业从制造业的分离。近年来，我国工业发展的速度非常快，但是专业化分工水平还是不高，主要表现在，制造企业还处在"大而全"的状态，一些本属于服务业的业务，制造企业还在自行经营，这不仅影响了制造企业的效率，而且也不利于服务业的发展。扩大分工既是加快制造业发展，又是提升服务业竞争力的重要途径，然而现行的增值税抵扣制度并没有体现出扩大分工的意图。这主要体现在，制造企业在购买生产性服务（运输除外）时，并不能当进项税额抵消。如科研开发，企业自行开发所发生的一些费用，还可以抵扣增值税，而购买则不能，这样不利于促进分工，即不利于服务外包的发展。

增值税的另外一个问题就是软件企业，软件的"原材料"购进很少，进项税额很少，所以负担较重。为了缓解这一问题，《鼓励软件产业和集成电路产业发展的若干政策》（国发〔2000〕18号）规定，对增值税一般纳税人销售其自行开发生产的软件产品，2010年底以前按17%的法定税率征收增值税后，对其实际税负超过3%的部分实行即征即退政策，所退税款由企业用于研究开发软件产品和扩大再生产，不作为企业所得税应税收入，不予征收企业所得税。但是，2010年已经到来，关于软件产业的增值税问题必须解决。实际上，软件更多的具有服务的特征，不适合纳入增值税的征收范围。软件企业是服务外包的主力军，增值税问题在未来是困扰软件企业发展的一个重要问题。

五、消费税

实际上消费税不直接作用于服务外包，但是消费税影响到不同行业的收益率，进而影响到资源配置。发展服务外包，必须将资本、人力资本配置到服务外包领域，但如果存在众多收益率高于服务外包领域的行业，那么无论出台多少促进服务外包发展的政策也无济于事。因为，资本的逐利性决定了企业先进入高收益的行业。那么消费税可能是调节资本收益率和资本需求的重要手段，因此消费税对服务外包会有间接影响。

我国现行消费税是2008年修订的《中华人民共和国消费税暂行条例》，对于服务外包来讲，消费税存在的主要问题是：消费税只是对消费的实体性产品征税，而没有对消费行为征税，而服务业消费主要是行为性消费。服务外包一般发生在生产性服务领域，这涉及我国服务业内部结构。因此，对于一些高档次的娱乐服务项目征收消费税，激励社会将有限的资源集中到体现服务业竞争力的生产性服务业中，也不失为促进服务业竞争力提升的好方法。高档消费性服务业的竞争力与其所处的环境密切相关，而其价格弹性一般比较低。而且，如果地方政府能够获得这些税收的话，地方政府就会有更多的财力去发展生产性服务业。

六、环境税

环境税对于保护环境和减少其他领域的征税，进而减少税收扭曲具有重要意义。城市环境对于服务外包的发展具有重要意义，因此应该在大城市开征环境税，以提高环境质量。此外，开征环境税可以提高高污染行业的成本，进而降低收益率，将这些领域的资源转移到服务外包领域。但是，目前环境税在我国还没有开征，环境污染比较严重，不利于服务外包的发展。

七、税收分权与服务外包的发展

服务外包的发展需要地方政府的推动，因此在财税制度安排上要激励地方政府推动服务外包的发展。但是，目前我国的地方税税种日渐萎缩，不利于调动地方政府发展服务外包的积极性。2012 年中央的税收收入比重占到 52.97%，相应的地方政府仅占 47.03%。我们比较一下服务外包和产品出口优惠税种的归属，不难发现，产品出口优惠的税种主要是增值税，这部分优惠由中央负担，地方政府的增值税并没有受到影响。而服务外包免征营业税，营业税主要归属于地方政府，而且与营业税相关的其他税种（城市维护建设费、教育费附加）相应也无法征收，而服务外包能够带来的个人所得税、企业所得税，中央政府也占到 60% 以上。同时，我国的税收制度主要是对生产者征收，所以地方政府倾向于吸纳生产者而非消费者，既然服务外包的税收要么被优惠，要么归中央，那么地方政府发展服务外包的动力在哪里，至少从财政收入上很难体现。

第三节 完善税收政策的建议

一、完善税收政策的原则

一般来讲，税收要坚持公平原则、效率原则、简便原则、超前原则和渐进原则等，本书重点强调税收的政策目标原则和效率原则。税收不仅担负着获取财政收入的职能，由于税收的针对性，还担负着传递政府对某项活动支持的政策意图的职能。此外，税收还存在某些扭曲效应，所以政府必须在不同扭曲效应中选择一种，以传递其政策意图，进而对某些经济活动形成支撑。产业结构的演进具有规律性，一般认为随着人均收入的增长，产业结构演进大体可以分为五个阶段：前工业化时期、工业化初期、工业化中期、工业化后期和后工业化时期。尽管产业结构演进的轨迹是可以模仿的，但这五个阶段之间并不是自然的、顺利的过渡，或者说不同的经济体经济发展阶段过渡的时间、周期是不同的。特别是对于发展中国家，由于要素市场分割、信息不对称等，资源不能自动进行最有效的配置，即资源不能在各产业之间形成长期有效的均衡配置，需要政策激励达到比较有效的配置，这些为税收对产业结构的调整提供了依据。中国是发展中国家，我们需要赶超，因此要尽量缩短经济发展的低级阶段时间。在过去的 30 多年，我国抓住了制造业全球转移的机遇，初步完成了工业化。但是，以前的发展模式受到了挑战，必须构建现代服务业和现代制造业以及现代农业协调发展的现代产业体系。而以前的税收体系是在制造业（制造外包）发展的背景下建立起来的，已经不能适应服务业的发展，因此必须改革。

二、完善税收制度，激励服务外包

1. 完善企业所得税

一是调整服务企业无形资产的折旧政策。为了降低服务企业无形资产的税收成本，应该放宽无形资产的折旧标准。对于服务企业的无形资产，可以确定使用年限的，按照实际使用年限计提折旧；如果确定使用年限比较困难的，先按照不少于10年的年限计提折旧，在无形资产停止使用时，允许企业一次性计提剩余折旧。

二是允许服务企业抵扣研发费用。如果服务企业确实有研究开发活动，不论是自然科学领域，还是人文社会科学领域，均可享受研发费用抵扣政策。

三是对某些高利润行业开征特别收益税。服务外包的发展需要资本进入，而资本逐利性决定了其进入领域是高收益率的行业。如果经济中存在比服务外包收益率高许多的行业，我们促进服务外包政策的实际效果就会大打折扣，因为没有资本愿意进入收益率相对较低的服务外包领域。因此，本书建议对某些高利润行业开征特别收益税，这些行业包括垄断性行业，如电信、金融、房地产等行业；资源、能源行业，如煤炭、石油、矿产资源等行业。

2. 推动营改增，并完善增值税

增值税作为一种流转税，是有一定的征收范围的。所谓实施范围，就是在国民经济活动中，哪些环节应征收增值税。增值税的征收范围是根据一国的经济发展差异、税制设计理念制定的。从国际经验看，并不是每个国家都有增值税这个税种，如美国就没有开征增值税；而加拿大征收GST，就相当于对所有的经济活动都征税。目前，划分增值税的实施范围主要依据是行业特性，可以分为三类：宽范围的增值税，即对国民经济的所有行业（农业、工业、服务业）征收增值税；中范围的增值税，即对工业和部分服务业征收增值税；窄范围的增值税，即对制造业以及进口产品征收增值税。从我国的实践看，目前对制造业和部分服务业（批发、软件等）行业征收增值税，属于中范围的增值税。从发展服务外包角度看，这会导致重复征税，不利于服务活动从制造业分离出来，形成独立的产业，扩大增值税的征税范围对于促进服务外包发展具有重要作用。因此，我国目前已经推进营业税转增值税试点，下一步要在全国范围、全服务领域实行增值税。同时，要调整抵扣项目，逐步将服务行业的人力成本摊入抵扣范围，并对商务服务、软件信息服务等知识密集型服务业使用优惠税率。

3. 调整消费税

前面已经分析到，消费税不直接作用于服务外包，但消费税影响不同行业的收益率。同时，支持服务外包发展，需要财政收入作保障，因此税收必须做到有保有压，而调整消费税可以起到增加税收收入、调整行业资本收益率的双重作用。消费税的主要功能是引导消费方向，抑制奢侈品的消费，同时还承担着获取财政收入的职能。消费税征税范围的选择要从中国国情出发，也要同国际接轨。为了达到引导消费的目的，应该对资源供给匮乏（如一次性餐具）和不宜大量消费（如烟草）的产品（服务）征税。从获取财政收入的角度看，主要是对那些税基广、价格弹性小的奢侈品（服务），如洗浴、高尔夫等征税。从服务外包的角度看，消费税的征税范围应该扩展到高档的消费性服务（娱乐业），如高尔夫、网吧、保龄球、洗浴等。从局部均衡的角度讲，对这些项目征税会阻碍这些产业的发展，但是从一般均衡的角度看，对这些产业征税可以引导社会资源向生产性服务业流动，促进这些产业的发展。同时，征税可以获得财政收入，政府可以用这些收入提供公共服务和公共产品，促进服务外包发展。

4. 开征环境税

环境税本身不直接作用于服务外包，但是环境税对于保护环境和减少其他领域的征税，进而减少税收扭曲具有重要意义。考虑到中国经济的发展需要，制造业和服务业双轮驱动，因此环境税的征收不应该抑制制造业的发展，所以建议先从消费环节征收环境税，如目前在北京、上海等大城市，机动车已经成为污染环境的重要因素，因此建议对机动车征收环境税，以此减少人们驾车出行的次数和里程，从而达到保护环境的目的，并且会减少城市交通拥堵，为服务外包发展创造良好的环境。同时，可以扩大财政收入，改善公共服务，促进服务外包的发展。

三、加大优惠力度，提高接包吸引力

1. 解除地域限制

将技术先进型服务企业的范围扩大到北京、天津、上海、重庆、大连、深圳、广州、武汉、哈尔滨、成都、南京、西安、济南、杭州、合肥、南昌、长沙、大庆、苏州、无锡 20 个中国服务外包示范城市之外的其他地区，如果企业符合技术先进型企业，经认定后可以享受 15%的企业所得税优惠税率，也可以享受出口业务免征营业税的优惠。

2. 调整认定标准

目前对于技术先进型服务企业的认定是形式上的，而不是从业务方面认定的。企业被认定为技术先进型服务企业的核心有三点："具有大专以上学历的员工占企业职工总数的50%以上；企业从事信息技术外包服务、技术性业务流程外包服务、技术性知识流程外包服务的业务收入总和占本企业当年总收入的70%以上；企业获得有关国际资质认证（包括开发能力和成熟度模型、开发能力和成熟度模型集成、IT服务管理、信息安全管理、服务提供商环境安全、ISO质量体系认证、人力资源能力认证等），并与境外客户签订服务外包合同，且其向境外客户提供的国际（离岸）外包服务业务收入不低于企业当年总收入的50%。"[①]

这里存在两个问题：①达标企业少，享受范围窄。根据《中国税务报》一篇《纳税人：服务外包业的政策很优惠，但享受门槛太高》报道显示，按63号文规定的认定标准，大连市的850家软件及服务外包企业中，只有不足40家企业具备条件。国家出台的优惠政策不能惠及大多数服务外包企业，其对服务外包产业发展的推动作用就得不到充分显现。②这项政策没有惠及在岸服务外包企业。认定标准规定向境外客户提供的国际（离岸）外包服务业务收入不低于企业当年总收入的50%，这不符合以在岸外包为基础的方向。建议根据服务企业从事的业务（不论是在岸外包还是离岸外包）均可根据其业务性质认定为技术先进型服务企业。而且不仅是承接外包的企业，对于研究开发投入占到业务收入一定比例的企业也应确认为技术先进型服务企业，享受税收优惠。

3. 加大优惠力度

在企业所得税方面。对于承接离岸外包的企业，在适用税率上，对于一般服务外包的企业实行15%的企业所得税税率，对于技术外溢性较强的服务外包业务，如软件、金融等，适用10%的企业所得税税率；对于中西部地区允许下浮5%，即对于承接服务外包的企业实行10%的企业所得税税率，对于技术外溢性较强的服务外包业务实行5%的企业所得税税率。在纳税期限上，对于承接服务外包的企业，自获利年度起，第一年和第二年免征企业所得税，第三年至第五年减半征收企业所得税，这一点对于承接在岸服务外包的企业同样适用。在流转税方面，可以借鉴印度的经验，

---

① 《关于技术先进型服务企业有关税收政策问题的通知》（财税〔2009〕63号）。

实行零关税、零流通税和零服务税制度。对离岸服务外包业务，在营业税方面，免征营业税；在增值税方面，可以给予退税。对于在岸服务外包业务，可以在三年内免征营业税。

4. 扩大优惠范围

鉴于园区在服务外包发展中的重要作用，为了促进园区建设，本书建议将税收优惠政策扩展到服务外包的载体——园区，对园区开发企业给予所得税、营业税的优惠。

5. 降低用地成本

土地收入作为地方政府的非税收入，已经成为财政收入的重要部分，特别是对于地方财政。因为，服务外包一般在城市，特别是中心城市发展，因此土地成本比较高。对于服务外包园区（企业）占地，不应视为商业用地而采取"招拍挂"的方式出让，应参照工业用地，采取协议转让的方式出让，降低服务外包企业的成本。同样，对于从制造业分离出来的服务企业也应按照协议转让的方式获得土地，降低土地成本，激励外包的发展。

6. 关于优惠支出承担方的探讨

服务外包的发展需要地方政府的推动，因此必须建立激励地方政府支持服务外包发展的激励机制。前面已经分析到，目前的优惠方式，主要成本由地方政府承担，如营业税的减免、土地的低价出让等，而所得税则由中央和地方分成。但是发展服务外包是中国的一项战略任务，因此中央财政应该承担这个责任。本书建议由于发展服务外包减少的税收应该由中央财政向地方进行转移支付，企业所得税直接从中央分成中返还，即实行优惠税率的成本由中央财政承担；对其他的收入，中央财政应该建立专项资金进行转移支付，以激励地方政府持之以恒地推动服务外包的发展。

本章小结

税收具有资源配置效应，对国际资本流动、固定资产投资、直接成本具有重要影响，本章分析了税收对于服务外包影响的作用机理，从服务经济、知识经济发展的视角分析了我国税收政策存在的问题，并提出了针对性建议。

第十章 促进服务外包的
财政政策选择

财政政策的主要职能是提供公共产品、矫正外部性，财政政策通过"杠杆效应"引导资源配置。对于服务外包而言，财政政策通过教育、科研、补贴等方式改变服务外包发展的基础，进而影响服务外包的竞争力。

第一节 财政政策促进服务外包发展的机理

一、财政投入与技术进步

技术水平不仅是影响承接服务外包的重要影响因素，而且也是发挥服务外包技术外溢效应的基础。促进技术进步的关键是研究开发投入，但研发过程存在市场失灵，主要表现为创新收益的外部性、创新过程的不可分割性、创新过程的风险性（包括市场风险、技术开发风险、资金风险）等。理论性、基础性、公益性的技术，研究成果以满足社会共同需要为目标的，所有的社会成员几乎都可以无偿享用，私人成本无法获得有效补偿[1]。此外，产业共性技术的供给，虽然不如基础性、理论性的技术的外溢性强，但也存在外溢性，同时随着现代研发模式的变化，还存在组织失灵。所谓共性技术研发组织失灵，是指单个个体由于个体能力的限制不能满足共性研究开发的要求，共性技术的研究开发需要多个个体的合作（李纪珍，2004）。共性技术供给的市场失灵，同样需要公共财政的介入。

---

[1] 邓子基、方东霖：《公共财政与科技进步》，《厦门大学学报（哲学社会科学版）》2008 年第 3 期。

研究开发是一项经济活动，需要投入资本和劳动力，其目的是为了获取收益，但是研究开发具有一系列与其他产品不同的特征，主要是外溢性、不确定性。

我们假定企业研究开发的总收益为 B，其外溢系数为 e，即企业研究开发的收益为 B_0：

$$B_0 = B(1 - e) \tag{10-1}$$

假定一项研究开发成功的可能性为 p，用来衡量研究开发的不确定性，那么企业的收益为 $\overline{B}_0$：

$$\overline{B}_0 = pB_0 = B(1 - e) \tag{10-2}$$

假设企业研究开发遵循柯布—道格拉斯函数，投入是劳动力 L 和资本 K，则研究开发的生产函数可以写为：

$$B = F(K, L) \tag{10-3}$$

假设资本的价格为 r，劳动力的价格为 w，则成本函数可以写为：

$$C = C(F(L, K), r, w)) = Kr + Lw \tag{10-4}$$

式中，r，w 为收益最大化下的劳动力、资本投入量，其由企业最大化利润确定。

假定企业将研究开发应用于生产领域的收益为 R：

$$R = f(\overline{B}_0)，且 \frac{dR}{d\overline{B}_0} > 0$$

则企业的利润函数为：

$$P = R - C = G(\overline{B}) - C = G(p(1 - e)F(K, L)) - (wK + Lr) \tag{10-5}$$

利润最大化的条件为：

$$\frac{\partial P}{\partial L} = p(1 - e)\frac{\partial G}{\partial F}\frac{\partial F}{\partial L} - w = 0$$

$$\frac{\partial P}{\partial K} = p(1 - e)\frac{\partial G}{\partial F}\frac{\partial F}{\partial K} - r = 0 \tag{10-6}$$

显然，$\frac{\partial G}{\partial F}\frac{\partial F}{\partial L}$ 是 L 函数，令 $G = \frac{\partial G}{\partial F}\frac{\partial F}{\partial L} = G(L)$，因为 $\frac{dR}{d\overline{B}_0} > 0$，$\frac{\partial F}{\partial L} > 0$，F(K, L) 是柯布—道格拉斯函数，因此要素边际报酬递减，所以 G'(L) < 0。

简要分析财政补贴的作用。假设财政按照企业的研发投入进行补贴，补贴率为 s，则企业的利润函数可以写为：

$$P = G(p(1-e)F(K, L)) - (Lw + Kr)(1-s)$$

$$\frac{\partial P}{\partial L} = p(1-e)\frac{\partial G}{\partial F}\frac{\partial F}{\partial L} - w(1-s) = 0$$

$$\frac{\partial P}{\partial K} = p(1-e)\frac{\partial G}{\partial F}\frac{\partial F}{\partial K} - r(1-s) = 0 \tag{10-7}$$

进一步可以得出：

$$\begin{cases} \dfrac{dG}{\partial L}\dfrac{dL}{\partial s} = \dfrac{-w}{p(1-e)} \Rightarrow \dfrac{dL}{ds} = \dfrac{-w}{p(1-e)}/G'(L) > 0 \\ G'(L) < 0 \end{cases}$$

$$\begin{cases} \dfrac{dG}{dK}\dfrac{dK}{ds} = \dfrac{-r}{p(1-e)} \Rightarrow \dfrac{dK}{ds} = \dfrac{-r}{p(1-e)}/G'(K) > 0 \\ G'(K) < 0 \end{cases} \tag{10-8}$$

财政补贴可以提高企业的研发投入，而且补贴率越高，外部性越大，财政补贴的弹性越大，确定性越小，补贴的弹性越小，因此财政和税收优惠应该倾向外溢性较强的，且成功性较高的科研开发。

二、财政支出与人力资本的形成

教育有很强的外部性，对于具有正外部性的物品来说，生产者承担了内部成本和外部成本，但只获得了内部收益，其他人没有承担任何成本却获得了外部收益。这样，生产者的边际成本曲线和边际收益曲线就会与社会成本曲线以及社会收益曲线之间产生差异，生产者提供的数量会小于社会需要的数量，就会引起供给不足。同时，对于获得外部收益的其他人来说，他们没有承担外部成本而获得了外部收益，这无形中又扩大了需求。这时，生产者愿意生产的数量与社会需要的数量存在一定差距。教育除了存在外部性外，还存在风险性、由于收入导向产生的结构失灵、流动性约束等（刘华，2008）。财政支出对人力资本的影响不仅在总量上，还在结构上。不同的产业对人力资本的需求不同。中国目前出现的高校毕业生就业困难，即知识型失业，就是教育结构和就业结构不匹配导致的。

三、政府投资与基础设施

基础设施的耗资量大、建设周期长，给提供者带来极大的风险，而且基础设施属于公共产品，仅靠市场的力量难以保证供给。政府作为公共产品提供的主体，有必要提供符合经济发展水平的基础设施，而且从世界各国的经验来看，基础设施的供给主要靠财政支出来支持，仅有少部分是通过市场运作的方式提供。在不同的发展阶段，不同的产业对于基础设施的需求不同。对于服务外包来讲，信息基础设施、航空交通基础设施、环境建设等至关重要。政府的主要职责是提供基础设施和公共产品，政府提供的基础设施和公共产品应适应产业发展的需要。

四、政府支出与外包激励

在这里借用 Egger H.和 Falkinger J.（2005）的研究。假设经济中仅存在单一最终服务 Y 和两种初始的生产要素，即劳动力 L（不可在国际间流动）和资本或知识 K（可以在国际间流动），最终产品由不同中间投入品 χ_i 和初始劳动力组成。中间产品由最终服务提供商以市场价格购买。劳动力的需求与服务流程相关的商务服务活动有关。最终产品的生产函数可以写为 Cobb-Douglas 模式：

$$Y = X^\alpha L^{1-\alpha}, \ X = (\sum_i \chi_i^\rho)^{1/\rho}, \ 0 < \alpha < \rho < 1 \qquad (10\text{-}9)$$

根据 Ethier（1982），假设中间投入品的贡献可以加总为 CES 指数（CES-Index），假定中间品的生产不需要劳动力，而且对于所有的企业来讲，X 部门的生产技术相同：$x_i = K_i$；但生产过程中有固定成本，中间投入为完全竞争市场，中间品生产商的自由进出导致平均成本定价，使总收入等于总成本。

假设 H 和 F 是拥有相同的生产技术的两个经济体，并且拥有国际间不可流动的劳动力 $\bar{L}_h$、$\bar{L}_f$，且 H 和 F 形成一个自由贸易协定（FTA），两国之间没有关税壁垒，中间投入品和最终品可以在 F 和 H 之间自由贸易。此外，商品 Y 可以在全球范围内自由贸易。最后，H 和 F 都是小经济体，资本回报率由全球资本收益率决定。劳动力价格取决于企业的区位，由充分就业下劳动力的边际产量决定。

$$\frac{(1-\alpha)Y^k}{\overline{L}^k} = \omega^k \tag{10-10}$$

Y^k 均衡产出，$k = H$，F；$p_{H,i}^k$、$p_{F,j}^k$ 为中间产品 $x_{H,i}^k$、$x_{F,j}^k$ 的价格（包括交易成本），最终产品供应商可以自由选择中间商品提供商，中间品 $x_{H,i}^k$、$x_{F,j}^k$ 的需求由企业的利润最大化决定：

$$\max_{x_{H,i}^k、x_{F,j}^k} Y^K - \left[\sum_i p_{H,i}^k x_{H,i}^k + \sum_j p_{H,j}^k x_{H,j}^k \right]$$

Subject to：

$$\frac{aY^k}{X^k}\left(\frac{X^k}{x_{H,i}^k}\right)^{1-\rho} = p_{H,i}^k,\ i = 1,\ \cdots,\ n_H;\ k = H,\ F$$

$$\frac{aY^k}{X^k}\left(\frac{X^k}{x_{F,j}^k}\right)^{1-\rho} = p_{F,j}^k,\ j = 1,\ \cdots,\ n_F;\ k = H,\ F \tag{10-11}$$

式中，$X^k = \left[\sum_{i=1}^{nH}(x_{H,i}^k)^\rho + \sum_{j=1}^{nF}(x_{F,j}^k)^\rho \right]^{1-\rho}$，供应商数量 n_H、n_F 由最终产品提供商内生决定。

我们可以把总价格指数写为：

$$P_X^k = \left[\sum_{i=1}^{nH}(p_{H,i}^k)^\delta + \sum_{j=1}^{nF}(p_{F,j}^k)^\delta,\ \delta = 1/(1-\rho) \right.$$

那么，$P_{H,i}^k = \left(\frac{aY^k}{p_X^k}\right)^{1-\rho}(x_{H,i}^k)^{-(1-\rho)}$，$p_{F,j}^k = \left(\frac{aY^k}{p_X^k}\right)^{1-\rho}(x_{F,j}^k)^{-(1-\rho)}$ 就是中间品 x_i、x_j 的需求函数。

根据前面的假设，生产中间产品（服务）的边际成本等于要素价格 r，它是由资本在全球市场中决定的。$t > 0$ 是单位国际交易成本，假设双方的贸易成本相同。设立一个企业需要固定成本（来自最终产出）f_k。f_k 取决于一个国家的基础设施和对中间商的吸引力以及就业情况。

x_i 提供商放在 H 国的问题是一个最大化问题：

$$\max_{x_{H,i}^H、x_{H,i}^F}(x_{H,i}^H)^\rho D_H + (x_{H,i}^F)^\rho D_F - \gamma(x_{H,i}^H + x_{H,i}^F) - tx_{H,i}^F - F_H \tag{10-12}$$

x_j 提供商放在 F 国的问题是一个最大化问题：

$$\max_{x_{F,j}^H、x_{F,j}^F}(x_{F,j}^H)^\rho D_H + (x_{F,j}^F)^\rho D_F - \gamma(x_{F,j}^H + x_{F,ij}^F) - tx_{F,j}^F - F_H \tag{10-13}$$

式中，$D_k = \left(\frac{aY^k}{P_X^k}\right)^{1-\rho}$，$K = H$，$F$

在每个国家的中间投入产出是对称的，由求解式（10-12）和式（10-13）我们得到了中间产品的生产者的4个一阶条件，结合中间产品生产商的两个零利润条件，利用式（10-10）和式（10-11）的情况来描述 H、F 最终产品，它们决定内生变量 x_H^k，x_F^k，p_H^k，p_F^k，n_k，w_k，$k = H$，F，而且是两国经济基本面的函数。特别地，产出取决于固定成本 f_k，而 f_k 受到公共基础设施的影响。均衡价格、均衡产出及中间投入厂商的数量表达如下：

$$p_k^k = \frac{r}{\rho}, \quad p_k^{k'} = \frac{r+t}{\rho}$$

$$x_{k'}^k = x_k^k \left(\frac{r}{r+t}\right)\sigma, \quad x_k^k = \frac{\left[f_k - f_{k'}\left(\frac{r}{r+t}\right)\sigma - 1\right]\phi}{1 - \left(\frac{r}{r+t}\right)^{2(\sigma-1)}} \tag{10-14}$$

$$n_k = \frac{A^k\left[(1/x_k^k)^B - \left(\frac{r}{r+t}\right)^{(\sigma-1)}(\bar{L}^{k'}/\bar{L}^k)^B(1/x_{k'}^k)\right]}{1 - \left(\frac{r}{r+t}\right)^{2(\sigma-1)}} \tag{10-15}$$

式中，$k \neq k' \in \{H, F\}$，$\phi = \frac{\rho}{(1-\rho)r}$，$A^k = \left(\frac{a\rho}{r}\right)^{\frac{B}{1-a}}(\bar{L}^k)^B$，$B = \frac{\rho(1-a)}{\rho-a} > 1$，系数取决于 r、$\bar{L}^k$ 和技术水平。

在埃塞尔模型中，不同品种之间具有不变替代弹性，企业按固定规则设定价格。由于劳动力不是受雇于中间产品生产商，以及资本要素的回报取决于世界自由贸易协定的市场，因此投入价格是外生的。此外，同样的生产技术使用于两个经济体。因此，投入价格是对称的，即 $p_H^H = p_F^F$，$p_H^F = p_F^H$。然而，运输成本意味着出口价格高于国内销售价格，即 $p_k^{k'} > p_k^k$。这就使得消费者倾向于使用本国的中间产品。销往国外的产品和本国销售的比例由式（10-14）决定。比率 $x_{k'}^k / x_k^k$ 取决于 $p_k^k / p_k^{k'}$，而且是固定的。销售水平由零利润条件决定，企业规模和产出模式（$x_{k'}^k$，x_k^k）由总收入与总成本相等决定。因此，根据式（10-14），每个企业的均衡产出取决于最终产品提供方的需求行为参数和中间产品市内工厂相关的变动及固定成本组合。中间产品提供商数量取决于市场规模参数 $\bar{L}^{k'}$，$\bar{L}^k$。较高的 $\bar{L}^k$ 吸引力较强。因此，在其他条件相同的情况下，如果 $\bar{L}^k$ 增加，则 n_k 增加，$n_{k'}$ 下降。

根据式（10-9），投入品生产企业数增加，最终产品部门的劳动生产率具有正效应。因此，任何促进中间产品企业进入的政策都对最终产品部门的产出和工资具有正效应。

　　公共基础设施投资改变固定成本，进而影响中间投入品的企业数量及其规模。较低的固定成本能够让更小、更多的企业有利进入，同时也有利于提供劳动生产率和工资。

　　在满足 $n_k > 0$，$x_H^k > 0$，$x_F^k > 0$，$k = H$，F 的条件下，可以推导自由贸易下的均衡。根据前文所述，以下条件需要被满足：

$$t > r \cdot \max \left[\left(\frac{f_F}{f_H} \right)^{\frac{1}{\sigma-1}} - 1, \left(\frac{f_H}{f_F} \right)^{\frac{1}{\sigma-1}} - 1 \right]$$

$$1 > \left(\frac{r}{r+t} \right)^{\frac{1}{\sigma-1}} \cdot \max \left[\left(\frac{\overline{L}^F}{\overline{L}^H}, \frac{X_H^H}{X_F^F} \right)^B, \left(\frac{\overline{L}^H}{\overline{L}^F}, \frac{X_F^F}{X_H^H} \right)^B \right]$$

　　我们假定基础设施投入仅影响固定成本，增加基础设施投资会降低一国的固定成本，进而增加该国对中间产品生产商的吸引力，但不影响另一国的固定成本。我们假设有两种类型的固定成本：①固定成本 f_k^p，可以被公共设施所取代或减少；②企业特定固定成本 f_k^0，其独立于公共基础设施。这样公共基础设施投资和固定成本的关系可以通过下式描述：

$$f_k(G_k) = \begin{cases} f_k^0 + f_k^p(G_k), & \text{if} \cdots G_k \in \left[0, \ \overline{G}_k \right] \\ f_k^0, & \text{if} \cdots G_k \geqslant \overline{G}_k \end{cases} \quad \cdots k = H, \ F \qquad (10-16)$$

　　式中，G_k 代表公共基础设施的投资水平。在 $G_k \in \left[0, \ \overline{G}_k \right]$ 中，$f_k^p(G_k)$ 是负倾斜的函数。从公共基础设施投资获得收益 G_k 的最大值是 $\overline{G}_k$。公共设施超过这一数额将不能增加一个国家吸引中间产品厂商的能力。

　　利用式（10-14）和式（10-16），可以得到：

$$\frac{dx_H^H}{dG_H} = \frac{\phi}{1 - \left(\frac{r}{r+t} \right)^{2(\sigma-1)}} \frac{df_H^p}{dG_H} < 0$$

$$\frac{dx_H^F}{dG_H} = -\left(\frac{r}{r+t} \right)^{2\sigma-1} \frac{dx_H^H}{dG_H} > 0 \qquad (10-17)$$

由此可以看出，增加基础设施可以减少本国的外包，而增加他国的外包行为。

我们再来推导一下公共基础设施的特例直接补贴对企业行为的影响。政府补贴可以降低企业的特定固定成本 f_k^0，且假设政府补贴 $G_k < f_k^0$。因此，

$$f_k(G_k) = f_k^0 - G_k \tag{10-18}$$

根据式（10-17），同样得出补贴可以减少本国的外包，而增加他国的外包行为。

第二节　财政政策存在的问题

一、财政教育支出

从在岸服务外包看，现代服务业和制造业最大的不同是服务业的生产与消费是同时进行的。因此服务业对人才的要求不仅仅是"知识与技能"，而且要求服务业从业人员具有服务文化，即人文关怀、先进技能与诚信理念，也即全面的素质。同时，服务业发展所需的知识结构也不同，制造业需要熟练掌握工科技术的工人，而服务业需要创新能力较强的、掌握人文社会科学知识的适用性人才。从离岸服务外包看，制造业的离岸外包一般是将组装部门等低技术含量、流水线生产的业务外包，需要的很多是"农民工"，或者说具有中高等教育背景的人力资源，而离岸外包的业务具有一定的复杂性，大部分是以信息技术为依托的，因此需要具有高等教育背景的技能型人才。虽然财政一直是教育投入的主体，而且 2000 年开始了教育市场化改革，增加了个人在教育投入中的比重，但是 2000 年财政教育投入占教育投入的比重仅为 66.58%，以后一直维持在 60% 以上，2009 年财政进一步加大了基础教育的投入力度，财政教育投入占教育投入的比重达到 74.12%，2011 年上升到 77.87%（见表 10-1）。比较中国的人力资本现状及财政人力资本投资体制，本书认为至少存在以下几个方面的问题。

表 10-1　中国教育投入情况（2000~2011 年）

单位：万元、%

年份	合计	财政性教育经费		私人教育投入	
		投入额	比重	投入额	比重
2000	38490806	25626056	66.58	12864750	33.42
2001	46376626	30570100	65.92	15806526	34.08
2002	54800278	34914048	63.71	19886230	36.29
2003	62082653	38506237	62.02	23576416	37.98
2004	72425989	44658575	61.66	27767414	38.34
2005	84188391	51610759	61.3	32577632	38.7
2006	98153087	63483648	64.68	34669439	35.32
2007	121480663	82802142	68.16	38678521	31.84
2008	145007374	104496296	72.06	40511079	27.94
2009	165027065	122310935	74.12	42716130	25.88
2010	195618471	146700670	75.00	48917801	25.00
2011	238692936	185867009	77.87	52825927	22.13

资料来源：根据《中国统计年鉴》（2013）计算。

一是总体教育投入较少。由于人力资本具有正外溢性，因此财政教育投入规模对一国人力资本的积累有非常重要的作用。各国经验表明，尽管影响教育发展水平的因素很多，但教育投入是最主要的因素，教育投入的多少直接影响教育的发展速度和水平；财政作为教育投入的主体，财政投入少，教育发展，特别是中高等教育发展就会落后。我国现在处在赶超发达国家的阶段，人力资本的总体水平比较低，需要大量的教育投入。但是，目前我国的财政教育投入占 GDP 的比重还低于发达国家。直接影响一国教育事业的发展速度和发展规模。2005 年，美国、法国等发达国家财政性教育投入的经费占 GDP 的比重超过 5%，巴西、印度等发展中国家也超过 4%（见表 10-2），而中国仅为 3.97%[①]。

从财政支出结构看，1970~1990 年，日本经济起飞的这二十年间，财政教育支出占财政支出的比重超过 30%，到 1990 年以后维持在 20% 左右，美国 1970~1980 年这一阶段，财政教育支出占财政支出的比重也在 18% 左

---

① 2011 年数据来自《中国统计年鉴》（2013）。

表 10-2　世界各国财政性教育经费占 GDP 的比重

单位：%

年份\国家	1992	1994	1996	1998	2000	2003	2005
印度	3.7	3.6	3.0	2.9	4.1	3.26	3.25
日本	3.6	3.6		3.5	3.5	3.65	3.54
美国	5.3		5.4		4.8	5.86	5.33
巴西		5.2		3.7	4.7	4.15	
法国	5.8	6.1	5.7	4.2	5.8	6.02	5.70
德国	4.8	4.8		5.9	4.6		4.58[①]
意大利	5.2	4.7	4.2	4.6	4.7	4.87	4.47
英国	5.5	4.9	5.4	5.4	4.5	5.48	5.60
荷兰		5.2		4.7	4.8	5.33	5.26
西班牙	4.6	5.0		4.4	4.5	4.51	4.25

注：①为 2004 年数据。
资料来源：《国际统计年鉴》(1999, 2002, 2003, 2005, 2008)。

右（见图 10-1）。而中国 2008 年财政教育支出占财政支出的比重为 14.4%，比重明显低于发达国家经济起飞阶段。

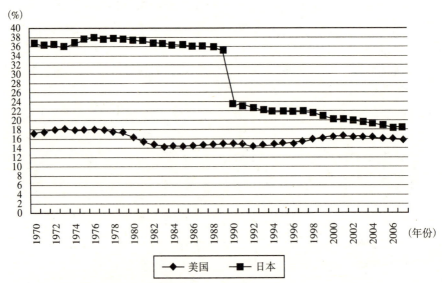

图 10-1　美国、日本财政教育支出占财政总支出的比重（1970~2007 年）

资料来源：联合国统计数据库。

二是教育投入的结构性问题。服务外包的业务类型不同，需要的人才也不同；服务外包的层次不同，对于人才的要求也不同。ITO 外包需要的是"金字塔"型的人才结构，即高端人才（如研发、系统设计、项目管理）、中间人才（如普通程序设计、程序分析等）、基层人才（具备扎实操作技能，可以按照流程图熟练编码的人才，也称"软件蓝领"）应该合理配置，而我国目前的人才结构是"橄榄型"的，即中间大，两头小，既缺乏独当一面的高端人才，也缺乏扎实能干的蓝领人才，而中间人才（具有软件基本知识，但英语水平不高，对西方的商业理念、规则、流程等缺少了解）过剩。对于 BPO 外包、KPO 外包，缺少英语能力强、具有一定的创新能力、熟悉通行管理规则和理念的，同时具有扎实的业务操作能力的复合型、适用型人才。

综合来看，不是我国人才数量不足，而是适用人才缺乏，一方面，企业反应难以找到合适的工作人员，另一方面，大量高校毕业生就业困难，"知识型失业"和"知识型人才"短缺并存，这说明我国教育结构出现了问题。主要表现在：财政主要投向中高等教育，而中高等教育主要以学术教育为主，偏重于理论，教学的周期长，课程改革滞后，不能适应服务外包的需要；忽视了职业教育和非正规教育，而职业教育和非正规教育正是培养适用型人才的主体。

二、研发、技术支持不够

研究开发是现代服务业技术创新最重要的一个环节，是现代服务业技术创新的直接驱动力，是指为了增加知识存量而进行的系统性创造工作，这些知识包括人类知识、文化和社会知识，以及应用这些知识存量发明新的用途。现代服务业和制造业提供的产品不同，其研发也不尽相同。主要表现在以下几个方面：第一，许多现代服务业创新项目涉及研究开发，与制造业相比，现代服务业研究开发的内容非常广泛，它涵盖了技术性的 R&D，人文社会科学的 R&D，人类的行为、组织、文化、社会等知识。第二，在现代服务业企业中，研究开发并不一定由研发部门或专门的研发人员完成。第三，在现代服务业企业中，产品、过程、组织的研究开发往往交互进行。第四，从研究开发导致的创新程度看，现代服务业研究开发导致的是渐进性的创新，现代服务业的根本性创新依赖于制造业的重大创新。从服务外包的角度看，服务外包还需要产业共性技术的支持。从研究开发和技术支持的角度看，财政对于服务外包的技术支持主要体现在以下几个方面。

一是财政性科研开发支出不足。从总科技经费占 GDP 的比重看，1990 年以来基本上呈现稳步上升的态势，从 1990 年的 2.16%上升到 2008 年的 3.03%。但从财政科技经费占 GDP 的比重来看，则缺乏稳定的增长机制，从 20 世纪 90 年代初期后，财政科技经费占 GDP 的比例呈下降趋势，国家财政科技拨款占 GDP 的比例从 1990 年的 0.76%下降到 2001 年的 0.31%，直到近年来才有所回升，但 2008 年也仅为 0.65%。2012 年，财政部对财政科学技术支出统计口径做了调整，财政科技支出占 GDP 的比重才达到 1.08%（见表 10-3）。在发达国家中，2006 年日本财政性科技经费投入占 GDP 的比重高达 3.40%，美国、法国等均在 2%以上，而发展中国家巴西则为 0.82%，印度为 0.69%（见表 10-4），均高于我国。财政性科技经费投入不足，势必导致基础研究、理论研究的不足，这样企业、市场技术创新的平台和起点就不可能高，在突破性技术方面很难取得理想的效果。

表 10-3　我国科技经费投入情况（1990~2012 年）

单位：亿元、%

年份	科技经费（1）	财政性科技经费（2）	（2）/（1）	（1）占 GDP	（2）占 GDP
1990	403.3	139.12	34.5	2.16	0.75
1995	962.5	302.36	31.41	1.58	0.52
2000	2346.7	575.62	24.53	2.37	0.64
2005	5250.8	1213.1	23.10	2.87	0.66
2006	6196.7	1367.8	22.07	2.92	0.65
2007	7695.2	1703.6	22.14	2.99	0.66
2008	9123.8	1902	20.85	3.03	0.63
2012①	—	5600	—	—	1.08

注：①2012 年财政部对财政科技经费统计口径进行了调整。
资料来源：根据《中国统计年鉴》（2004，2009）整理。

表 10-4　世界各国财政性科研经费占 GDP 的比重

单位：%

年份 国家	1996	2000	2006
印度	0.55	0.77	0.69①
日本	2.78	3.04	3.40
韩国	2.42	2.39	3.23
美国	2.55	2.74	2.61
巴西	0.77	0.94	0.82②
法国	2.3	2.15	2.12
德国	2.55	2.45	2.52
俄罗斯	0.97	1.05	1.08
西班牙	0.83	0.91	1.21
英国	1.88	1.86	1.80

注：①为 2005 年数据，②为 2004 年数据。
资料来源：《国际统计年鉴》（2007，2008）。

　　二是科技经费的结构和投向不合理。我国的科技经费大部分投向了制造业，对于服务业投入偏少。此外，服务外包需要产业共性技术的支持，但目前由于政府资金的协调性不好，不仅投入力度不够，而且存在"重建设、轻运营"的状况，使用效率不高，没有发挥应有的作用。

三、基础设施不能适应服务外包的需求

　　长期以来，在发展工业的情况下，重视有形的硬件，而忽略了无形的软件建设。财政的基础设施建设主要是公路、铁路、码头等有形的基础设施，这些基础设施无疑对制造业的发展起了非常重要的作用。但是，对于服务业和服务外包来讲则更加依赖于无形的基础设施，如信息传输通道、数据库资源、诚信体系建设以及生态环境保护等。显然，中国的基础设施建设不能满足服务业和服务外包的发展。

四、补贴和融资支持不够

　　目前，财政对于服务外包的补贴主要是通过服务业引导资金实现的。服务业引导资金，是在中央预算内基本建设投资或国债安排的专项用于支

持服务业重点领域建设项目等的补助性资金，目的是调动地方和企业发展服务业的积极性，引导多渠道资金对服务业的投入，以拓宽融资渠道，促进快速发展。中国的服务业发展滞后，已经是大家的共识，必须要加大政府补贴力度，才能从资金和信心两个方面促进服务业的发展。然而，我国服务业引导资金的规模非常小，不足以促进服务业的发展。据不完全统计，2002~2005 年累计下达数额仅为 7.36 亿元。

另外，服务业企业的固定资产一般较少，特别是人文社会科学的服务企业，这些企业很难获得银行贷款，在中国这样以银行为主体的金融体系中，服务业的融资问题显得非常突出。服务业企业的融资难问题限制了服务外部化。这是因为，服务业务一旦从制造部门分离出来，由于服务业企业的固定资产一般较少，尤其是人文社会科学的服务企业，若没有固定资产抵押，很难获得银行贷款，如果和制造业结合，则可以利用制造环节的固定资产抵押而获得贷款。对于外包企业来讲，同样没有固定资产抵押，融资也同样困难。这样，不利于在岸外包和离岸外包的发展。财政支出并没有着手去解决这一问题，如利用政府担保、培育风险投资等。

五、政府服务外包不足

服务外包是一个新兴的领域，需求不足则难以发挥规模优势，单位成本不能降低。政府作为一个庞大的组织体，其业务涉及各个领域，经济活动规模不断扩大。政府在提供公共服务和公共产品中并不需要亲力亲为，而是可以将某些业务外包给政府以外的部门。政府服务外包，是政府把机关的后勤服务，行政工作相关的技术服务，为企业、市民、各类市场组织和社会组织提供的公共性服务等，以政府机关或部门作为发包方，明确条件资质的准入制度，按照一定程序公开择优承包的方式，通过签订报酬与服务数量、质量、效率相挂钩且与规范考核评价结果相联系的合同办法，承包给有关市场主体（社会组织主体）的民事行为。① 政府服务外包主要包括电子政府外包、BPO 外包等，如表 10-5 所示。政府购买也是推动服务外包发展的重要力量。但是，目前我国政府科学决策体系还没有建立，政府服务外包还处在初级阶段。主要表现在以下几个方面。

---

① 《政府外包之 IT 外包》，http://www.devott.com/research_insights/devott-insights/m/41.aspx。

表 10-5 政府服务外包的范围

项目	分类	具体内容
电子政务外包	IT 资源整体外包	为政府部门提供全套的 IT 系统规划、采购、设施、运维、咨询和培训等整体服务
	单项 IT 技术外包	政府有选择地把某些 IT 问题，如网络建设、硬件设备维护、单项软件开发等外包给专业公司去做
	维护外包	政府把已建好业务系统的维护服务外包出去，以享受专业技术力量的服务
BPO 外包		政府组织将基于 IT 技术之上的业务环节委托给专业服务公司，由其依照服务程度协议的请求进行管理、经营和维护，其中包含后勤管理外包、人力资源外包、呼叫中心服务等
政府后勤管理外包		政府内部组织或部门提供的后勤服务交由外界专业组织，以期建立新型、高效、灵活的政府后勤保障服务体系的行为
其他外包		人力资源外包、呼叫中心外包、数据的处理和挖掘、政府咨询外包等

资料来源：根据 MBA 智库百科：服务外包整理。http://wiki.mbalib.com/wiki/%E6%94%BF%E5%BA%9C%E5%A4%96%E5%8C%85。

一是政府外包的意识不强。政府对市场的不信任还依然存在，政府不愿意把业务外包给系统外的主体。这主要是因为财政预算缺少硬性约束，政府没有动力将服务进行外包。

二是政府服务外包的领域较窄、规模较小。目前政府外包主要是咨询服务以及信息系统的开发。事实上，很多业务可以以公私合营模式将服务进行外包，如澳大利亚将监狱外包给私人。政府外包对于服务外包需求具有重要意义。以美国的商务服务为例，管理和科技咨询服务、翻译服务等行业 20% 来自政府，如表 10-6 所示。此外，在 2007 年服务外包金额最高的 10 项交易中，有 5 项来自美国政府，其中阿连特项目以 500 亿美元位居第一位。

表 10-6 美国专业服务业来自政府收入的比重（2007 年）

单位：1000 美元、%

行业	收入	政府服务收入比重
法律服务	254610889	14.8
会计、税务、账簿与薪金服务	113673249	23.4
管理和科技咨询	132156434	20.1
广告	89602123	15.8

续表

行业	收入	政府服务收入比重
市场研究和公共意见调研	16396104	10.6
摄影服务	6778731	24.7
翻译服务	1893733	25.7

资料来源：美国普查数据2007，http://www.census.gov。

我国服务外包处在起步阶段，需要培养人才、锻炼企业，需要政府进行推动。政府将服务外包给企业，无疑可以增强外界对企业的信任，并且可以发挥规模效应，降低成本。

第三节　完善财政政策的建议

调整支出政策必须坚持"公共财政"的理念，即坚持财政政策的"三性"：公共性，财政着眼于满足所有人的需要；非营利性，将公共利益极大化作为财政收支的出发点和归宿；规范性，将法律、法规作为财政收支的行为规范。但是，公共财政并不是不干预经济，适度政府干预是公共财政建设的内在要求，但这种干预的重点是矫正市场失灵，而且干预是建立在法制财政、民主财政的基础上的（高培勇，2009）。因此，在制定支持服务外包财税政策时，要在公共财政的制度框架体系下，加大服务外包支持力度。

一、改善人力资本质量

前文已述及，人力资本是服务外包竞争优势的重要来源，而教育是提升人力资本水平的主要途径，财政必须在教育领域有所作为，提升人力资本水平。

1. 加大教育投入力度

从国际比较看，我国财政性教育支出占GDP的比重不仅低于发达国家，而且也低于发展中国家，这要求我们必须加大财政教育投入力度。

从发展阶段来看，2011 年我国人均 GDP 达到 5432 美元，但是政府教育经费占 GDP 的比重仅为 3.97%。1975 年，美国经济学家钱纳里对阿富汗、阿尔及利亚、奥地利、澳大利亚、加拿大、美国等 101 个国家 1950~1970 年 21 年间经济发展结构的变化进行了研究，探讨了在不同国民收入水平上，政府教育支出占国民生产总值的比重。根据钱纳里的研究，人均 GDP 超过 1000 美元后，财政教育投入占 GDP 比重达到 4.3%，之后趋于稳定，如表 10-7 所示。

表 10-7 中国政府教育支出占 GNP 的比重与钱纳里"标准结构"比较

钱纳里标准结构（美元、%）		200	400	500	800	1000	3000 以上	
		3.3	3.5	3.7	4.1	4.3	4.3	
中国	年份	1992	1994	1995	2000	2003	2008	2011
	人均 GNP（美元）	200.1	461.0	570.7	841.0	1090	3266	5432
	名义政府教育经费支出（亿元）	621.71	1174.74	1411.52	2562.1	3057	9010.21	18586.7
	名义 GNP（亿元）	26635.4	46670.0	57494.9	88228.1	135174	302853.4	468562.38
	政府教育支出占 GNP 的比重（%）	2.30	2.52	2.46	2.90	2.26	2.97	3.97

资料来源：霍利斯、钱纳里等：《发展的形式 1950~1970》，经济科学出版社，1988 年 10 月第 1 版第 31 页，历年《中国统计年鉴》。

从表 10-7 可以看出，从 1992 年甚至更早的时间，我国财政教育投入占 GNP 的比重一直低于钱纳里标准结构的水平，到 2013 年我国财政教育投入的比重也只有 3.97%。长期以来教育投入的欠账必须弥补。本书建议在今后的 5~10 年逐步将财政教育投入占 GDP 的比重提高到 4.5% 以上。提高财政教育支出占 GNP 的比重的主要途径一是提高财政收入占 GNP 的比重，二是提高财政支出中教育支出的比重。

2. 改善教育投入结构

在人力资本专业化水平较高的今天，增加教育总投入，仅仅是提升人力资本水平的一个基础，教育资源配置的结构，对于人力资本的质量具有非常关键的作用。

服务外包是一个新兴行业，其主要特征是高技术含量与创新性，所以从事服务外包的人才主要以智力劳动为主，而且随着信息化进程的不断推进，服务外包和制造业、服务业、政府等部门的结合更加紧密，这就要求服务外包人才具有更全面、更专业的素养，而在离岸外包兴起后，对于人才的国际化要求越来越突出。从能力来看，服务外包人才主要分为基本职业技能要求和与工作相关的专业技能要求（吴胜武等，2009）。培养服务外包人才的关键是建立和完善多层次、全方位的外包人才培养体系和培训体系。

首先，发挥高校在服务外包人才培养中的基础与骨干作用。完善体制机制，建立合作平台，促进高校和外包企业深入合作，使高校切实了解企业需求，并引导高校根据服务外包产业发展的需要，增设与服务外包相关的专业，培养适用于服务外包发展需要的新型人才。

其次，针对不同层次的人才，采取不同的培养模式。外包企业需要各种层次的人才，以软件外包企业为例，既需要软件研发、系统构架、系统分析师、需求分析师等高端人才，也需要程序员、测试员等软件蓝领人才，同时还需要软件营销人才。对于这些人才，要采取不同的模式进行培养。对于项目分析师、程序设计师、需求分析设计师等高端人才，需要一个综合协调的培养体系，而且必须走国际化的道路，通过与国际著名公司的交流、培训、技术合作等多种方式培养。对于程序员、测试员等"软件蓝领"人才的培养，则应该通过职业教育、高等教育为软件外包企业量身培养，同时提高社会化培训机构软件外包人才的培养能力，并给予补贴。对于软件营销人才，则应该坚持干中学，或者从国外引进熟悉国际市场的人才。因此，要统筹财政性教育资金，把职业技术教育放到与普通文化教育同等重要的位置上，同时要对岗位培训教育加大财政补贴力度和税收优惠力度，引导社会关心、支持职业教育的发展，为职业教育的发展创造一个良好的外部环境（欧阳煌、夏杰长、霍景东，2006）。

3. 创新教育投入方式

在目前国内初等、中等甚至部分高等教育的应试教育局面短期内难以改变的情况下，必须创新教育投入方式，培养学生的创新能力。如印度为了培养学生完整的逻辑思维能力，中学考试就很少有选择题；同时非常注重人才的工作态度、表达能力、团队精神等非技术素质的培养。这些能力仅仅依靠目前的学校教育是很难满足的，因此必须创新财政教育投入模式，建立一套全新的教育体系，以实现这些目标。

一是推进产、学、研结合的教学模式，使学校、企业、研究单位实现互动，鼓励企业到学校建立实验室，学校根据企业和产业需要修改教学大纲、调整课程内容，财政应该在这些领域给予补贴。

二是支持非正规教育发展，政府不直接给社会非正规教育支持，而是根据其培养人才的就业情况分批补贴，如根据其毕业生就业岗位的高低、就业时间的长短决定补贴金额。

三是强调实践教学，建立见习基地。当学生从学校毕业后，为了防止企业的用人风险，政府可以建立实习基地，学生以自由人的身份进行实习和工作，其间的补助由企业和政府共同承担，企业可以择优录用。对于其他学生可以再进入职业教育学校进行二次培训，保证人才的实用性，即借鉴印度先从"做"开始，学生在"做"的过程中如遇到问题，再以此为基础学习专业理论，真正实现学以致用。

二、加大创新支持力度

1. 扩大研究开发规模

前文已述及，科研开发具有正外溢性，一项重大技术发明，不仅仅为发明者带来收益，也会为整个经济社会发展带来重要影响，仅靠专利制度很难保证发明者对于技术收益的独占权。此外，人文社会科学研究对于经济社会发展具有同样重要的意义，而社会科学研究的成果很难通过一种法律制度保证成果拥有人对研究成果的收益享有独占权，如企业对管理方法的研究，甚至是经营理念的研究，这些对于企业发展具有重要意义，但很容易模仿，而且也无法通过法律保护，我国这方面的研究投入明显不足。此外，科研开发属于探索性活动，成功的概率不确定，科研开发具有很大的风险，一些大的科研项目需要大量的人力、物力、财力，流动性的约束使得某些科研开发活动无法进行，这些因素要求财政必须对科研开发投入。

从国际比较看，2006 年日本财政性科技经费投入占 GDP 的比重高达3.40%，美国、法国等均在 2%以上，而发展中国家巴西则为 0.82%，印度为 0.69%，我国 2008 年财政性科技经费占 GDP 的比重为 0.65%。日本的经济起飞给我们很大启发，就是必须加大科技和教育投入。而服务外包的发展也必须依靠技术进步来支撑，因此我国必须加大科技投入。建议今后逐步提高财政性科技经费占 GDP 的比重，在"十三五"期间达到 1.5%，远期达到 2%。

2. 调整财政科技投入的结构

一是向服务业领域倾斜。加大服务领域关键技术的投入力度，关键是提高这些领域研发人员的待遇水平，吸引更多的优秀人才进入该领域。其核心是支撑现代服务业企业进行研究开发活动。从内容来讲，现代服务业研究开发活动应该包括企业为了提供新产品（服务）、改变组织管理方式、改善服务流程、挖掘新客户等所进行的所有创新活动，而不论是自然科学方面的，还是人文社会科学方面的。现代服务业研究开发的确认标准如下（OECD，2002）：①现代服务业中的创新活动，无论是属于技术的还是人文社会科学的，如明显改善获取信息的渠道、产品和流程、计算机软件、技术、规章以及管理方式的，可以直接认定为研究开发活动。②现代服务业中其他创新活动。对于自然科学，可以参照以下标准进行认定：①与公共研究机构（或实验室）合作。②相关人员为博士和博士生的。③研究成果在科学期刊、科学会议或科学论坛组织公开发表。④建造原型或实验工厂。对于人文社会科学，可以参照以下标准进行认定：①与公共研究机构（或实验室）合作。②相关人员为博士和博士生的。③研究成果在科学期刊、科学会议或科学论坛组织公开发表。下面给出一些代表性行业研究开发的例子。[1]

软件业：①在理论计算机科学领域中发明新定理和运算法则。②在操作系统、编程语言、数据管理、传输软件以及软件开发工具层面上开发新的信息技术。③网络技术开发。④设计、发展、扩展软件的方法研究。⑤提供先进的计算、传输、储存、恢复、操作和显示信息的软件开发。⑥能够填补软件程序或系统发展的技术知识缺口的技术开发。⑦开发计算机特殊领域的软件工具或技术。

金融保险业：①金融风险分析的相关数学研究。②家庭银行的新软件开发。③开发信贷政策的风险模型。④开发分析客户行为已创造新的账户类型和银行服务的技术。⑤研究确认在保单中考虑新风险或新风险的新特点的方法。⑥研究社会现象对新保险业务的影响。⑦研究相关的电子银行和保险，网络相关服务和电子商务应用。⑧新的或重要的金融服务改进研发。

教育业：①开发新的教材资料和教学方法。②开发远程教育的软件和虚拟教学平台。③研究不同阶段学生行为活动。

---

① 根据 OECD（1994，2002）"Frascati Manual" 整理。

物流、通信业：①开发物流实时、分时配送管理系统。②研究包装回收利用的方法。③开发电子、网络供应链系统。④开发不同企业间信号转换和网络对接技术。

其他服务行业：①分析经济社会变化对人们行为活动的影响。②开发新的统计方法和工具。③开发新的跟踪技术或程序。④提出新的消费概念。⑤组织结构变更设计。

二是向人文社会科学倾斜。重视人文社会科学领域的研究开发，特别是服务模式、服务理念的创新以及自然科学和人文社会科学结合的服务流程等。

三是向产业共性技术和服务平台倾斜。政府要提供涉及服务外包的产业共性技术，如基础软件开发、软件测试中心等，而且公共服务平台要摆脱"重建设、轻运营"的格局，加大运营维护力度。

四是加大产业共性技术的支持力度。对于产业共性技术供给，政府首先要制订和实施大型科技计划，有目的地对于未来经济发展、综合竞争力提升战略性技术进行支持。同时，利用财政资金"四两拨千斤"的作用，促进研究机构和企业界进行共性技术的合作开发，如美国政府督促联邦实验室至少拨出经费的 10%~20% 用于与工业界的研究合作。最后政府还要选择对于服务外包发展具有关键促进作用的共性技术进行开发或支持企业开发，建立技术转移和扩散机制等。[①]

三、改变基础设施投向

中国政府 1998 年启动了积极的财政政策，每年发行 1000 亿元长期国债用于基础设施建设，但是这些基础设施建设主要是为工业发展服务的。2008 年为了应对国际金融危机，中央再次启动了积极的财政政策，总规模达 4 万亿元。本书建议在这些投资中除了用于交通道路建设和民生建设外，可以建设一些事关服务公共外包发展的大型基础设施项目，重点投向以下几个方面：

一是服务外包园区的建设，即载体建设。园区内应集中提供服务外包研发平台、成果孵化平台、软件交易市场、发布平台、人才培训机构、便

---

① 李纪珍：《产业共性技术供给体系》，中国金融出版社 2004 年版，第 140-145 页。

利的交通与生活设施、良好的休闲娱乐场所等，充分发挥外包园区的集群优势和规模效应。重点是公共服务和技术平台，如先进的软件开发平台、公共数据资源库、高速宽带通信基础设施，形成良好的服务配套体系等。

二是软性的基础设施。例如针对我国信用体系不健全，导致服务外包吸引力不强的问题，可以加大征信平台建设力度；再如建立业务流程外包赖以生存的数据库等。

三是建立高速数据传输通道。例如印度为了克服数据传输慢的难题，园区通过专用的通信卫星传输数据；美国政府先后提出了"国家信息基础设施"（NII）行动计划和建设全球信息基础设施（GII）的倡议，建立了完备的信息基础设施，并通过卫星通信和电信光缆连通全球信息网络，形成信息共享机制。此外，目前在承接国外关于信息及信息相关服务外包的过程中，由于信息涉及企业的机密，因此很多企业不愿意接受信息监管。

四、扩大服务业引导资金规模，创新投入领域

服务外包是幼稚产业，而且具有正外溢性，因此要加大服务业引导资金在服务外包领域的投入，这不仅是给予服务外包资金资助的问题，更重要的是向社会传递一个信号，政府支持服务外包的发展，以吸引更多的资金进入服务外包领域。因此应该逐步扩大服务外包引导资金规模，以发挥更大的作用。从引导资金的使用方式来看，应该进行创新。

一是由向单个企业（项目）补贴向行业补贴转变。具体来讲，就是解决服务外包行业的两个难题。首先是融资问题。针对服务业企业的固定资产较少，特别是人文社会科学的服务企业没有固定资产抵押，这些企业很难获得银行贷款的问题，政府可以推广意大利的"互助信贷集团"（加入该集团，贷款额度为入会费的 20 倍，且无须担保和抵押）的做法，企业在应对因资金周转困难而发生资金断裂时，可采取并推广这种应急方式化解风险。其次是知识产权保护问题。政府建立知识产权保护联盟或者建立知识产权风险基金，在发生知识产权纠纷后，可以用知识产权保护风险基金先行赔付，然后再进入法律程序。或者对于目前法律没有保护的知识产权问题，可以用知识产权保护风险基金进行支付，降低企业外包过程中的知识产权风险，促进服务外包的发展。

二是由补贴供给方向补贴需求方转变，即给那些将服务外包出去的发

包方适当的补贴，加速服务外包的发展。

五、扩大政府服务外包

2009 年宁波市政府公布了《宁波市政府服务外包暂行办法》（政府令第169 号），认识到政府服务外包的重要性，随后我国发布了《关于鼓励政府和企业发包促进我国服务外包产业发展的指导意见》（财企〔2009〕200号）。但是政府服务外包的发展必须建立长效机制。

1. 推进政府预算约束，提高政府服务外包意识

政府服务外包的关键是解决意识问题和观念问题，因此要强化预算约束，从利益上促进各级政府节约公共服务成本，进而推进服务外包的发展；服务外包的主体不仅是政府机关，而且还包括事业单位。

2. 扩大政府服务外包的领域

《宁波市政府服务外包暂行办法》（宁波市人民政府令第 169 号）规定了服务外包的范围，主要包括：电子设备、网络、软件开发和维护管理等信息技术外包；培训教育，专业技术鉴定、检验、检测；统计、论证、咨询、课题调查研究，规划编制、法规规章文件的起草、政府法律顾问等BPO 外包；居家养老、公务活动的组织等公共服务外包以及后勤服务的外包等。实际上，这些领域涵盖的范围已经非常广泛，而且也非常具体，再加上政府运营组织外包，如会议、车队、接待等就比较全面了。我国应该推广这些经验，在全国范围内提高政府服务外包力度，扩大政府服务外包规模。

3. 合理选择外包对象

政府服务外包的对象要选择那些具有一定竞争力的本土企业，而不能再像以前的审计、咨询等业务制定由外资企业承接。但要严格要求，发挥政府服务外包在服务外包中的拉力（创造需求）和推力（监督，提升质量）双重作用。选择接包商应该坚持公平、公正，采取招投标的方式进行运作。

参考文献

中文部分

［瑞典］安德斯·古斯塔夫松等：《服务竞争优势——制定创新型服务战略和计划》，中国劳动社会保障出版社 2004 年版。

［美］安沃·沙赫：《促进投资与创新的财政激励》，匡小平等译，经济科学出版社 2000 年版。

白孝忠：《服务外包发展趋势与我国服务外包的优劣势分析》，《商业时代》2008 年第 25 期。

毕斗斗：《生产服务业发展研究》，经济科学出版社 2008 年版。

伯纳德·萨拉尼：《税收经济学》，中国人民大学出版社 2005 年版。

蔡璐：《国际服务外包区位选择的实证研究》，硕士学位论文，武汉理工大学，2008 年。

陈菲：《服务外包动因机制分析及发展趋势预测——美国服务外包的验证》，《中国工业经济》2005 年第 6 期。

陈菲：《服务外包与服务业发展》，经济科学出版社 2009 年版。

陈志楣、杨德勇：《产业结构与财政金融协调发展战略研究》，中国经济出版社 2007 年版。

程大中：《生产者服务论——兼论中国服务业发展与开放》，文汇出版社 2006 年版。

程新章：《企业垂直非一体化——基于国际生产体系变革的研究》，上海财经大学出版社 2006 年版。

邓子基、方东霖：《公共财政与科技进步》，《厦门大学学报》（哲学社会科学版）2008 年第 3 期。

方石玉：《大国软实力：生产者服务业国际转移的理论与实证研究》，经济
    科学出版社 2008 年版。

冯彦明、夏杰长：《就业机会：政府必须提供的一种公共产品》，《经济学动
    态》2004 年第 7 期。

高传胜等：《经济服务化的世界趋势与中国悖论：基于 WDI 数据的现代实
    证研究》，《财贸经济》2008 年第 3 期。

高传胜等：《经济服务化的中国悖论与中国推进经济服务化的战略选择》，
    《经济经纬》2007 年第 4 期。

高培勇：《一条主线一个取向：我国财税体制改革的主线索》，《人民日报》
    2009 年 1 月 16 日。

高培勇：《共和国财税 60 年》，人民出版社 2009 年版。

高铁梅：《计量经济分析方法与建模——EViews 应用及实例》，清华大学出
    版社 2006 年版。

郭怀英：《以信息化促进现代服务业发展》，《经济研究参考》2008 年第 10 期。

华桥金融外包研究中心：《中国金融业服务外包报告 2009》，中信出版社
    2009 年版。

霍景东、吴家森：《在岸服务外包的发展趋势及对策研究》，《广东商学院学
    报》2009 年第 3 期。

霍景东、夏杰长：《现代服务业研究开发竞争力的国际比较》，《中国软科学》
    2007 年第 10 期。

霍景东、夏杰长：《在岸服务外包的命门》，《新理财》2009 年第 7 期。

霍景东、夏杰长：《制造业与生产性服务业：分化、互动与融合的实证分
    析》，《经济研究参考》2007 年第 41 期。

霍景东：《发展服务外包业的财税政策探析》，《税务研究》2009 年第 3 期。

霍景东：《服务外包：城市增长的新引擎》，裴长洪、夏杰长：《中国服务业
    发展报告 No.8》，社会科学文献出版社 2010 年版。

霍景东：《服务外包：理论、趋势及对策——以北京市为例》，《学习与探索》
    2007 年第 6 期。

[美] 霍利斯·钱纳里等：《发展的形式 1950~1970》，李新华等译，经济科
    学出版社 1988 年版。

[美] 简·林德：《转型外包》，马燕译，华夏出版社 2006 年版。

姜爱华、李辉:《印度政府在服务外包产业发展中的作用及借鉴》,《宏观经济研究》2007 年第 9 期。

江小涓:《服务外包:合约形态变革及其理论蕴意——人力资本市场配置与劳务活动企业配置的统一》,《经济研究》2008 年第 8 期。

江小涓等:《服务全球化与服务外包:现状、趋势及理论分析》,人民出版社 2008 年版。

景瑞琴:《人力资本与国际服务外包——基于承接国视角的分析》,对外经济贸易大学出版社 2009 年版。

景瑞琴:《中印承接国际服务外包的比较优势分析》,《经济问题》2007 年第 11 期。

康利婷:《离岸服务外包的动因及经济效应分析——基于美国和印度的研究》,硕士学位论文,吉林大学,2009 年。

李菲菲:《非对称信息下 BPO 风险、成本和决策博弈研究》,硕士学位论文,西安电子科技大学,2007 年。

李纪珍:《产业共性技术供给体系》,中国金融出版社 2004 年版。

李善同、高传胜:《中国生产者服务业发展与制造业升级》,上海三联书店 2008 年版。

李伟庆、汪斌:《服务外包、生产率与就业——基于中国工业行业数据的实证研究》,《浙江树人大学学报》2009 年第 2 期。

李文:《产业结构税收政策研究》,山东人民出版社 2007 年版。

李仲周:《发展服务外包政府应该做些什么》,《WTO 经济导刊》2006 年第 11 期。

刘华:《财政政策与人力资本》,华中科技大学出版社 2007 年版。

刘继国、赵一婷:《制造业中间投入服务化趋势分析——基于 OECD 中 9 个国家的宏观实证》,《经济与管理》2006 年第 9 期。

刘起运等:《投入产出分析》,中国人民大学出版社 2006 年版。

刘绍坚:《软件外包:技术外溢与能力提升》,人民出版社 2008 年版。

刘顺忠:《对创新系统中知识密集型服务业的研究》,《科学学与科学技术管理》2005 年第 3 期。

卢锋:《服务外包的经济学分析:产品内分视角》,北京大学出版社 2007 年版。

吕智、王习农:《服务外包主要承接国比较与借鉴》,《中国外资》2007 年第 8 期。

［美］迈克尔·波特：《国家竞争优势》，陈小悦译，华夏出版社 1997 年版。

［美］迈克尔·波特：《竞争战略》，陈小悦译，华夏出版社 1997 年版。

欧阳煌、夏杰长、霍景东：《建立和完善促进服务业发展的财税支持体系》，
　　《光明日报》2006 年 9 月 4 日。

［美］乔治·泰奇：《研究与开发政策的经济学》，苏竣柏译，清华大学出版
　　社 2002 年版。

山红梅：《国内市场：我国服务外包业规模化发展的根基》，《企业经济》
　　2011 年第 7 期。

［美］舒尔茨：《制度与人的经济价值的不断提高》，［美］科斯等：《财产权
　　利与制度变迁——产权与新制度学派译文集》，刘守英等译，上海三
　　联书店、上海人民出版社 1994 年版。

深建明等：《英国生产性服务业考察报告》，《政策瞭望》2008 年第 6 期。

沈彤：《服务外包税收政策的原则设想》，《中国经济周刊》2007 年第 1 期。

苏敬勤等：《多学科视角中生产性服务业研究述评》，《工业技术经济》2008
　　年第 5 期。

孙潇：《促进我国服务外包发展的外汇管理政策研究》，《改革与开放》2010
　　年第 9 期。

谭力文等：《跨国公司制造和服务外包发展趋势与中国相关政策研究》，人
　　民出版社 2008 年版。

［美］托马斯·弗里德曼：《世界是平的》，何帆等译，湖南科学技术出版社
　　2008 年版。

王仁曾：《产业国际竞争力理论、方法与统计实证研究》，博士学位论文，
　　中国人民大学，2001 年。

王晓红：《中国设计：服务外包与竞争力》，人民出版社 2008 年版。

吴胜武等：《服务外包：从"中国制造"走向"中国服务"》，浙江大学出版
　　社 2009 年版。

武阳：《印度服务外包发展的思考与借鉴》，《对外经贸实务》2007 年第 1 期。

席卫群、席雪征：《发达国家促进知识经济形成与发展的财税政策》，《涉外
　　税务》2008 年第 8 期。

夏杰长、霍景东、刘奕：《软件与信息服务业：支撑北京经济增长的重要力
　　量》，裴长洪、夏杰长：《中国服务业发展报告 No.8》，社会科学文献出
　　版社 2010 年版。

夏杰长、霍景东:《充分发挥税收政策在提升服务业竞争力中的作用》,《中国社会科学院院报》2006 年 7 月 13 日。

夏杰长、刘奕:《我国在岸服务外包的困境与政策建议》,《理论前沿》2009年第 18 期。

夏杰长等:《高新技术与现代服务业融合发展研究》,经济管理出版社 2007年版。

谢林伟等:《生产服务外化的交易经济学分析》,《现代管理科学》2006 年第6 期。

徐兴锋:《服务外包国家竞争优势分析及对策研究》,博士学位论文,对外经济贸易大学,2007 年。

薛惠锋、王海宁:《能源环境问题需统筹解决》,《中国环境报》2009 年 12 月24 日。

闫坤等:《服务业发展与财税政策研究》,经济科学出版社 2008 年版。

严启发:《服务外包:我国经济发展的重大战略机遇》,《经济研究参考》2006 年第 61 期。

杨春妮:《全球服务业直接投资:理论与实证》,中国经济出版社 2007 年版。

杨丹辉:《全球化:服务外包与中国的政策选择》,经济管理出版社 2010年版。

杨琳、王佳佳:《金融服务外包:国际趋势与中国选择》,人民出版社 2008年版。

杨玉华、蔡敏:《中国争当"世界办公室"》,《汴梁晚报》2007 年 5 月 23 日。

杨小凯:《当代中国经济学与中国经济》,中国社会科学出版社 1997 年版。

杨小凯:《经济学原理》,中国社会科学出版社 1998 年版。

于慈江:《接包方视角下的全球 IT 和 ITES 离岸外包——跨国服务商与东道国因素研究》,经济科学出版社 2008 年版。

原毅军:《软件服务外包与软件企业成长》,科学出版社 2009 年版。

赵楠:《服务外包与我国利用外资的地区均衡——基于服务外包运行机制的分析》,《财贸经济》2007 年第 9 期。

赵群毅、周一星:《西方生产者服务业空间结构研究及其启示》,《城市规划学刊》2007 年第 1 期。

赵晓晨:《动态比较优势理论在实践中的发展》,《经济经纬》2007 年第 3 期。

郑凯捷:《分工与产业结构发展——从制造经济到服务经济》,复旦大学出版社 2008 年版。

郑凯捷:《从以分工为代表的中间需求因素审视迈向服务经济的结构转型过程》,《经济学研究》2008 年第 1 期。

郑琴琴:《服务业跨国公司的国际化扩张研究》,复旦大学出版社 2008 年版。

钟韵:《区域中心城市与生产性服务业发展》,商务印书馆 2007 年版。

周振华:《城市转型与服务经济发展》,上海人民出版社、格致出版社 2009 年版。

朱晓明:《服务外包——把握现代服务业发展的新机遇》,上海交通大学出版社 2006 年版。

朱正圻:《现代服务跨国外包》,复旦大学出版社 2009 年版。

英文部分

A. D. Chandler, "The United States: Evolution of Enterprise", in P. Mathias and M. Postan, eds.The Cambridge Economic History of Europe, Vol.7, *The Industrial Economies: Capital, Labor and Enterprise*, Cambridge: Cambridge University Press, 1978.

Amy Jocelyn Glass and Kamal Saggi, "Innovation and Wage Effects of International Outsourcing", *European Economic Review*, Vol.45, No. 1, 2001, p.67–86.

Bailly A.S., "Producer Service Research in Europe", *Professional Geographer*, Vol.47, No.1, 1995, p.70–74.

Besanko David, David Dranove, Mark Schaefer and Mark Shanley, *Economics of Strategy*, Hoboken NJ: John Wiley and Sons, Inc., 1996.

Beyers W.B. and Lindahl D.P., "Explaining the Demand for Producer Services: Is Cost Driven Externalization the Major Factor?", *Papers in Regional Science*, Vol. 75, No.3, 1996, p.351–374.

Bhagwati, "Splintering and Disembodiment of Services and Developing Countries", *The World Economy*, Vol.7, Issue 2, June 1984, p.133–144.

Christina Costa, "Information Technology Outsourcing in Australia: A Literature

Review", *Information Management & Computer Security*, Vol.9, Issue 5, 2001, p.213-224.

Coffey W.J., "Forward and Backward Linkages of Producer Service Establishments: Evidence from the Montreal Metropolitan Area", *Urban Geography*, Vol.17, 1996, p.604-632.

Coffey W.J., "The Geographies of Producer Services", *Urban Geography*, Vol. 21, Issue 2, 2000, p. 170-183.

Corbett Michael, "Dispelling the Myths about Outsourcing", *Fortune*, Vol. 5, 2004.

D. Keeble and L. Nacham, "Why do Business Service Firms Cluster? Small Consultancies, Clustering and Decentralization in London and Southern England", *Transactions of the Institute of British Geographers*, Vol.27, Issue 1, March 2002, p.67-90.

Desai Mihir A., C. Fritz Foley and James R. Hines Jr., "Foreign Direct Investment in a World of Multiple Taxes", *Journal of Public Economics*, Vol.88, 2004, p.2727-2744.

Dicken P., *Global Shift: Transforming the World Economy*, London: Paul Chapman Publishing, 1998.

Diromualdo A. and Gurbaxani V., "Strategic Intent for IT Outsourcing", *MIT Sloan Management Review*, Vol.39, Issue 4, 1998, p.67-80.

Feenstra Robert C. and Gordon H. Hanson, "The Impact of Outsourcing and High-Technology Capital on Wages: Estimates for the U.S. 1979-1990", *Quarterly Journal of Economics*, Vol.114, Issue 3, August 1999, p.907-940.

Gilley M. and Rasheed A., "Making More by Doing Less: an Analysis of Outsourcing and Its Effects on Firm Performance", *Journal of Management*, Vol.26, Issue 4, 2000, p.763-790.

Gorg H. and Hanley A., "Outsourcing Helps Improve Your Firm's Performance -or Does It?", *Journal of Financial Transformation*, Vol. 8, 2003, p.113-118.

Grossman Gene M. and Elhanan Helpman, "Outsourcing in a Global Economy", *Review of Economic Studies*, Vol.72, Issue 1, 2005, p.135-159.

Harberger A., "The Incidence of the Corporation Tax", *Journal of Political Economy*, Vol.70, No.3, 1962, p.215-240.

Harris N., *Cities and Structure Adjustment*, London: ULC Press, 1996.

Hartman D. G., "Tax Policy and Foreign Direct Investment in the United States", *National Tax Journal*, Vol.37, 1984, p.475-488.

Hartmut Egger and Peter Egger, "International Outsourcing and the Productivity of Low-Skilled Labor in the EU", *Economic Inquiry*, Vol.44, No.1, 2006, p. 98-108.

Hartmut Egger and Josef Falkinger, "The Role of Public Infrastructure and Subsidies for Firm Location and International Outsourcing", *European Economic Review*, Vol.50, Issue 8, 2006, p.1993-2015.

Holger Gorg and Alife Hanley, *Services Outsourcing and Innovation: an Empirical Investigation*, Kiel Working Papers No.1417, 2008.

James Markusen, Modeling the Offshoring of White-Collar Services: from Comparative Advantage to the New Theories of Trade and FDI, NBER Working Paper Series No.11827, 2005.

John Tschetter, "Producer Services Industries: Why are They Growing so Rapidly?", *Monthly Labor Review*, December 1987, http://stats.bls.gov/opub/mlr/1987/12/art4full.pdf.

Jones Ronald W., Henryk Kierzkowski and Chen Lurong, "What does Evidence Tell Us about Fragmentation and Outsourcing", *International Review of Economics and Finance*, Vol.14, Issue 3, 2005, p.305-316.

Karsten Bjerring Olsen, *Productivity Impacts of Offshoring and Outsourcing: A Review*, OECD Science Technology and Industry Working Papers 2006/1.

Laeity M. C., Willeoeks L.P. and Feeny D.F., "The Value of Selective IT Sourcing", *MIT Sloan Management Review*, Vol.37, Issue 3, p.13-25.

Lee J. N., "The Impact of Knowledge Sharing, Organizational Capability and Partnership Quality on Is Outsourcing Success", *Information & Management*, Vol.38, No.5, 2001, p.323-335.

Levy David L., "Offshoring in the New Global Political Economy", *Journal of Management Studies*, Vol.42, No.3, 2005, p.685-693.

Mann, "Catherine Global Sourcing and High-Tech Jobs: Productivity Gains and Policy Challenges", *Presentation at the Institute for International Economics*, March 11, 2004.

Mary Amitiand Shang–Jin Wei, *Fear of Service Outsourcing: Is It Justified*, NBER Working Papers No.10808, 2004.

Mary Amiti and Shang–Jin Wei, *Service Offshoring, Productivity, and Employment: Evidence from the United States*, IMF Working Paper WP/05/238, 2005.

NoeIT, Global City Competitiveness, 2006, http://www.neoit.com.

OECD, The Knowledge–Based Economy, General Distribution OCDE/GD (96) 102, 1996.

Paul A. Samuelson, "Where Ricardo and Mill Rebut and Confirm Arguments of Mainstream Economists Supporting Globalization", *Journal of Economic Perspectives*, Vol.18, No.3, 2004, p.135–146.

Paul A. Samuelson, "Aspects of Public Expenditure Theories", *The Review of Economics and Statistics*, Vol.40, No.4, 1958, p. 332–338.

Quinn J.B. and Hilmer F.G., "Strategic Outsourcing", *MIT Sloan Management Review*, Vol.35, Issue 4, 1994, p.43–55.

Reiskin E.D., White A.L., Kauffman Johnson J. and Votta T.J., "Servicizing the Chemical Supply Chain", *Journal of Industrial Ecology*, Vol.3, No.2–3, 2000, p.19–31.

Richard Zielinski, *The Offshoring of Teleservices: Opportunities and Macroeconomic Effects in Developing Countries*, Master of Arts Dissertation, University of East Anglia, 2004.

Rick L. Click and Thomas N. Duening, *Business Process Outsourcing: the Competitive Advantage*, Hoboken NJ: John Wiley and Sons, 2005.

Riddle D., *Service–Led Growth: the Role of the Service Sector in World Development*, NY: Praeger Publishers, 1986.

Ronald Coase, "The Nature of the Firm", *Economica*, Vol.4, No.16, 1937, p.386–405.

Runjuan Liu and Daniel Trefler, *Much Ado About Nothing: American Jobs and the Rise of Service Outsourcing to China and India*, NBER Working Papers No.14061, 2008.

Sasatra Sudsawasd, "Tax Policy and Foreign Direct Investment of a Home Country", *Presentation at the Singapore Economic Review Conference*, Singapore, 2007.

Saskia Sassen, *The Global City: New York*, *London*, Tokyo, New Jersey: Princeton University Press, 2001.

Shailey Dash, "Services Outsourcing: Evaluating Changes in Revealed Comparative Advantage—The Case of the U.S. and India", Presentation at Fourth International Conference on Globalization and Sectorial Development, 2006a.

Shailey Dash, "Human Capital as a Basis of Comparative Advantage Equations in Service Outsourcing: A Cross Country Comparative Study", Presentation at International Conference on Information and Communication Technologies and Development, 2006b.

Sourafel Girma and Holger Görg, "Outsourcing, Foreign Ownership and Productivity: Evidence from UK Establishment –level Data", *Review of International Economics*, Vol.12, No.5, 2004, p.817–832.

Stephen Redding, "Dynamic Comparative Advantage and the Welfare Effects of Trade", *Oxford Economic Papers*, Vol.51, No.1, Jan 1999, p.15–39.

Stille F., "Linkages between Manufacturing and Services in Germany", *Publications of the Japanese –German Center Berlin*, Series 3, Vol.21, June 2003, p.80–97.

Ten Raa T. and E.N. Wolff, "Outsourcing of Services and the Productivity Recovery in U.S. Manufacturing in the 1980s and 1990s", *Journal of Productivity Analysis*, Vol.16, 2001, p.149–165.

Thijs Ten Raa and Edward N. Wolff, *Engines of Growth in the U.S. Economy*, CentER Working Paper No.78, 2000.

Thomas Aronsson and Erkki Koskela, *Optimal Redistributive Taxation and Provision of Public Input Goods in an Economy with Outsourcing and Unemployment*, CESifo Working Paper Series No. 2481, 2008.

Venkatesan R., "Strategic Sourcing: to Make or not to Make", *Harvard Business Review*, Vol.70, No.6, 1992, p.98–107.

Vining Aidan and Globerman Steven, "A Conceptual Framework for

Understanding the Outsourcing Decision", *European Management Journal*, Vol.19, No.6, 1999, p.645–654.

W. Wiewel and J. Persky, "Urban Productivity and the Neighborhoods: The Case for a Federal Neighborhood Strategy", *Environment and Planning C: Government and Policy*, Vol.12, No.4, 1994, p.473–483.

White A.L., Stoughton M. and Feng L., *Servicizing: The Quiet Transition to Extended Product Responsibility*, Boston: Tellus Institute, 1999, p.7–18.

Willcocks Leslie P., Lacity M. and Hirschheim R., "Realizing Outsourcing Expectations: Incredible Expectations Credible Outcomes", *Information Systems Management*, Vol.11, Issue 4, 1994, p.7–18.

William A. Kerr and James D. Gaisford, *Handbook on International Trade Policy*, Cheltenham, UK. Northampton, MA: Edward Elgar Publishing Limited, 2007.

Williamson, Oliver E., *Markets and Hierarehies: Analysis and Antitrust Implications*, New York: Free Press, 1975.

索 引

后　记

　　转眼间，我已在中国社会科学院工业经济研究所博士后流动站工作学习三年有余。三年的博士生活既有辛劳，也有收获。最大的收获莫过于能够师从中国著名的工业经济学、管理学家黄群慧研究员，他的创新、求实、真诚品格对我做人和做学问都产生了深远的影响，他给我提供了调研、参加学术会议等机会，带领我踏入工业经济、管理学研究领域。

　　早在 2007 年攻读博士学位期间，在导师夏杰长研究员的指引下，我对于服务经济产生了浓厚的兴趣。中国产业结构转型升级是一个系统、复杂的庞大工程，而且也是一个长期的工程，而服务外包是推动中国产业升级的突破口，因此我将博士论文的选题集中在离岸外包和财税政策上。在中国社会科学院工业经济研究所学习、研究期间，我意识到制造领域的在岸外包同样重要，因此才有了本书统筹在岸外包和离岸外包的立意。经过博士三年的精心准备和博士后三年的修改完善，本书终于要面世了。掩卷长思，心中有种如释重负的感觉，但是丝毫没有感觉到想象中的轻松和舒畅，因为在不停修改完善的过程中，才真正感到学无止境，许多经济现象和问题需要我们更加深入地探索与研究，书稿撰写结束只是一个更高的起点……

　　在书稿写作结束之际，首先要感谢我的博士后合作导师黄群慧研究员，在这段时间里，他对我学习和生活的方方面面给予了无微不至的关心，他对书稿提出了宝贵的意见和建议。除了完成书稿和出站报告，我还参与了黄老师的多个科研项目的研究，并获得了博士基金面上资助和特别资助，每一次参与都是一次学术研究锻炼。可以说，我在此期间所取得的点滴进步，都离不开黄老师的谆谆教诲和无私关怀。在此向他表示真诚的感谢！

　　感谢中国社会科学院工业经济研究所的樊建勋、杨宏静老师，他们承担了博士后繁杂、细致的日常管理与服务工作以及各种学术交流活动；感谢中国社会科学院工业经济研究所的王钦研究员、于菁研究员、罗仲伟研究员、赵剑波博士、肖红军博士，与他们讨论、交流，拓展了我的研究视野；感谢中国社会科学院财经战略研究院的夏杰长研究员、李永坚博士、刘奕博士、张颖熙博士，很多服务经济的观点，都是与他们思想碰撞的结果；感谢华中科技大学的刘华教授；感谢北京市经济社会发展研究所的王景山所长及所有的同事；感谢同门师兄、师弟、师姐、师妹，我们一起做研究，一起交流和探讨，共同度过了许多美好时光。

最后，我要感谢父母和家人对我的不断鼓励和支持；感谢我的妻子杨成玲，她在生活上、工作上给我巨大支持；感谢我的女儿霍宇暄，她的出生给我带来了压力和动力，催我奋进；感谢我的岳父、岳母，他们承担了照料小女的大部分工作。

霍景东

2015 年 7 月